论福柯的启蒙批判

马汉广◎著

黑龙江大学出版社

HEILONGJIANG UNIVERSITY PRESS

图书在版编目（CIP）数据

　　论福柯的启蒙批判 / 马汉广著 . -- 哈尔滨 ：黑龙江大学出版社，2014.7（2021.8 重印）
　　ISBN 978-7-81129-741-6

　　Ⅰ . ①论… Ⅱ . ①马… Ⅲ . ①福柯，M.（1926～1984）－哲学思想－研究 Ⅳ . ① B565.59

　　中国版本图书馆 CIP 数据核字（2014）第 108803 号

论福柯的启蒙批判
LUN FUKE DE QIMENG PIPAN
马汉广　著

责任编辑　张永生　韩　健
出版发行　黑龙江大学出版社
地　　址　哈尔滨市南岗区学府三道街 36 号
印　　刷　三河市春园印刷有限公司
开　　本　880 毫米 ×1230 毫米　1/32
印　　张　10.25
字　　数　239 千
版　　次　2014 年 7 月第 1 版
印　　次　2022 年 1 月第 2 次印刷
书　　号　ISBN 978-7-81129-741-6
定　　价　48.00 元

前　言

一

　　启蒙作为开启现代性社会大门的事件,以及其为现代社会制度和价值尺度所奠定的理性精神,既为现代性社会的高速发展打下了基础,同时也必定要为现代性的合法化危机承担责任。对启蒙与现代性的反思和批判是当代世界的主题,伴随着启蒙思想的建立,就有一种声音对启蒙与现代性设计进行批判,如卢梭、荷尔德林直到尼采等人,就对理性至上的思想表现出质疑。20世纪初的马克斯·韦伯、胡塞尔和海德格尔等人,更是把批判的矛头直指现代性社会的运行机制,以及它的理论基础——近代理性精神和逻各斯哲学。20世纪中期以来,西方出现的形形色色的理论学说,在一定程度上都可以看作是启蒙与现代性的当代回声,它们从各个不同的角度,以各种不同的立场和方法,对启蒙进行深层次的批判性反思。

　　对启蒙与现代性的批判性反思,也是当下中国思想界的一个核心主题。早在20世纪80年代初,有些学者就曾呼吁,我们处于一个两难处境之中:一方面我们要实现现代化,因而西方高度现代化的国家就是我们学习的楷模;另一方面我们又面对西方现代化之后的种种弊端，这是我们需要着力避免的。时至今日，这依然是我们的两难处境，也是我们思考启蒙与现代性问题的现实处境。第一，中国仍然需要启蒙。近百年来，中国经历了几次启蒙，然而都由于种种原因以致中断夭折。所以到了改革开放后的今天，我们虽然在经济发展上取得了举世瞩目的成就，但在制度、文化等各个方面，却与现代化经济不相适应，所以我们仍需启蒙。但我们不能采取整体化平移的方式，照搬西方的启蒙精神，以之解决我们自己的问题，我们只能是在对之进行深入的批判性反思的基础上，寻找适合我们自己的发展道路。因而西方的批判理论对我们具有十分重要的参考价值。第二，在对待西方的批判理论时，尤其是西方20世纪后期的所谓新启蒙思想，我们又必须对它们"去主体化"、"去中心化"，彻底否定理性和人类中心主义，逐渐走向一种虚无主义的倾向有非常清晰的批判意识。我们必须明白的是，我们的处身位置与西方是不同的，面临的问题也是不同的，因而决定了我们对待启蒙的立场和应采取的态度是不同的。

首先，我们必须避免把启蒙的问题简单化为传统－现代、中国－西方、理性－非理性这样一种二元对立的思维模式，而要看到这个问题在中国这样一个有着深厚的文化传统的国家，在当代世界全球化趋势正日益席卷每一国家、每一民族、每一阶层直至每一个体的安身立命之所的新格局中的复杂性和多元性；其次，我们必须避免对启蒙与现代性做简单的价值判断，以启蒙为好、反启蒙为不好或是恰好相反的做法，而要真正深入到启蒙精神中，去了解它是如何在特定的历史进程中被建构起来的，以及它对西方近代几百年的历史发展所产生的作用；再次，我们还需要避免以简单的历史进步的观念去理解所谓的启蒙与新启蒙、现代性与后现代性，把西方所谓的后现代时期看成是一种历史发展和社会进步的必然结

2

果,并进而认为这也是我们将要面对的和必然进入的一种社会形态,而应站在一个更高的高度上来认识和理解历史发展的辩证法。这一切都要求我们改变思维模式,转变学术视角,更换理论范式,在一个新的层面上来对待启蒙与现代性问题。在这点上,西方当代关于启蒙与现代性问题的批判反思可以成为我们的参照和借鉴。

福柯即是这一反思潮流中的一个重要代表,他以自己独特的理论形式、与众不同的视角、边缘化的问题域、新颖的方法对启蒙与现代性进行了卓有创见的批判。福柯的启蒙批判具有三个鲜明的特征:第一,福柯几乎是悬置了所有关于启蒙与现代性的宏大叙事,而从一些边缘化的、不为常人注意的偏狭领域入手,来探讨启蒙与现代性话语的建构;第二,福柯悬置了启蒙与现代性的合法性问题,通过恢复和重建被启蒙理性所排除的、非理性的历史,来探讨权力-知识的运作机制,及其对启蒙与现代性话语建构所起的作用;第三,他以话语的考古和谱系取代了问题的考古与谱系,从而在语言游戏的层面建立起他的所谓人类自身的历史存在论。

福柯的启蒙批判思想对我们具有一定的启迪和方法论的借鉴意义。第一,福柯提出要"拒绝对启蒙的敲诈",也就是要跳出赞同启蒙或反对启蒙的、非此即彼的二元对立思维模式来重新认识启蒙问题,这正是我们所需要的一种态度;第二,福柯以话语理论作为他的整个方法论基础,将启蒙这个现实的问题变成了一种话语的问题,来具体地考察启蒙话语是如何在那些特定的时代建构起来的,这对于我们厘清有关启蒙与现代性的一系列概念、观点,从而更加深入地认识和理解启蒙很有意义;第三,福柯的话语谱系学实践,对西方现代性社会中权力的运作机制与形式的揭示及批判,也将给我们提供重要的思想借鉴;第四,福柯悬置有关启蒙的宏大叙事、启蒙的合法性的追问,而进入到现代性社会的深层和微观领域去考察启蒙的后果,这种做法对我们摆脱"姓社"还是"姓资"、"中国的"还是"西方的"这些无谓的争论,从而解放思想、坚定现代化建设的决心和信心也具有一定的意义。当然,福柯的思想同样有它自身的局限,也是需要我们批判地分析的。

二

福柯的思想表面上看起来似乎与马克思主义风马牛不相及,没有什么联系,但实际情形并非如此。多数批评家认为:福柯虽然不是一个严格意义上的马克思主义者,他自己也极力否认自己是一个马克思主义者,但他绝对是一个具有马克思主义精神的思想家;还有人以"新马克思主义"这个名称来称呼福柯等一批思想家,认为福柯等人是在新形势下继承和发展了马克思主义。这说明福柯的思想与马克思主义之间是具有某种内在的精神联系的。这首先表现为福柯曾接受了马克思的影响。福柯曾表述过自己所接受的思想影响,第一个对他产生重大影响的是海德格尔,第二个是马克思,第三个是尼采(按先后顺序,而非影响的程度)……他在巴黎高等师范学校读书期间,曾大量阅读马克思的著作,并做了很多笔记。当时法国思想界的气氛也影响着福柯,二战中法国共产党的坚决抵抗政策和右派的投降主义形成了鲜明的对比,因而战后法国共产党的声誉如日中天,其所信奉的马克思主义也得到了人们的认可。当时的大思想家(如萨特),开始谈马克思主义的人道主义,把自己也当作一个马克思主义者;梅洛·庞蒂尝试着将马克思主义和现象学结合在一起;福柯的老师阿尔都塞主张一种结构主义的马克思主义;等等。这些都在一定程度上影响了福柯,而且福柯通过法兰克福学派，也同样接触到了西方马克思主义，并深受其影响。

一般人们探讨福柯与马克思的关系，都特别关注《规训与惩罚》和《性经验史》第一卷《认知的意志》，关注福柯以权力观念作为自己分析和批判资本主义社会的合法性的基础，与马克思从所有制和阶级压迫的角度对资本主义社会合法性的批判与否定进行比较，揭示出福柯是在一个新的形势下和一种新的学术范式中，以一种新的理论方法来回应马克思提出的问题，并进而从这种讨论中提出"微观政治学"或"微观政治哲学"的概念。这是一个独特的视角，能够对福柯的思想做更深入的剖析，且已取得了丰硕的成果。但笔者认为福柯与马克思之间更多的是一种精神上的联系，而不是直接的继承和革新的关系，所以本书只是谈些事实，悬置已有的理论框架而不做定性。

莱姆克曾说："福柯与马克思之间的关系是非常复杂的，但必须承认，福柯在自己的著作中真正谈论马克思的地方并不多。即使在这些著作中，对马克思的评论也是轻描淡写。事实上，福柯对自己与马克思的关系描写得最精彩的部分位于他在面对采访或在论坛中对所提出的问题的反应中。另外，福柯的某些宣言清楚地告诉我们，他与马克思的某种立场是有一定距离的。因此，我们可以说马克思与福柯的理论导向没有任何直接的关联性。"①说福柯的理论没有对马克思的思想直接地继承，并不等于说福柯和马克思之间没有精神上的直接关联，在针对资本主义制度和意识形态的批判上，他们都把矛头指向了资本主义永恒真理的神话，对那个

---

① 莱姆克,等.马克思与福柯[M].陈元,等,译.上海:华东师范大学出版社,2007:2.

所谓的永恒正义、永远公正的理性王国的华美约言,对资本主义制度和大一统的意识形态进行了彻底而深刻的批判。在这点上,福柯与马克思在精神上是相通的。从书中论述来看,对启蒙与现代性的反思和批判是与启蒙同时产生的,但到马克思,从人类历史发展的总趋势以及劳动的异化入手质疑资本主义的合法性,则达到了一个新的高度。后来的任何人都无法绕开马克思的思想和马克思提出的问题,福柯自然也无法绕开马克思的遗产。福柯和马克思的批判都在质疑资本主义的合法性,质疑的对象和突破口有许多相同的地方,比如权力、主体,但他们各自沿着自己特定的思路和方法逻辑,演绎出了各自不同的理论形态。近来人们在研究中又发现,马克思在对资本主义的批判中,也曾一定程度上运用了解构的方法,即对其一些理念形态做了颠覆式解读。这些并不是福柯与马克思之间联系的全部,也不能说是最重要的,但对之加以分析,可稍见二人的异同。

权力问题是一种社会批判最敏感的问题,也是最关键的问题,所以马克思和福柯都把权力问题选作是质疑资本主义合法性的靶子。马克思是从根本处入手,首先对权力的合法性进行质疑。他认为所谓的天赋人权,自然或人性本来就应该享有的权利,实际上是一个骗人的鬼话,人是社会的动物,因而其权利也必定要在社会中获得。只有政治国家才能赋予每一个人权利。也就是说,只有在国家与市民社会的关系中来理解,在资产阶级政治革命的框架中来理解,即砸碎了专制主义权力,才能赋予每一个公民摆脱束缚的权利。但在私有制下,这种权利实际就是市民极端自私自利的个人主义权利,马克思在《德意志意识形态》中指出:人权本身就是一种特权,私有制就是垄断,所以真正的自由、平等从来没有过。只有砸烂了私有制,人才能真正获得解放。福柯是把对权力的分

6

析当作他对现代社会批判的理论基石,但正如我们在前文中讨论的那样,他悬置了权力的合法性问题,具体分析权力在现代社会中的运行机制,分析其由那种外在的强制性力量变成一种规训权力的过程,以及规训权力的具体运作机制,揭示权力－知识形成的一个巨大的网络对人的压抑和控制,从而质疑现代性社会。

主体问题,是现代性的一个基本维度,马克思和福柯都在自己的思想中表现出了对它的极度关注,同时也把对这个问题的考察当作对现代性合法性质疑的一个重要内容,但二人思路不同,结论不同。马克思是从人的异化的角度来对资本主义私有制下的主体状况进行批判的,他指出在资本主义制度下,人生产的产品变成了一种异己的力量,成为束缚人和统治人的商品,人成了物的奴隶。因而他提出了取代资本主义社会的共产主义社会是"人的自我异化的积极的扬弃,因而是通过人并且为了人而对人的本质的真正占有"①。所以只有消灭私有制,消灭商品生产,才能使人获得真正的解放。福柯却从话语考古学的角度,对主体概念做了彻底的解构。他认为主体只是现代认识型的一个必然产物,是一种话语建构而已,因而必将随着现代认识型的终结而终结。他从根本上就否定了主体的价值的存在。

三

国内外对于福柯思想的研究成果很多,研究的对象、领域、方法也纷繁多样,成果颇丰。这些研究有的针对福柯的疯癫话语、医

---

① 1844 年经济学哲学手稿[M]. 中共中央马克思恩格斯列宁斯大林著作编译局,译. 北京:人民出版社,2008:81.

学话语建构,有的研究福柯的权力、主体问题,有的研究监禁问题和自我技术问题等,有对福柯的全部思想做总体的、系统的研究的,也有对他的某些具体论述进行扩展研究的,或是专门研究他的思想渊源的,这其中涉及的学科和问题域众多。还有一些是属于把福柯的思想运用到一些具体学科问题上的,比如用到美学与文学上、用到教育学和法学或是传播学中等等。其中不乏研究福柯思想的经典之作,国内外研究福柯的专家有很多,加上一些虽非专门研究福柯,但在某一个领域与福柯相遇的人,研究成果浩如烟海。这种研究已经到了福柯的任何一篇文章、任何一个说法,甚至所说过的每句话,都能找到一堆阐释的地步,是我们理解和认识福柯的重要的思想资料,其中多数研究都意识到福柯思想和启蒙与现代性的关系,把福柯放在这样一个大的思想文化背景下来加以研究,并取得了相当的成就。

但这些研究在视角上,大多或者纠结在某一种理论上,或者局限在某一个问题领域,或者把自己限制在某一些文章上,虽然谈的都是福柯的启蒙和现代性批判思想,可都选择了一种微观的视角。

第一,以某个具体问题或某个理论来穿结福柯的全部思想,虽然论述有的放矢,也能够深入挖掘,把这个问题谈深谈透,但首先要照顾到这种讨论的完整性和统一性,其次这就已经区分出了重点与非重点。比如以权力问题为核心,就会忽视福柯对主体命运的关注;而以主体问题为核心,就会忽视福柯独特的话语理论,及其话语理论对福柯的启蒙批判思想的重要意义;以自我技术为核心,最终导向一种生存美学,话语、权力、主体等问题就都失去了自身的独立性,变成了完成这一最终导向的工具。这样的研究都是需要的,而且是我们认识和理解福柯思想的完整性所必不可少的,笔者就大量地借鉴了这些研究的成果。但这些并不是全部的研

8

究,还应该有一种总体的、宏观的视角,直接以启蒙与现代性批判这个维度,穿结起福柯的全部思想来加以研究。福柯面对的对象不是启蒙与现代性中的某一个具体方面,也不是其中的某个维度。福柯研究的具体内容虽然都是一些微观领域,但对每一个微观领域的研究都指向启蒙与现代性的整体话语建构,所以后一种视角也许更为重要。

第二,个别研究把视角限定在福柯的某一提法、某一理论上。这种研究具体实用,既深入细致,又具有很强的现实操作性,也不失为一种有利的视角。比如福柯的现代权力思想研究、福柯的疯癫话语研究、福柯的认识型理论的研究、福柯的后现代思想研究、福柯与传统知识史及福柯与人文主义思想关系的研究等等。这种研究总是在无形中给福柯贴上了标签,框定了一个界限,使得福柯变成了一个语言学家、精神病学家、法学家或是社会学家等等,从而割裂了福柯整个思想的联系。其实福柯是很难加以定位的,他的思想涉及了众多的学科,这也是和现代科学范式的综合趋势有关的,所以说福柯是任何一个具体学科的专家,都会使福柯的思想受到巨大的损失。从他的启蒙批判来说,这本身就不是哪一个单独学科所能解决的问题,而是需要一种综合的理论思想和一种高超的综合能力才能做到。

第三,有一些人对福柯批判性反思启蒙问题的研究,只限定在他临死之前发表的两篇文章上,即《何为启蒙》和《什么是启蒙运动?》(这个中文语境中的译名有独特的意义,我们在最后一章中还将讨论)。这似乎有了一个预设,即只有这两篇文章才是谈启蒙问题的,福柯以前写的那些著作,涉及的那些微观领域都不是谈启蒙的。也就是说,启蒙是一个宏大叙事,所有不涉及宏大叙事的微观研究,都不是研究启蒙问题,或不是直接研究启蒙问题。我们在最后一章中指出,福柯的这两篇文章,对我们认识福柯的启蒙批判思想的确具有非常重要的意义,但它是福柯以前所有研究的一个继续和总结,是和他前此所做的研究紧密联系在一起的。如果没有福柯的话语理论,没有福柯对现代权力观念的分析,没有福柯对主体概念的颠覆与人摆脱理性的压迫而重获自由幸福的论述,我们怎么理解福柯要拒绝对启蒙的敲诈? 怎么理解福柯要建立关于人类自身的历史本体论? 怎么理解福柯所说的启蒙的目标是使我们成年,但我们实际上现在仍未成年? 如此等等。

事实上,福柯研究留下了一个死角无人问津,或者是那些大学者觉得这个视角太过于抽象和空洞而不屑去做。由以上分析可见,福柯的思想是一个整体,虽然他经历了从考古学向谱系学的转变,但这和他在不同时期具体研究的领域有关。他是以话语理论作为一种独特的方法论基础,以疯癫问题、人文科学的考古和对现代权力形式的揭示作为对启蒙话语的建构和对现代性社会的基本体认,以对主体问题的关注作为人类价值的终极关怀,从而在反思启蒙与现代性的批判理论思潮中独树一帜。所以是不能将作为一个整体的福柯思想割裂、拆散的。选择宏观视角去研究,就能更为全面地把握福柯的思想,把他不同时期的著作、他提出的种种理论穿结起来,从而更好地把握福柯思想的完整性;就等于在一定程度上超越了福柯,而站在启蒙与现代性的反思和批判历史的高度上来研究福柯,这是具有非常重要的理论和现实意义的。本书就是选择这个视角来对福柯进行研究的。

四

本书围绕福柯启蒙批判思想的基本特征和他进行启蒙批判所

采用的独特的方法论,来系统地研究他的思想,采用了文本分析和事实分析相结合、历史分析与理论分析相结合、宏观历史文化背景把握与微观理论话语研究相结合的方法,既有对他的思想的总体研究和概括,又重点解剖他的几部代表作;既把他的思想放在整个启蒙精神建构与反思的大背景下来考察,同时又注意研究他自身思想的发展变化;既重点解剖了他的主要理论主张,同时又适当分析了他研究启蒙问题的独特方法。

首先,本书系统地勾勒了自文艺复兴时期以来启蒙精神的建立,以及其后来遇到的合法化危机,并且较为全面地梳理了 19 世纪以来人们对启蒙与现代性问题的批判性反思的历史,以及 20 世纪后期各种所谓的"后"学,从一种新的角度来反思启蒙与现代性问题的大背景,为我们研究福柯的思想建立起一个总体参照,在此基础上也对福柯的研究状况做简单的勾勒。

我们从三个方面来理解启蒙理性精神的建构,即科学理性精神、政治理性精神、思辨理性精神,分别对其建构过程加以评述;然后根据自 19 世纪中期以来对启蒙精神的批判性反思,区分了现代思潮和后现代思潮来加以评述。之所以做这样的区分,是因为现代思潮和后现代思潮,虽然都可以看作是对启蒙的反思,然而基本的价值取向和学术范式都有了重大的差异。启蒙的现代回声,在批判启蒙的偏颇和弊端的同时,其价值取向依然指向了启蒙为我们勾画的那个永恒正义和永远公正的未来理性王国;而后现代思潮,则基本消解了启蒙理性的价值取向的合法性,代之以一种文化价值的多元性。现代思潮虽然也接受了一些新的理论方法的影响,如语言学、符号学、系统论等,但这些只是一种辅助的方法而已,其基本的学术方向,还是理性分析和理性批判;而在后现代的学术思潮中,语言问题、话语问题、地域问题、种族问题等,已经不再是理性分析和理性批判借用的工具了,而是具有了一种学术本体的地位。于是,放之四海而皆准的真理不存在了,人类社会发展演变的真相不存在了,一切似乎都成为一个语言问题,哲学、历史、宗教、道德、文学等,都成了一个文本。福柯正是在这样的背景下进行他的启蒙批判的,也正是这样的一个背景,我们才能理解福柯的话语理论是怎么回事。这部分内容也是一个简洁的研究综述。

　　其次,重点结合福柯的《疯癫与文明》、《词与物》两本著作,分析评述福柯的理性批判思想,通过研究福柯欲重建被理性所排除的疯癫话语的建构史,切入福柯的启蒙批判思想。福柯对于古典时代疯癫史的研究,既揭示了理性如何排除异己,通过划分社会正常秩序与非正常现象的城堡,从而获得了独步天下的地位,同时也显示了福柯的话语考古学研究方法的基本特征。福柯对人文科学考古学的研究,进一步从理论上探讨了话语理论的一些基本问题,同时对有关生命、财富、话语等问题在不同的认识型中的分析,揭示了主体概念如何在现代认识型中被建构起来,以及它会像海边沙地上的一张脸一样,随着现代认识型的终结而终结。这就是福柯"人之死"的思想。

　　这是福柯的话语考古学实践。第一,福柯的话语理论的核心,即是要把有关启蒙和现代性的合法性问题悬置起来,而去考察启蒙和现代性的话语是如何建构起来的。这种考察脱离了社会历史的进程,消解了历史进步观念,颠覆了思想的连续性,而把话语当作一个独立自律的、独立完整的系统,有其自身的运作规则,从而考察这个自足的系统中,语言自身的运作怎样建构起有关启蒙的话语。第二,福柯要恢复那些被理性排除并逐渐走向沉寂的非理性的话语建构历史,从而以一种局外的思想来看理性的建构。第三,福柯提出了决定某种话语建构的规则是不同时代的认识型,并从对三种不同的认识型的分析中,提出作为主体的人是现代认识型的产物,其也必然要随着现代认识型的终结而终结。通过这种分析,福柯得出了结论:理性的秩序,是靠区分社会中正常与非正常现象,并建立起一个保护正常秩序、排斥非正常的道德的和政治的城堡,来实现自己独步天下的统治的。

再次,重点结合福柯的《规训与惩罚》、《性经验史》等著作,分析评述福柯对现代权力特征的研究。福柯在《规训与惩罚》一书中,通过对权力的运作形式在不同的历史时期所表现出来的种种变化,来分析现代性社会的权力形式的微细化、网络化的特征,并指出现代权力形式已经从古代的那种强制性,带有仪式性质的暴力,逐渐演变为一种规训权力。福柯用了一个很富有文学色彩的词来形容这种特殊的权力形式,他把现代性社会比喻为一个全景敞视式的监狱,并提出了其"全景敞视主义"的权力概念。而在《性经验史》一书的第一卷《认知的意志》中,作者具体而详细地阐述了他的权力观念,后来他在自己的其他著作中进一步发展这个权力思想,并指出由权力、知识、语言构建起来的网络系统,是话语建构的运行机制,并决定一种话语的建构及消失。

这是福柯的话语谱系学的实践。福柯从 20 世纪 70 年代开始,认识到话语不是一个独立自律的系统,而是与社会秩序、社会体制等之间具有密切联系。第一,话语不是一种语言形式,所以不能仅仅以语言运作来看话语的建构,实际上,话语的建构受到了权力的支配和制约,同时话语又反过来影响权力的运作;第二,任何话语本身都体现着权力的观念,任何话语建构都是一种权力 - 知识构成的网络作用的结果,因而话语即是权力,权力也是话语;第三,他认为在任何社会中都必定存在一种权力 - 知识的运作模式,即使是在古代的君权社会同样存在这样一种权力 - 知识的网络,只是与现代社会的运作方式不同而已；第四，现代社会的权力形式，主要是一种规训权力，这是一种微观化、网络化，存在于现代社会的各个领域、各个角落，并由外在强制性力量转向个体自觉遵守的一种权力形式。

最后是对福柯的启蒙批判思想的总结，也是对前两章分析的总结。重点结合福柯的《知识考古学》、《话语的秩序》与福柯后来在法兰西学院的演讲和他晚年写的两篇关于启蒙的文章，来分析和评述福柯的话语理论。福柯把启蒙与现代性问题纳入到他的话语理论之中，从而实现了学术的创新，这种创新给予我们的启示和它自身的局限具体表现为：第一，福柯的话语考古学和话语谱系学的方法，彻底颠覆了传统的思想史和观念史的研究，否弃了一切传统的概念、命题和语句，把陈述作为话语理论的基本单位；第二，福柯深刻地揭示了启蒙和现代性话语建构过程中，权力－知识网络运作的种种条件和偶然性，从而否定了历史进步观念和思想连续观念；第三，他在自己的理论中，区别了作为一种精神的启蒙和作为一个事件的启蒙运动、作为一个过程的思想和作为一种成果的思想，以及理性和理性化，凡此种种的确带来了一种新的视角，对我们考察和反思启蒙与现代性问题具有一定的启示；第四，他以话语的谱系代替了问题谱系，他用对疯癫、医院、监狱、性问题的考察，来取代了对理性自身的分析，既消解主体，又在伦理的维度上建立一种主体的关怀，这些都有可能会把我们的反思引向歧途。

目　录

第一章　启蒙精神:理论与实践

　　启蒙运动,这个开启了现代社会大门的事件,在任何一个时代,都没有像我们今天这样对它这么关注。围绕启蒙运动形成的一系列思想、理念,作为现代社会制度和运行机制的理论基础的东西,在今天应该怎样来评价? 其命运又将如何呢? 自 20 世纪后期开始,启蒙的问题愈益进入了人们的视野,成为学界的一个热点问题。当然人们并不只是就启蒙来谈启蒙,讨论的形式是多种多样的:有就启蒙时期的现代性设计,谈当代社会实践的得失的;有对启蒙时代思想的方方面面进行批判性反思的;有对启蒙思想的发展过程中因厚此薄彼而造成其自身的偏执,欲拨乱反正的;有以新的理论形态来补充启蒙思想之不足,而要继续坚持启蒙的现代性设计的;还有以种种新的社会形态理论欲取而代之的;等等。看起来五花八门,尤其是所谓的后现代主义、后殖民主义、新历史主义等思想理论,表面上看起来似乎与启蒙风马牛不相及,但认真分析起来,依然是启蒙的现代回声。福柯说:"现代哲学历经两个世纪,以不同的形式一直在重复这个问题。从黑格尔到霍克海默或哈贝马斯,中间经过尼采或马克斯·韦伯,很少有哲学不曾直接或间接地碰到这同一个问题:所谓'启蒙'的事件究竟是什么? 它至少在某方面决定了我们是什么,我们想的是什么以及我们所作的是什么。"①关键在于最后一句话,今天人们的所思、所为、所是,在某些方面和某种程度上皆拜启蒙所赐,所以我们对当代社会的任何认识,都离不开对启蒙的理解。霍克海默和阿道尔诺在《启蒙辩证法》的开篇即指出:"启蒙的根本目标就是要使人们摆脱恐惧,树立自主。但是,被彻底启蒙的世界却笼罩在一片因胜利而招致的灾难之中。"②这说明,人们已从用单纯进步的观念来理解启蒙中摆脱出来,开始正视启蒙可能带来的负面影响。换一种说法,过去人们总以为启蒙的现代性设计是好的,现代社会出现了问题只是没有彻底贯彻启蒙的路线、方针,或者说没有把握启蒙的精神所在。但从霍克海默和阿道尔诺的《启蒙辩证法》开始,人们终于明白了,像两次世界大战、奥斯威辛集中营之类的残酷行径,并非完全反启蒙或和启蒙背道而驰,实际上这就是启蒙的应有之义。

人们理解启蒙,核心时代是在 18 世纪启蒙运动时期,而其前身可以追溯到文艺复兴,当人们逐渐从神学和教会的禁锢中解放出来的时候。这是一个历史的进程,既包括思想发展,也包含社会改造,后者比前者更为重要。在这个进程中,我们形成了一种新的社会形态和被称为"世俗世界"的国家。"世俗世界产生于世俗化过程,是 19、20 世纪文明的历史世界;它是技术时代的人的人为世界,是由科学、技术、经济、理性政治、行政和社会计划造就的。"③这就是我们在开始时所说的,启蒙开启了现代社会。作为这样一种

---

① 福柯. 何为启蒙[A]. 顾嘉琛,译. 杜小真. 福柯集[M]. 上海:上海远东出版社,2003;528.

② 马克斯·霍克海默,西奥多·阿道尔诺. 启蒙辩证法[M]. 渠敬东,曹卫东,译. 上海:上海人民出版社,2003;1.

③ 格奥尔格·皮希特. 什么是启蒙了的思维?[A]. 詹姆斯·施密特. 启蒙运动与现代性[M]. 徐向东,卢华萍,译. 上海:上海人民出版社,2005;376.

社会历史进程,它是不以人的意志为转移的客观存在,不管你赞成也好,反对也好,它都已经发生了。现代社会是这个历史进程的产物,我们每个人也同样都是这个历史进程中的产物。我们的衣食住行、我们的情感方式、我们所使用的话语,都无不打上了这个历史进程的烙印。同时这个历史进程到今天还远不能说已经结束,或者说将要结束。尽管有些人曾为我们提出种种设想,以为可以取启蒙或现代性以代之,诸如什么后现代社会、后工业社会、消费社会等,但实际情形是现代社会依然在延续,启蒙的精神和其现代性设计依然在延续,并且愈益摆脱了西方社会狭小的范围的限制,走出了西方中心主义的自恋,而逐渐成为一个世界性的主题。于是许多非西方国家和民族,也都渐渐走上了这条现代化的道路,虽然它们都自称要走一条不同于西方的本民族之路,但已经现代化的西方社会摆在面前,永远都是一种借鉴。

也曾有人做过这样的设想,即不经过西方的精神启蒙阶段,直接接受其物质文化,接受西方的科学技术、生产方式等,诸如中国清末民初时许多人所做的;又如拉美各国,在西方的殖民之下被动地进入到这个进程中来,但后来其发展结果向我们证明了这条路是走不通的。也许我们可以在短时期内取得很大的成果,但从长远来看,如果不经过一次思想和精神的启蒙,如果不在精神上现代化,不在政治、经济、教育等方面现代化,单纯靠学习西方的科学技术与管理方式而实现现代化,是根本不可能的,这只能造就出一些不伦不类、不土不洋的怪胎,最终注定要走向现代化的反面。拉美各国自20世纪中期以来寻找拉美民族特性的运动,中国几十年的社会主义革命和实践,尤其是改革开放以来的历史经验都向我们证实了这一点。由此观之,启蒙虽然是一个历史进程,在这个历史进程中,最后所表现出的成果是物质方面的现代化,但精神的启蒙是其前提。所以当各个国家和民族迈上现代化的道路时，我们不能仅把眼光放在科学技术与经济上，而注定要从思想上、精神上来一次真正的启蒙。

以上只是问题的一个方面，而问题的另一个方面似乎更为复杂，这就是我们可以引为借鉴的，不是现代化之初的西方社会，一切都呈现蒸蒸日上的局面，给人以强大的信心和力量；我们所面对的是当下的现代化社会，一个马克斯·韦伯称之为"工具理性无限膨胀"的现代性社会，一个胡塞尔谓之"完整的人的生存世界不复存在"的现代性社会，一个马尔库塞称之为造就"单面人"的现代性社会，一个哈贝马斯谓之出现了"合法化危机"的现代性社会，这个名单还可以继续开列下去。总之，这是一个不再给我们提供信心的时代，一个不再给我们提供希望的时代，一个信仰变成了盲从、真理变成了话语的时代。在这个时代，我们不能无视西方现代性发展中出现的种种负面影响，无视其面临的新问题和新思想，亦步亦趋地再把西方几百年来曾走过的路重走一遍，而是必须借鉴西方社会的经验教训，对其自文艺复兴以来的启蒙进程进行批判性反思，来寻找我们自己该走的路。这种反思主要表现在四个方面：第一，对启蒙的历史进程进行反思。这种反思应该集中在对现代社会的制度层面来进行，我们不能完全依照传统历史学的方式方法，将其几百年来的进程当作一个连续的、目的论的人类进步的历史，而应该跳出这种单纯的价值判断的视角。第二，对启蒙精神的批判性反思。这主要集中在对其理性精神的建立过程与发展演变进行考察。这种反思，其实是集中在对现代人的反思上，经由近代理性精神洗礼，并在这种理性光辉的笼罩之下形成的现代主体，究竟是什么样的？第三，对我们自身的传统文化的批判性反思。任何一个民族都无法丢弃自己的传统，并在这个多元的世界中寻找自己传统文化的生存与发展的空间,这种反思关键是要在一个现代性视野之中来审视我们的传统文化,而不是让民族主义情绪遮蔽了眼睛,简单地以三十年河东、三十年河西来弘扬某种乌托邦式的幻想,或是将之贬低到一无是处的地步。第四,对我们的处身位置有一个清醒而明晰的认识。这一点是最为重要的一个方面,每一个国家、每一个民族都有自身发展的特殊性,有自己独特的特征,因而都不能简单地照搬照抄别人现成的经验。尤其是像中国这样的后发现代化国家,既要借鉴西方发展的历史,又不能完全等同于西方。记得在20世纪80年代初,一些学者就曾经提出我们的两难处境,即一方面我们要发展现代化,另一方面我们又要防止西方现代化过程中出现的种种弊端,这可谓是对我们自己的处身位置的一种忧虑。

其实这一切,最后都落实到我们的某种态度上:是简单地赞成启蒙或否定启蒙,还是重申启蒙;是简单地认可西方的启蒙精神,还是在充分借鉴其成果的基础上,实现一种适合我们自己处身位置和发展国情的新启蒙。这是一件看起来简单,而做起来却十分复杂和艰难的事情,中国近百年的历史已经充分证明了这一点。中国属于后发现代化国家,这也就是说我们并不是从自己的发展趋势中必然生成了一个现代化的目标,而是在西方社会已经进入了现代化的进程,甚至是高度现代化后被迫走上这一进程的。所以我们从一开始就是以西方为借鉴和向西方学习,并改造我们的固有传统的。同时也存在着一个追赶西方先进国家发展进程的问题。从表面上看,问题似乎变得简单了,因为有了前车之鉴,我们一切都可以照做,一切都有本可依,但是实际上,问题变得更加复杂了。

第一,我们的目标是非常明确也非常现实的,西方社会的发展

5

就现实地摆在我们面前,因而我们将现实的目标当作理想来追求,而没有西方社会自文艺复兴到启蒙运动几百年的理论准备,没有在学理上对现代性和现代化问题进行彻底的追问。

第二,西方现代社会在不断发展变化,因而我们与其距离也是动态的。一百多年来(到改革开放以前),我们和西方的距离不是大大缩小了,而是逐渐加大了,因而这种赶超英美的雄心壮志就成了我们的当务之急。如此明确的目标也使我们大大忽视了现代化的思想和理论探索,而更快地依样画葫芦,追求一种表面的相似,因而我们可以大大地学习和引进西方的技术,但在根本制度和文化精神上的改变却逐渐被人忽视了。

第三,从一开始,我们的思维框架就被确定在传统－现代、中国－西方这样的二元对立上。延续了一个世纪的中西之争,早期是体用之争,现在则是中国文化可否成为西方文化的补充,甚至可以取代西方文化成为21世纪世界文化的主流,就是这种二元对立思维的产物。因而相当多的人曾认为中国的东西就是传统的东西,就是应该彻底抛弃和批判的东西,西方的东西就是现代的东西,就需要拿来。然而经过了百年的努力,西方社会建构的现代性逐渐暴露出它自身的问题,尤其是近年来西方的启蒙批判思想的传入,又使我们许多人从一个极端走到了另一个极端,有人幻想中国的传统文化可以解决西方启蒙理性自身存在的矛盾,而几乎没有或很少有真正意义上的中西文化交流、沟通与融合。

第四,这种二元对立的思维模式,使我们总是在一种价值判断的框架之内来思考所谓的启蒙、现代性的问题,总是在赞成与否之间徘徊,或者简单地以所谓的"拿来主义"的态度,梦想可以取其精华,去其糟粕。但实际上,一种思想、一种理论总是一个完整统一体,是不能被我们单纯地拆散分解的,这样做的结果只能是把启蒙简单化、庸俗化。所以今天,当我们重申启蒙与现代性时,我们就必须跳出赞成和反对、好与坏这个简单的二元对立的模式,而必须从一个新的角度来理解启蒙。这种理解首先要回到启蒙精神本身,回到我们对启蒙的基本理解上。

当我们说启蒙的精神时,指的是在启蒙运动中体系化了的,在文艺复兴时代即已初露端倪的,与现代性价值维度直接相关的,能够决定现代人是什么、想什么和做什么的一套观念体系。卡西尔说:"当18世纪想用一个词来表述这种力量的特征时,就称之为'理性'。'理性'成了18世纪的汇聚点和中心,它表达了该世纪所追求并为之奋斗的一切,表达了该世纪所取得的一切成就。""18世纪浸染着一种关于理性的统一性和不变性的信仰。"①卡西尔也指出,理性是一个笼统的概念,必须给它加上种差才能确定它的意义。他分析了18世纪的理性与17世纪的差别,认为这是从自然科学的榜样和模式中借鉴而来的,即抛弃了17世纪形而上学的抽象演绎方法,而代之以一种分析还原和理智重建的方法。即在认识某一对象时,把它分析、还原为它的终极组成因素,然后在思想中把这些因素重建为一个整体。这才是被启蒙运动树为旗帜的理性精神。②"理性不再是先于一切经验、揭示了事物的绝对本质的'天赋观念'的总和。现在,人们把理性看作是一种后天获得物而不是遗产。它不是一座精神宝库,把真理象银币一样窖藏起来,而是一种引导我们去发现真理、建立真理和确定真理的独创性的理智力量。""只要理性学会把自己独特的分析解剖和综合重建法运用于

---

① 卡西勒.启蒙哲学[M].顾伟铭,等,译.济南:山东人民出版社,1988:3－4.

② 卡西勒.启蒙哲学·译者前言[M].顾伟铭,等,译.济南:山东人民出版社,1988:3.

某一新的、极端重要的知识领域,就能进入这一领域。"①

这种理性精神不是在启蒙运动时才形成的,而是在一个历史进程中逐渐形成的,是这整个进程的基本精神。"世俗世界受理性思想的支配,所以它的主体就是人类理性,或者希望是人类理性。"②即是说这种理性精神与世俗世界的建构是同步发展起来的,即可以追溯到文艺复兴时期,而这种建构实际上与人类的认识是同步的。我们可以从三个方面来看这种理性精神的建构,或者说把这种理性分成三个领域来看它的建构过程:第一,科学理性;第二,政治理性;第三,思辨理性。

第一节　科学理性精神的建构

1. **哥白尼革命**。如果按马克斯·韦伯的说法,把启蒙看成是一种解蔽和去昧,那么在启蒙的大门口站着的应该是哥白尼。哥白尼的意义不仅在于他提出了一个什么样的学说,建立一种怎样的科学研究方法,而在于他打破了中世纪宗教蒙昧主义的禁锢和束缚,使人在认识世界时,第一次把眼光放在自然上,而不是钻进故纸堆中去苦苦搜寻。哥白尼撰写了《天体运行论》一书,在此书中他提出了一种新的假说——日心说,即地球和其他所有的行星都是围绕太阳运转的。这个学说并不是哥白尼第一个提出来的,其实在古代就有人这样主张过,但因为没有证据,所以没能被人们接受。而托勒密的地心说在某个特定的时代,是最好的、最完美的学说,后来被基督教接受,于是就变成了不可改变的真理,此后任

---

　　① 卡西勒.启蒙哲学[M].顾伟铭,等,译.济南:山东人民出版社,1988:11,14.
　　② 格奥尔格·皮希特.什么是启蒙了的思维?[A].詹姆斯·施密特.启蒙运动与现代性[M].徐向东,卢华萍,译.上海:上海人民出版社,2005:376.

何不同的说法都被看成是对上帝的不敬而加以排斥。现在哥白尼重新提出了日心说,无疑是一颗重磅炸弹,引起一场科学的革命是完全可以理解的。当时一位路德派的牧师安德莱斯·奥席安德给哥白尼的《天体运行论》作短短的序言时还说这种新学说不一定就对,只是"在解释天体的表面运动和预言它们的未来方位上,不失为一种方便的数学方法"①。也就是说,他希望把哥白尼的理论只是当作一种假说。哥白尼的宇宙体系比起托勒密的体系来要简单和漂亮得多:一是他减少了托勒密体系中的圆周运动,从 80 多个圆减少到 34 个;二是使天文学的测算变得容易了,也能较好地解释宇宙天体的运动。哥白尼坚定信奉毕达哥拉斯的数学思想,认为宇宙天体的运动必定是圆周的、匀速的,但他自己无法对此做出证明,直到开普勒把圆周运动变成了椭圆运动之前,其只能被当作假说。

　　开普勒也是一位毕达哥拉斯主义者,而且可以说是一位哥白尼传统的忠实接受者。他也为了要在哥白尼的宇宙体系中去寻找一种行星轨道之间的数学和谐,但他没有被正圆周运动所束缚,而是试图以别的几何图形来解释星体运行,一旦摆脱了这种束缚之后,他很快就发现,几个正圆形叠加到一起就形成了一个椭圆形,而这种椭圆形轨道完全可以解释行星运行规律。他在 1609 年提出行星运行的两个规律:第一,每一行星都环绕着太阳在运转,太阳处于椭圆的一个焦点上;第二,从太阳到行星所连接的直线,在相等的时间里扫过的面积相同。后来他又发现了第三个规律,行星绕日公转一周的时间的平方等于行星各自到太阳平均距离的立

---

① 斯蒂芬·F.梅森.自然科学史[M].周煦良,等,译.上海:上海译文出版社,1980:118.

方。这三个定律在某种意义上说,已经揭示了引力定律,如果他的这些发现不是被他的玄思所掩盖的话。"人们普遍认为,开普勒的巨大劳动和非凡创造力标志着新物理学和天文学的决定性突破,但是这位出身低微的德国人还不能实现对新知识的综合。"①

在哥白尼和开普勒的科学发现与科学假说的背后,实际上有一种科学方法的较量。哥白尼是一位忠实的毕达哥拉斯主义者,他对托勒密宇宙体系的不满,并非是看到了托勒密的理论体系有什么实际的漏洞,而完全是从这个宇宙体系在数学模型上的不完美之处而对之发起攻击的。哥白尼"追求各种现象中数学上的和谐",并且"相信这些和谐是'确实在那里的'",所以他坚信自己的太阳中心体系不仅仅是一个计算手段。② 可惜 1543 年《天体运行论》出版时他已经去世了,所以不能对奥席安德在序言中称他的理论只是一个假说表达异议了。但他的理论却被人们称为拯救了现象,即能够对天体运行中的许多现象提出好的解释。开普勒虽然将哥白尼的圆周运动改成了椭圆形的轨道,并且发现了行星运行的三个规律,但却没有实现新的综合,并建立起某种理论来。有人说,如果开普勒真的把自己的发现集中起来,那么他就有可能比牛顿早一个世纪发现引力定律。但即使是他们两个人之间,也同样存在着一种观念的差异,他们对毕达哥拉斯的数学和谐的理解是不同的,哥白尼始终无法抛弃正圆形和匀速运动,而开普勒只要一从这种束缚中摆脱出来,把正圆形改成了椭圆形,马上就带来了科学的新发现。

---

① 罗兰·斯特龙伯格.西方现代思想史[M].刘北成,赵国新,译.北京:中央编译出版社,2005:35.
② 约翰·洛西.科学哲学历史导论[M].邱仁宗,等,译.武汉:华中工学院出版社,1982:46.

2. 科学发现背后的逻辑。开普勒在阐述自己的天文学方法时指出天文学共有五部分:一是观测天象;二是提出解释所观察的表观运动的假说;三是宇宙论的物理学或形而上学;四是推算天体过去和未来的方位;五是有关仪器制造和使用的机械学。[①] 从开普勒的这五个部分来看,科学不仅仅是发现,还要有对发现的阐释和假说;科学的发展并不仅仅只在于发现的积累,同时也在于一种观念的改变。这里尤其是宇宙论的物理学和形而上学的提出,就已经明确地强调了在科学的发现之中潜藏的理论、观念的作用。而且我们从哥白尼和开普勒的科学研究实践中也看到,同样的事实、同样的材料,而一旦观念改变了,事实与材料似乎都发生了改变。科学的进步恐怕就是在这种观念的更迭中逐渐走过来的。虽然哥白尼和开普勒还没有完成这种观念的改变,也许要等到伽利略和牛顿、笛卡儿和培根才会带来这场观念的深刻变革,但在他的工作中已经初露端倪。哥白尼的假说、开普勒对天文学的认识本身已经意味着一场科学革命了。此后的科学发展与科学对启蒙的影响和科学理性精神的建构,就是沿着这两条路发展下去的:一是在对对象的认识上,人们逐渐摆脱了各种束缚和禁锢,逐渐深入到自然本身并取得了累累硕果;二是人们认识观念的改变,这也是人对自身的认识以及对自身的改造,也就是说,科学的发现也同样需要能够发现的眼睛。

在这里笔者不想对科学的成就过多地讨论,从哥白尼到伽利略,再到牛顿,从维尔哈伦到哈维等,人类对自然的认识以及对人自身的认识都有了长足的进步,大到宇宙天体、小到人体的血液循

---

① 斯蒂芬·F.梅森.自然科学史[M].周煦良,等,译.上海:上海译文出版社,1980:126.

环,似乎再没有什么是人类认识的禁区,没有什么东西是人所不能触碰的,没有什么是神圣而不容侵犯的。这里还有必要提到地理大发现和工业革命,科学的发现带来的是技术的进步和人对自身的能力的一种信念,人不必把自己完全拴在上帝的牵孩带上,做一个傀儡,人有自己的独立的价值和精神。从文艺复兴时期开始,一直到 18 世纪启蒙运动时期为止,随着科学技术的发展,人类几乎是打破了一切禁忌,摆脱了任何禁锢和束缚,可以把一切当作人们认识的对象,同时也当作是人类可以征服和改造的对象,人的世界观发生了根本的改变。斯特龙伯格从以下几个方面概括了这种新的世界观:

第一,"他们往往蔑视亚里士多德用'目的因'、目的、目的论所作的解释"。目的论为整个宇宙设想了一种终极目的,以为宇宙的一切都必须符合这个终极目的,或者说世界上的一切事物都有一个终极因,而我们现在发现的这些事物发展变化的原因只是这个终极因的一种表现形式而已。然而这个终极因是个不可知的东西,而且离我们太过遥远,只能束缚我们的手脚,使我们不敢相信我们已经发现的现象或事物发展变化的根源。所以我们必须抛弃这个终极目的和终极因的禁锢,我们只要认真地去研究事物的实际原因就够了,这样我们"就能获得征服大自然的力量"。①

第二,亚里士多德的万物统一的观念遭到了批评。亚里士多德以形式、质料、目的、作用四个因素来理解事物,把所有的事物都当作是这四种因素的表现形式,尤其是质料因和形式因。他建立起了一种万物统一的观念,认为万物都是质料与形式的结合体,因

---

① 罗兰·斯特龙伯格. 西方现代思想史[M]. 刘北成,赵国新,译. 北京:中央编译出版社,2005:42.

而在一个伟大的存在链中,从最低级到顶端形成了万事万物的等级。如他在一定程度上认为任何事物都和人一样,都有它的生命所在,认为人的灵魂和肉体是不可分割的,因为灵魂就是肉体的形式等。伽利略区分了物质的基本性质和次要性质,并在这里排除了泛灵论的影响,后来经过笛卡儿,区分了物质世界和精神世界,也区分了自然与人的心灵,指出自然是了无生气的物质世界,和人的心灵、人的精神、人的思维是截然不同的两码事。这样就形成了物质、精神鲜明区分的二元论,而这个二元论在下一个观念中获得了它的具体内容。

第三,"机械的世界图像取代了有机的世界图像"。自古希腊以来,一种有机世界的观念就根深蒂固,而到了中世纪由于上帝之灵行于万物,则更强化了这种观念。他们认为世界是一个整体,万事万物都是其中的一部分,而且这个整体世界是有生命的。但科学革命打破了这种观念,"我们已经学会了把世界基本上看成一部机器——至少在牛顿之后两个世纪以来在受过教育的人中间,很少有人不把世界视为一个由运动中的物体组成的动力系统"。世界是一部机器,人体也是一部机器,属于自然的一部分,而人的精神世界是人所独有的,与之截然不同。在此,人与自然、物质与精神有了截然的区分,"这在西方思想史上是前所未有的、革命性的"。①

这种世界观并不是完全正确的,也不能说它比以前的世界观好,今天我们已经确切地知道这里的许多观念是错的,如宇宙并不是一部机器,今天的生态观点在努力使我们相信整个世界是一个

① 罗兰·斯特龙伯格.西方现代思想史[M].刘北成,赵国新,译.北京:中央编译出版社,2005:43.

有机的整体。但是"这种宇宙图像是一种人为的设想,是一系列思想建构",它是一种工具,"它确确实实是极其有用的工具。有人甚至说,它是人类历史上最有益的谬误"。① 因为这种世界观给人类的科学技术发展带来了非常广阔的前景:一方面将人的认识对象扩大到了整个世界,既包括自然,也包括人自身;另一方面开启了人的理智的自我认识,并且在这种自我认识中,建构起了一系列新的、行之有效的科学研究的方式方法。说到科学方法,人们习惯称之为"新工具",应该从伽利略开始,他最先对亚里士多德的目的论发难,提出了科学解释与非科学解释的分界标准问题。他认为评价科学解释时要区分两个阶段:第一阶段就是区分科学的解释与非科学的解释;第二阶段则是要确定那些确实可以称为科学的解释的可接受性,也即要划分出一个可接受的科学解释的标准。② 他虽然经常采用一些比较灵活的标准,并且没有制定出一个确定的标准来,但这种区分本身就是非常有意义的,它标志着科学从自然哲学、宗教神学和巫术占卜中摆脱出来,有了自己独特的学科对象和研究方法。

　　3. 科学与新的世界观念。新工具的真正开创者是弗兰西斯·培根。他认为,"真正的科学家的工作象蜜蜂,从自然界采取原料,然后把它变成新产品,他应该系统地积累知识,即搜集资料,解释资料,进行实验,通过有计划、有组织地观察其规律性来了解自然界的奥秘"③。他认为人的认识有四种谬见或称之为假象,"围困人

---

　　① 罗兰·斯特龙伯格.西方现代思想史[M].刘北成,赵国新,译.北京:中央编译出版社,2005:45.

　　② 约翰·洛西.科学哲学历史导论[M].邱仁宗,等,译.武汉:华中工学院出版社,1982:54－55.

　　③ 邱仁宗.科学方法和科学动力学[M].北京:知识出版社,1984:6.

们心灵的假象共有四类。为区分明晰起见,我各给以定名:第一类叫作族类的假象,第二类叫作洞穴的假象,第三类叫作市场的假象,第四类叫作剧场的假象"①。族类的假象容易理解,即是说人以自身为尺度,而缺少客观性、公共性而造成的谬误;洞穴的假象指的是个人过于依赖其经验和眼界而造成的谬误;市场的假象是指由于语言的混乱而造成的思想上的谬误;剧场的假象则是说由某种流行的思想体系带来的权威性理解的禁锢而产生的谬误。所以他要扫除这一切假象,重新检验语言、体系、教条等,认为科学家应该去除头脑里的一切偏见和倾向,在自然面前人的头脑应该是一块白板。这些为科学概念的建构提供了一种有力的思想武器。培根还被称为近代归纳法的鼻祖,他系统地阐述了归纳法由三个阶段构成,即肯定、否定、比较。首先要观察,要搜集资料,而且不能使搜集来的资料杂乱无章,要通过实验和科学仪器来搜集资料。他反对简单枚举法的归纳,认为不能在一定的资料基础上就匆匆忙忙地提升到定理的层次,而是要经过排除,将其中所有的那些偶然的关系排除掉。而理论的普遍性是随着归纳的逐步上升而提高的,当普遍性达到一定程度,这个理论就是定理。从观察到定理是一个金字塔,最高层次是形式,实际上就是指定理。② 培根就是在这个意义上被称作实验科学的开创者。

与培根的方法不同的是法国哲学家笛卡儿,他的方法用图形表示正好是一个倒三角形,他认为应该从普遍性最高的原理开始,逐步推演到现象,而要保证这个最高原理是确定无疑的,就要使用怀疑法。这种怀疑是在他提出的方法论四原则(清晰原则、分解原

① 培根.新工具[M].许宝骙,译.北京:商务印书馆,1984:18-19.

② 约翰·洛西.科学哲学历史导论[M].邱仁宗,等,译.武汉:华中工学院出版社,1982:66.

则、顺序原则、全面原则）指导下进行的。按照这几个原则来衡量，我思是最高的原理，我思则表明我注定存在，其次是有一个尽善尽美的上帝的存在，由这个上帝推及他创造出来的世界的存在。从这里他试图去发现一个清楚和明晰的世界，以及这个世界上的事物的广延性质。他就是以这样一种方法推演出了许多物理学的定理，且他只对数学表达和能用比率比较的定理感兴趣。当然后来人们发现他的推演有些是错误的，但在当时他的名声却是很响亮的。① 培根和笛卡儿代表了科学方法中的两极：实验者和数学家，归纳法和演绎法。这在 17 世纪是泾渭分明、相互对立的两种不同的方法，而这种对立直到牛顿才得到解决。

牛顿是从批评笛卡儿的演绎法开始建构他的科学方法的。他提出了分析－综合法和公理方法，主张科学必须建立在对现象的认真观察的基础之上，在充分观察的基础上，通过分析－综合演绎出新的定理，并要用实验来验证这一新的定理。他认为自己的运动三定律和万有引力定律就是用分析－综合的方法发现的。他的公理法第一步是要提出一些公理系统，所谓公理就是那些不能由这系统内的其他定理演绎出来的命题，他把自己的运动三定律就称作是这样一个公理系统。第二步就是把这些公理和观察的事实联系起来，即与物理世界的事件相对应，并由这些公理去推演出新的结论。第三步则是去验证那些从公理系统中演绎出的新的结论。这两种方法虽然都是为了解释和预见现象，"但是它们是不同的。前者要求科学家从观察和实验中作出概括，后者要求创造性的想象。前者从观察基础开始，后者可以（从）任何地方开始，但必

---

① 约翰·洛西.科学哲学历史导论[M].邱仁宗,等,译.武汉:华中工学院出版社,1982:79.

须使公理系统与所观察的现象联系起来时才有科学的意义"①。有人说,"牛顿并没有'发明'万有引力学说,仅仅是给了它一个严格的表达公式和严格的论证",这意思是在强调牛顿的工作本身就是一种综合,他综合了他以前一个多世纪以来的所有科学家及数学家的资料,开普勒和伽利略的开创性工作,笛卡儿和帕斯卡的数学贡献,吉尔伯特、托里拆利、波义耳的真知灼见,等等。"牛顿的方法也是完善的:提出临时的假设,充分利用数学工具,但又是以经验为基础。"②

牛顿代表了一个时代,在他同时及以后还有很多人在完善着他的方法,并运用他找到的这把钥匙来继续开启科学的大门,如斯宾诺莎、莱布尼茨、洛克、休谟、康德、赫歇尔、惠威尔、穆勒等等,这个时代一直延续到 19 世纪末。这个时代除了科学技术给人类带来了信心以外,关键是建立起了人类关于世界和自身的一系列观念,这些观念不仅在科学中,后来也被移植到社会历史中,成为人类的一种新的思想武器。第一是主客二分、心物二元的观念。前面我们说过这是一次革命性的变革,这种变革的意义首先在于确定了科学的对象,一个不以人的意志为转移的现实的、客观的世界,把科学从神秘的上帝创世中拉回到现实世界,从人的内心直觉、感悟甚至占卜拉回到现实经验及对现实经验的阐释上;其次是对人的认识能力的肯定,尽管外在的宇宙是一个无限,但人的理智是独立于这个无限之外的,并以其巨大的认识能力可以不断地接近这个无限,这是人的真正的自我意识的开始。第二,世界的有序性和可知性。不管是把上帝当作第一推动力,还是否定上帝的存

---

①　邱仁宗.科学方法和科学动力学[M].北京:知识出版社,1984:10.

②　罗兰·斯特龙伯格.西方现代思想史[M].刘北成,赵国新,译.北京:中央编译出版社,2005:60,62.

在,人们普遍认为世界就像一架机器,它是有序的,按照自己的规律运动着。而人的理智是能够揭示这种自然运动的规律性的,科学就是这样一种人的理智行动。这个时代"充满了这样一种信念,即人类历史发展到今天,我们终于能够揭示自然所精心守卫的秘密,使它不再隐没在黑暗中,把它视为无法理解的奇迹而对之惊讶不已,而应当用理性的明灯照亮它,分析它的全部基本力量"①。第三,线性因果律的观点。即相信任何事情都有它的原因,而任何原因都必定有一个结果,而且在原因与结果之间具有一种直接的对应关系,这种关系是线性的、可逆的。科学的任务,在某种意义上就是要寻找事物如此的原因,并予以合理的解释。这个时代的科学家们如此喜欢甚至崇尚以数学形式来表达这些科学定理,就表现出了这一点。对于他们来说,任何一种科学理论都应该是一个公理系统,即从某个或某几个公理可以无限推导出所有其他的科学定理。这是严格遵循形式逻辑的公理系统,我们还记得著名的希尔伯特纲领,希尔伯特这位伟大的科学家就曾幻想过建立起一个完整、完善、完美的数学公理系统。第四,科学规律和原理的可证实性。所谓的可证实性就是任何科学定律的发现,都必须接受经验的检验,或者是观察事实支持,或者是实验结论支持,离开这种检验就不能称其为科学。一个有序的世界,一个独立于人之外、不以人的意志为转移的自然,其本质和规律也是客观存在的,科学就是要去发现这个客观的规律。既然是去发现、寻找现象之后的本质,就必须确定我们的认识是正确的,这就需要对我们的认识加以检验。这种观念确定真理的客观性和绝对性。第五,部分和整体的关系。即世界是一个整体,而这个整体是由部分组合而成的。

---

① 卡西勒.启蒙哲学[M].顾伟铭,等,译.济南:山东人民出版社,1988:45.

虽然不能说整体只是简单的部分之和，但这个整体的世界的确是可以被拆散分解的。我们可以通过对这个整体的拆散分解，通过对其部分的认识，最后达到对这个世界整体的认识。于是近代科学逐渐分化成许多专门的学科，而且这种分化越来越细，每一个科学家只能成为某一门学科的专家，只去研究他所熟悉的这部分世界。胡塞尔曾感叹，近代科学把世界拆散分解成了碎片，我们再也找不到一个完整的世界了。但这些观念在那个时代，的确是对科学的发展、人类的进步起到了巨大的作用。

第二节　政治理性精神的建构

1.**马基雅维里与政治统治术**。如果说在科学理性精神建构的大门口站着的是哥白尼，那么在政治理性精神建构的门口站着的就一定是马基雅维里。因为正是马基雅维里打破了君权神授的古老观念，早在《圣经》中耶稣复活在他的门徒们中间时，三次对彼得说："牧我的群羊。"①这是基督教世俗权力观念的最早表现，彼得也就成了第一代教皇。这种权力观念是神圣的、不可侵犯的。马基雅维里也改变了亚里士多德关于美德的观念，即权力为有德者居之，统治是按照某种美德来进行的。第一种观念随着宗教禁锢与束缚的打破而自然破灭，而第二种观念带来了一种无法解决的矛盾，什么是美德？在不同的信仰之中会有不同的美德观念，古希腊时期的美德与基督教的美德则截然不同，于是这两种不同信仰之间的美德观念带来了近代政治哲学的不可调和的冲突，因而也不

---

① 参见《圣经·新约》中《约翰福音》的第 21 章，各个版本翻译不太一样，也有的说"你喂养我的小羊"等。

得不被抛弃了。当然这些观念的抛弃并不是马基雅维里提出他的主张的必备条件和充分条件，马基雅维里的真正出发点是把自己研究的眼光放到现实的政治上，而不是人们想当然的政治。他在《君主论》第十五章里有这样一段话：

> "我觉得最好论述一下事物在实际上的真实情况，而不是论述事物的想象方面。许多人曾经幻想那些从来没有人见过或者知道在实际上存在过的共和国和君主国。可是人们实际上怎样生活同人们应当怎样生活，其距离是如此之大，以至一个人要是为了应该怎样办而把实际上是怎么回事置诸脑后，那么他不但不能保存自己，反而会导致自我毁灭。因为一个人如果在一切事情上都想发誓以善良自持，那么，他厕身于许多不善良的人当中定会遭到毁灭。所以，一个君主如要保持自己的地位，就必须知道怎样做不良好的事情，并且必须知道视情况的需要与否使用这一手或者不使用这一手。"①

在这里，马基雅维里不再把美德、善这些抽象的人性的观念当作某种政治统治的自然法则，而是具体分析了古代君主们的统治形式，分析其获得或失去君权的原因，指出人的意志是操纵政治社会的根本。这也就等于说马基雅维里彻底割裂了君主和权力之间的必然性的纽带，提出了一个权力合法性的问题，当然在他的《君主论》中，这并不是最重要的主题。既然君主的权力并不具有天然的合法性，那么君主如何得到权力并保持自己的权力就不是一个美德或善的问题，而是一个政治谋略的问题。马基雅维里的政治学思想也许用另一种称呼更为合适，那就是政治统治术。他要通

---

① 尼科洛·马基雅维里.君主论[M].潘汉典,译.北京:商务印书馆,1985:73 - 74.

过历史分析,对古代各国君主的统治形式进行深入细致的分析研究,来阐述政治统治是一种计谋和策略,一个君主为了夺取权力或是保住自己的权力,他可以做好事,也可以做坏事;他可以让人敬仰和爱戴,也可以让人惧怕甚至恐惧。马基雅维里的另一本书是《论李维》,如果说前者是讨论君主问题的,那么后者就是讨论人民问题的,马基雅维里在这里讲述了一些出身低微的人怎么爬上了高位,他们靠的是欺诈而不是强力,例如波斯的皇帝居鲁士。①

　　有人说马基雅维里的学说是极端自私自利者的学说,如此赤裸裸地谈论权术、谋略,读来有时不禁让人脸红,尤其是受了多年社会主义道德教育的我们。但马基雅维里的功绩是无法抹杀的。过去一直是柏拉图和亚里士多德的思想占据着统治地位,他们认为人与国家之间本来就是一种非常自然的关系,一种不需要有任何证明的等级结构,即为了追求一种善人们必须接受一个政府。托马斯·阿奎那接受了这种思想:"国家是一种自然制度,因为人类必须在一起生活,尘世生活虽然不是最高级的善,但也是一种积极的善,共同生活就必须有政府。"②由此国家、政府的权力就成为一种自然而然的、其合法性不容怀疑的、无须加以任何证明的神圣权力。那么我们除了向它表达我们的意愿,希望它做什么、不做什么之外也就无事可做了。所以历来人们所考虑的只是什么样的政治体制好,什么样的政治体制不好,而从没有考虑过在一个政体中,统治者应该怎样治理的问题。也就是说,人们始终是在哲学的层面上来考虑政治问题,而从来就没有一个在所谓的独立的政治

---

　　① 列奥·施特劳斯,等.政治哲学史[M].李天然,等,译.石家庄:河北人民出版社,1993:344-345.

　　② 罗兰·斯特龙伯格.西方现代思想史[M].刘北成,赵国新,译.北京:中央编译出版社,2005:67.

学理论的层面上来研究各种社会制度、各种社会政体以及统治者的统治艺术。

马基雅维里异军突起,可以说他的著作在探讨政治问题时唯一考虑的就是技术,或者说是统治术,即为了达到某种目的所要采取的手段,无论是正义的还是邪恶的。① 于是马基雅维里为政治学研究拓展了无限的空间,也为这门学科脱离形而上学层面的思辨奠定了基础。具体说来,将抽象的求善意愿变成了统治术的探讨,不啻于政治领域中的一场哥白尼革命,它彻底地改变了我们的观念:第一,将权力的合法性问题引进了讨论,并悬在所有思考、研究这个问题的人面前。后来霍布斯和洛克从人性和人的心理角度补充马基雅维里的观点,其实就是对这个权力合法性的回应。第二,统治是一种艺术,和人的品质、道德观念没有多大关系。只要能够较好地运用统治术,即使是一个卑劣小人,也会成为受人敬仰的君主,而即使人格品质均为人称道者,却不会运用权谋,则也必然会遭到惨痛的失败。这种理论可以解释人类历史上的许多事例,马基雅维里的《君主论》里就分析了大量这样的事例。第三,统治权力问题由一种先验的、不证自明的神圣事物,逐渐揭去它的面纱,而走向了一种现实理性。

2. 对政治理性的继续思考。马丁·路德和加尔文从来没有自称是政治学家,甚至没有说过自己提出了某些政治学观念,他们只是宗教改革的领袖,把自己当作真理的见证人,来向人们传播真正的福音。但他们的讨论中却充斥着大量的有关政治学的话题,"诸如世俗政府相对于上帝的救赎领域的地位问题,罪与世俗权威之

---

① 列奥·施特劳斯,等.政治哲学史[M].李天然,等,译.石家庄:河北人民出版社,1993:334.

间的关联性；神圣法、自然法与实证法的关系；基督教关于人的教义的多重意蕴；教会与国家；政治权力的限制；统治者与臣民的双重职责义务；如此等等。简言之，政治哲学的大部分主要问题至少都已被论及，要是他们不时地表明究竟何种工具——理性、传统、良知还是《圣经》——才真正适合于论述某一特殊问题就好了"①。在讨论信仰问题时他们注重区分属灵的王国与俗世的王国，认为人本来就是属于这双重王国的。这两个王国似乎意味着一种分工，各管不同的事物。

　　路德在《论俗世权威：对俗世权威服从的限度》中说："一个人若冒险用福音来统辖整个社会或整个世界，那么他就变成了这样的一位牧羊人，他把一群狼、狮子、鹰和绵羊赶到一块，并且说：'请随便吃吧，和和气气、平安相处吧；散开吧，遍地都是好吃的；别担心什么狗呀、棍棒呀什么的。'当然，羊群会老老实实地让自己饱餐一顿，然后和和气气、安安静静地相处，然而，它们的命是不会很长的了。"②他们也是把教会和国家区分开来，而不是搅和到一起，也就取消了君权的神圣性，从而把世俗权力和权威的合法性问题提出来了。当然他们提出这个问题和马基雅维里不同，即在他们的理论体系中，世俗世界是次于信仰世界的；而且还有一双神圣的眼睛在盯着世俗世界，无形中约束着这个世俗世界。世俗国家也同样具有双重任务，既要管理俗务，又要为信仰服务；但他们明确地提出，上帝让世俗世界的权威服从理性。而且还有一点是非常重

---

　　①　列奥·施特劳斯，等.政治哲学史[M].李天然，等，译.石家庄：河北人民出版社，1993：362.

　　②　列奥·施特劳斯，等.政治哲学史[M].李天然，等，译.石家庄：河北人民出版社，1993：371－372.

要的,即他们从基督教的原罪观念提出,"人是一个堕落的存在"①,这是那些被统治者应该被统治的根据。这一点大概对霍布斯发现人性中的恶起了重要的作用。

其后理查德·胡克、弗兰西斯·培根也都在一定程度上谈及他们的政治观点,这里不一一赘述。而我们的问题依然要回到马基雅维里那里,即权力的合法性问题,既然在世俗的权力中充满了权谋和手段,那么我们为什么需要这样一种权力?或者说,为什么一定要有一个国家、一个政府?我们都知道从原始自然状态进入到文明社会是人类的一大进步,我们不可能再退回到那个被我们称作"野蛮"的状态中,可当我们放弃了自由,组成社会,形成国家,并在一种权力的统治之下,这是一种进步吗?这个问题似乎带有浓厚的现代色彩,今天对这个问题的回答肯定是不一样的了,但在那个时代对这个问题的回答,应该说是由霍布斯做出的,却是非常肯定的,即这种权力的合理性存在于人性的深处。

3. **权力合法性与人性。**霍布斯带着两个明确的目的来研究政治问题,其一是把政治学纳入到科学的轨道,主要是自然科学的轨道。这种做法,"在今天看来是一种低级错误,因为这混淆了不同的范畴。但是,在 17 世纪,人们很自然地认为,世上有一种统一的科学方法,而且人们很自然地会把自然科学中的有效方法应用于其他领域"②。另一个目的就是要致力于公民之间的和平、友爱,促使全体公民成为真正的公民。这两个目的是紧密联系在一起的,霍布斯利用当时的自然科学方法来实现他的第二个目的。他的理

---

① 列奥·施特劳斯,等.政治哲学史[M].李天然,等,译.石家庄:河北人民出版社,1993:379.

② 罗兰·斯特龙伯格.西方现代思想史[M].刘北成,赵国新,译.北京:中央编译出版社,2005:86.

论是突破性的,而马基雅维里和其后的培根,应该说为霍布斯的突破做了必要的思想准备。①

霍布斯也想像笛卡儿一样,在政治领域中找到一个无可置疑的真理,然后,从这个无可置疑的真理推导出政治学的全部定理。而他要寻找的这个无可置疑的真理,实际上也就是对马基雅维里提出的权力的合法性问题的证明。他沿着自然科学为他指出的道路,利用分析－综合的科学方法,开始了他对人类基本经验和人的行为的研究。他认为,人的行为的根源不能从外在的方面来寻找,而必须深入到人类的内心深处,深入到人性的深处去寻找。人不是天生就具有社会性和政治性的,而是人性深处的某种力量在推动着人,使他们摆脱了某种自然的、恐惧的生活而结成社会,进入政治性社会的,所以说文明社会发源于社会和政治出现前的自然状态。那么我们要知道是什么力量推动人进入政治社会,就要看看当初人类的自然状态是什么样子。

霍布斯说,"在人类的天性中我们便发现:有三种造成争斗的主要原因存在。第一是竞争,第二是猜疑,第三是荣誉",所以,"在没有一个共同权力使大家摄(慑)服的时候,人们便处在所谓的战争状态之下。这种战争是每一个人对每个人的战争。因为战争不仅存在于战役或战斗行动之中,而且也存在于以战斗进行争夺的意图普遍被人相信的一段时期之中。因此,在人人相互为敌的战争时期所产生的一切,也会在人们只能依靠自己的体力与创造能力来保障生活的时期中产生。在这种状况下,产业是无法存在的,因为其成果不稳定。这样一来,举凡土地的栽培、航海、外洋进口

---

① 列奥·施特劳斯,等.政治哲学史[M].李天然,等,译.石家庄:河北人民出版社,1993:466.

商品的运用、舒适的建筑、移动与卸除须费巨大力量的物体的工具、地貌的知识、时间的记载、文艺、文学、社会等等都将不存在。最糟糕的是人们不断处于暴力死亡的恐惧和危险中,人的生活孤独、贫困、卑污、残忍而短寿"。① 人们为了躲避相互的战争,为了自我保护,为了摆脱这种不可忍受的状况,于是聚集在一起,"同意把主权交给一个独裁者,由他负责阻止人们本能地互相残杀",这就有了社会,有了人的政治生活。霍布斯关于人性状况的研究,为马基雅维里的问题找到了答案,也为自然法和契约型社会找到了一种理论根据,当然只是一种,而不是全部,更不能说一定是正确的。按照霍布斯的理论,"惟一的自然法过去是、现在也是自我保存的法则",并由这一条他推演出人们应该遵守契约。② 对于霍布斯来说,社会契约已经与以往的意义不同,过去人们以此作为反对独裁、限制君主权力的一种理论。因为君主之所以为君主,是因为他和人们之间有一种契约,这种契约有对他的臣民的规定,同样也有对他的规定,所以他是不能随心所欲的。但在霍布斯这里,契约只是人民与人民订立的,并不包括君主,人民订立了一个契约,将自己的主权交给一个君主,而这个君主是不受任何限制的。这样的一种政体似乎很难保证对君主权力的限制,所以有人认为霍布斯是一个独裁主义者,其实未必如此,霍布斯也无法接受所谓君权神授之类的鬼话。他只是政治建构过程中的一个环节,我们不能祈望他可以解决一切问题,并都提出正确的结论。

从马基雅维里到霍布斯,他们已经将人类社会的政治行为,或者说是统治与被统治的行为,纳入到一个理性的框架之中,使之成

---

① 霍布斯. 利维坦[M]. 黎思复,黎廷弼,译. 北京:商务印书馆,1985:94 – 95.

② 罗兰·斯特龙伯格. 西方现代思想史[M]. 刘北成,赵国新,译. 北京:中央编译出版社,2005:87.

为可以认识、可以研究、可以操作、可以完善的理性对象。其后的政治理论家们,就是沿着这条理性路线,把认识不断引向深入。笛卡儿关心的是最高政治必然性的问题,即建立科学、哲学和政治之间的一种和谐关系;约翰·弥尔顿反对独裁的君权,倡导一种贵族政治;斯宾诺莎区分了三种不同的政体,即君主制、贵族制和民主制,提出民主政治是一种最好的政体,并认为"国家就通过理智地了解认识人的情感共性而把人的情感纳入到理性的轨道,使之服从于理性"①;直到洛克提出每一个人生来就是自由的,并以其自由观为基点来讨论政府权力的合理性和合法性问题。

洛克也是从人的自然状态来讨论政治问题的,他认为人的自然状态是自由的、平等的,这点与霍布斯相同;但他不认为这个时候的人类是处于恒久的战争之中,而是认为人有足够的理性,使他们意识到不应该伤害别人的生命、健康、自由和财产,所以人们是和睦相处的。他说:"正当地说来,自然状态就是:人们按照理性而生活在一起,地球上没有一个共同的长官能在他们之间做出权威的判决。"②但洛克也认为这种状态是一种病态的状况,是可以引发战争的状态,所以需要一个公民政府作为这种状态"不便之处的适当的补救"③。

洛克认为,人有三个权利是不容侵犯的,即生命、自由和财产权利,这是人的自然权利,也是人的本性所要求的,自然法与社会契约都不能违背人的这些权利,这大概是天赋人权的最早表述,并

① 列奥·施特劳斯,等.政治哲学史[M].李天然,等,译.石家庄:河北人民出版社,1993:551.

② 洛克.关于政府的两篇论文[A].列奥·施特劳斯,等.政治哲学史[M].李天然,等,译.石家庄:河北人民出版社,1993:566.

③ 列奥·施特劳斯,等.政治哲学史[M].李天然,等,译.石家庄:河北人民出版社,1993:575.

成为法国大革命的理想。从这一点出发来看所谓的政府问题,他指出:"人们不是非有政府不可,因此他们就会努力与政府讨价还价;他们不必把他们的所有权利都交给政府……建立政府是为了保护他们的权利,如果政府把他们的权利剥夺殆尽,那就违背了建立政府的本意了。"①人们建立了政府,进入了社会生活,就要放弃一部分自由和权利,目的是为了能够更好地享有其他的自由和权利,政府获得的权力只是一部分权力,而且是与人民达成契约该享有的权力,所以这种权力是不能无限膨胀的。而当政府的权力无限膨胀,并成为压制人民自由的一种暴政时,人民就应该起而反抗。

自由与人权是 18 世纪政治的核心主题,法国的启蒙思想家、德国古典哲学几乎无一不是围绕着这个核心主题的。英国的光荣革命与洛克提出的这些理论不谋而合,因而是洛克影响了英国的光荣革命,还是光荣革命影响了洛克,这些留待政治学家和政治思想史家们去讨论,但法国大革命的确是在努力实现着这一理想。虽然革命中出现了一些曾经被我们的文学家和历史学家反复渲染,并因此对之加以批判和指责的暴力和血腥,但"革命不是一种原罪"②,这场革命树立起的人的解放的理想和宏大叙事成了启蒙精神的最高目标和在现实的实践。18、19 世纪的政治思想无不与此有关,孟德斯鸠、卢梭、康德、黑格尔等等。这里尤其要对黑格尔多说几句,他在《法哲学原理》中系统讨论了国家哲学,提出"国家是永恒理性的产物"的思想,"他认为,只有在国家中并通过国家个

---

① 罗兰·斯特龙伯格.西方现代思想史[M].刘北成,赵国新,译.北京:中央编译出版社,2005:92.

② 黄万盛为富勒《思考法国大革命》一书作的中文本序的题目即是《革命不是一种原罪》。

人才获得其真正的实在,因为只有在国家中并通过国家他才具有普遍性。只有国家才能有普遍的行为,因为国家制定法则。道德,虽然它也寻求普遍性,但只有体现于制度和风俗中它才能够实现。风俗或伦理是'个体中的国家生活'"。① 这即意味着国家体现着永恒的理性,并以这种理性而获得普遍性,个人只有在国家中并通过国家才能保证其生活于普遍的理性之中,而这种普遍的理性是人获得自由的条件。黑格尔区分了家庭、市民社会和国家三个等级的政治组织形式,家庭和市民社会是构成国家的两个基础。在这里他最注重的是市民社会,它与国家既矛盾又统一,在这个层面上形成了一种公共领域,而这个公共领域既能支持国家权力,同时又是国家权力的一种批判机制。他认为历史的目的就是建立自由国家,而自由国家是体现着一种永恒的理性的,所以这就是一个"理性王国"。

由此我们看到,理性不仅仅是作为研究政治学的一种工具,而且逐渐成为人们的一种社会政治理想。于是,一个普遍的、永恒的理性王国的观念就深入人心,这是一个可以保证永恒正义、永远公正的未来理想社会,只有在这样一个社会中,法律、道德是合理性的,政治、经济、文化的发展也是合理性的,人的情感、意志、欲求也是合理性的,这才能使自由、人权得到保障,才能使人真正获得解放。然而,作为人的一种心理范畴、思维的工具和思维的力量,理性何以会具有这样重要的地位和作用呢? 几个世纪以来的西方哲学对此有较为丰富的论述,所以下一个问题,我们要讨论的就是这种纯哲学思想的发展,也即思辨理性精神的建构。

---

① 列奥·施特劳斯,等.政治哲学史[M].李天然,等,译.石家庄:河北人民出版社,1993:874,875.

第三节　思辨理性精神的建构

我们这里所说的思辨理性精神,并非特指古希腊的理性精神①,而是指一种超越了具体的科学层面的、形而上的、纯哲学的思想建构。启蒙时代不仅开辟了自然科学、政治学说等的新时代,同时也开辟了哲学的一个新时代。当然这二者之间是紧密相连的,自然科学和政治学的研究为哲学提供了新的资料和新的眼界,哲学研究为自然科学和政治学发展提供了方法论指导,它们之间相互影响。另一方面,这个时候的许多科学论著和政治学论著本身,就包含了丰富的哲学思想,比如哥白尼和伽利略的著作、霍布斯的《利维坦》等等。其中的一些问题就既是科学的,也是哲学的,比如培根的归纳法和笛卡儿的主客二分、心物二元问题,霍布斯讨论人的心理的问题以及洛克探讨的自由问题,等等。

1.**哲学认识论转向**。可以说,近代哲学从产生时就是和自然科学及社会政治学纠缠在一起的,其目的就是为了解决具体的科学领域所出现的带有一定普遍性的问题,并在近代科学发展的基础上,企图将其基本的观念和方法运用到所有的人类思想领域。我们常常把这个时代称作是一个哲学的"认识论转向"的时代,即从对本体的玄思冥想到对人认识世界的能力及认识结构的研究。有人将这种转向具体到笛卡儿,但实际上不仅是笛卡儿一个人,而是整个 17 世纪,包括英国经验主义和大陆理性主义两种思潮,共同完成了这个哲学的转向。我们前文分析了弗兰西斯·培根的新

---

① "古希腊的理性是与宇宙的心灵相通的思辨,中世纪的理性是神学和信仰的助手,近代的理性则是时代的精神,这就是自然科学的精神。"赵敦华.西方哲学简史[M].北京:北京大学出版社,2001:169.

工具思想，其本身既是科学方法论，同时也是哲学；既是指导科学研究的，也是概括人的思维规律的。此外，培根在谈科学时，特别重视其实用性。他认为，传统科学的要害就是没有实用性，只是用来作为言谈、争辩、宣传的资本，却不能服务于社会。而他倡导的科学最重要的标志就是能够服务于社会、服务于人类。他所以特别重视实用性，和他对科学的一贯主张是一致的，即我们认识世界不是目的，关键是要征服和改造这个世界。正是在这个意义上，他提出了"知识就是力量"这一著名命题。而知识何以能够改造世界？他认为："人的知识是对自然的因果规律的了解，了解了自然的因果规律之后，就可以改变它、命令它，趋利避害，使自然规律为人类的利益服务。"①作为经验主义者，培根提出了归纳法和实验科学的概念，这些理论也许还比较简单和粗糙，但他坚信人可以利用科学来改造自然的思想，已经确立了一个独立于自然之外的主体，一个具有独特的价值尺度和力量的主体，当然从培根的哲学立场出发，这是一个经验主体。

关于主体的问题，笛卡儿说得更多也更完善。笛卡儿被称作"近代哲学之父"，黑格尔对他有这样的评价："勒内·笛卡尔事实上是近代哲学真正的创始人，因为近代哲学是以思维为原则的。独立的思维在这里与进行哲学论证的神学分开了，把它放到另外的一边去了。思维是一个新的基础。这个人对他的时代以及对近代的影响，我们绝不能以为已经得到了充分的发挥。他是一个彻底从头做起、带头重建哲学的基础的英雄人物，哲学在奔波了一千年之后，现在才回到这个基础上面。"②前文已经谈到笛卡儿提出

---

① 赵敦华.西方哲学简史[M].北京：北京大学出版社,2001:204.
② 黑格尔.哲学史讲演录[M].第四卷.贺麟,等,译.北京：商务印书馆,1978:63.

了主客二分、心物二元的思想,即区分了作为主体的人和作为客体的自然,他的思想也是从建立一种科学的方法开始的。"'笛卡儿的梦想',准确地说是1619年(11月10日他做)的三个梦,是建构一种放之四海皆准的'普遍科学'、科学的科学,即基本的方法论。确定一个新的起点,从不证自明的第一原理出发,运用不可推翻的逻辑推演——这种新方法将是无懈可击的。这就意味着,它必须是数学方法,因为笛卡儿一直确信,其他知识都不具有确定性。"他认为,"只要确保起点正确,把问题分解成最简单的要素,按部就班地进行推理,还有什么解决不了的呢"? 所以最重要的、我们真正需要的是一个起点。① 这样笛卡儿就确立了先分析后综合的一套方法,并建立起方法论的四个规则,即清晰原则、分解原则、顺序原则、全面原则:第一,不接受没有确定为真的东西;第二,把问题分解成细小的组成部分,直到可以圆满地解决问题为止;第三,认识要从简单的对象和问题逐渐上升到复杂的对象和问题;第四,尽量完全地列举一切情况。

由此方法论出发,笛卡儿开始了他的哲学沉思,他要在理性的基础上重建知识的体系,因为他意识到现在的知识都是不可靠的,他要找到一个坚实可靠的基础,取消其他不可靠的知识的地位。于是他开始了普遍的怀疑:人们对周围事物的感知、我们自己身体的活动甚至数学也是未经推敲的印象,也是要被怀疑的。但是,我们可以怀疑我们正在怀疑的一切,却不能怀疑我们正在怀疑,即不能怀疑我们的思想,此刻我们的思想就是我们正在怀疑。于是一个怀疑的主体——"我",就被确定了。由这个分析,笛卡儿得出了

---

① 罗兰·斯特龙伯格.西方现代思想史[M].刘北成,赵国新,译.北京:中央编译出版社,2005:49.

他的著名的"我思故我在"的命题,即我在怀疑证明了我的存在。从而使得这个独立于自然事物之外的所谓主体有了自身的规定性,那就是一个自我意识的、反思意识的主体,或者说主客二分的主体,是一个思维着的实体。然后笛卡儿就从这个唯一可以确定的命题出发,去推导其他可以确定的知识。自我本身是一个真实的存在,一切像自我那样自明的观念都是真观念,那么在这里就建立起了一个一般的规则,"于是我就断定:凡是我们十分明白、十分清楚地设想到的东西,都是真的。我可以把这条规则当作一般的规则,不过要确切地看出哪些东西是我们清楚地想到的,却有点困难"①。于是他又一步步地确定了其他的知识,他也由此进入了综合的领域。而从我思故我在这个自我出发进行推演,笛卡儿首先推导出上帝的存在,因为上帝具有一种无限的完满性,并赋予人一些真实的观念;然后再从上帝推导到自然界,那些广延的事物等等。这一连串的论证,虽然有很多反复和自我相关的东西,遭到了后人的许多批判,但这是笛卡儿建立起来的近代哲学的第一个体系。这个体系,像一个数学公理体系一样,是简洁、严格与和谐的,对后世产生了很大的影响,正是从他开始,大陆理性主义思想才奠定了基础。

2. 现代主体概念的发展。现代主体概念,从培根和笛卡儿,尤其是笛卡儿提出后,就沿着英国经验主义和大陆理性主义这两条线向下发展,一方面注重感官的感觉、经验,另一方面注重思维和自我意识,二者相互矛盾且似乎很难调和。经验主义经由霍布斯到洛克,首先彻底否定了所谓的天赋观念论,认为这是根本不可能

---

① 笛卡尔.谈方法[A].北京大学哲学系外国哲学史教研室.西方哲学原著选读[M].上.北京:商务印书馆,1981:369.

的;其次提出了白板说,即人的心灵原是一块白板,上面没有任何记号,而通过经验的途径,心灵中有了观念;最后强调了感觉和反思双重经验说;等。这样到了贝克莱提出"存在就是被感知",也就顺理成章了。当然这些经验主义者所强调的经验,和我们今天心理学上所讲的直接对外物的感知不同,他们认为人类的知识对象应该是观念,所以他们的感知、经验不是对具体的外在事物,而是观念。只有到大卫·休谟,才一改把经验对象统称为观念的做法,而是将之称为知觉——包括印象和观念。他认为知识就是从简单到复杂的过程,即要由简单的知觉到复杂的观念,这两者是有着等级的差别的。由此休谟将知识区分为观念联系的知识和事实的知识,前者是我们可以凭借思想和逻辑推演来证明的知识,而后者则是不可证明的,因而他怀疑实体的存在。

理性主义哲学在笛卡儿之后,首先是斯宾诺莎,他提出哲学的目的在于获得最高的幸福:即发现常驻不变的善,以及通过形而上的思考获得心灵上的快乐。他通过对科学知识论的探讨,用身心平行的一元论来代替笛卡儿的二元论,而最终则是要用普遍的自然规律和法则来理解人的本性和情感。斯宾诺沙指出,自由就是以理性克制情感,"人的完善性表现为控制情感的自由,是和最高知识同一的"①。其次是莱布尼茨,认为哲学的核心即是两大问题(被人称作"二迷宫"):自由与必然的问题、连续性和间断性的问题。莱布尼茨在概括科学研究方法论和人类知识产生等问题时,提出了著名的单子论思想。

无论是经验主义,还是唯理主义哲学,应该说都是属于理性主义的,因为不管是唯理论说的理性,还是经验论的经验,都属于理

---

① 赵敦华.西方哲学简史[M].北京:北京大学出版社,2001:200.

性的范畴,不过是他们对理性的理解不同。他们也有许多共同的地方,第一,他们都信奉机械论的世界观:对于他们来说,整个世界是一部机器,人的机体也是一部机器,这个观点在拉美特利的《人是机器》那里得到了最明显的说明;第二,他们都受近代科学发展的影响,企图建立一种知识体系,并相信存在着一种放之四海而皆准的普遍性的知识标准和规律;第三,在他们的思想中,或隐或显地都已经表现出了主体与主体性的原则,尤其是笛卡儿,更是高扬起主体性这面大旗;第四,在他们关于自然、社会政治等问题的讨论中,关于主体的人性结构的思考已经成为一个重要内容。但他们之间还有明显的差异:首先在对待知识的来源上,他们或重视人的思想能力,或重视人的感官能力。前者虽然也并非完全无视经验的存在,但却似乎设定了一种先验的思维能力;后者则完全否定了这种先验的存在,反对一切天赋观念的想法。由此则进入到了第二个差异,即主体的人性结构究竟是什么? 两种不同倾向的哲学思想必定会给出不同的回答。而这两者各执一端,把主体分裂成了两半,只看到其中的一部分真理,因而就无法建立起一种完整统一的主体观念来。所以就需要对其进行更高层次的综合,才能提出一个令人信服的并给人带来巨大信心的主体观念,这个任务就成了德国古典哲学无法绕开的理论前提,尤其是康德与黑格尔。

　　3. **康德与黑格尔的形而上学体系**。康德在《纯粹理性批判》的第二版前言中将自己的思想称作是一次"哥白尼革命",因为他的任务就是要解决哲学所面临的危机。这个危机被他概括成三个方面:第一,形而上学超越经验的企图是不合法的;第二,经验论对形而上学的怀疑虽然有一定的道理,但无法避免形而上学的独断论,因为那是纯理性的;第三,形而上学要抛弃经验,完全依靠概念,但理性至今没有找到普遍的、必然的原则和标准。① 这就是经验主义与唯理主义之间长期争论不休,不能相互融合必然带来的问题,他写了著名的三大批判,即《纯粹理性批判》、《实践理性批判》、《判断力批判》,就是要解决这个哲学所面临的危机与难题。不能说康德就是借鉴和接受了两方面思潮的主要成果并加以综合,但康德的确是站在一个更高的层面,较好地解决了这些问题,这个更高的层面就是人类的主体性。"康德哲学的功绩在于,他超过了也优越于以前的一切唯物论者和唯心论者,第一次全面地提出了这个主体性问题",康德的这套先验体系"把人性非常突出地提出来了",并在认识论、伦理学和美学三个领域建立起了主体性原则。②

　　首先在认识论上,康德认为人类先验地具有一套认识形式。人的精神和智力绝不是消极被动的,像洛克所说的是一块白板,完全由外在的经验来填塞。精神本身具有若干形式和范畴,他列举了 12 个知性范畴,认为只有这些基本的、先验的形式和范畴,才使得经验有意义,才能把感觉经验整理成知识,否则我们就不可能得到普遍必然的科学知识。由此可见,人的精神世界是一个统一体,其中存在着一些先验的理性形式和范畴,经受外界的刺激从而做出反应,这就像现代控制论所讲的输入输出的反馈系统,因而人的精神绝不是单纯的消极被动的接收器,而是积极的、主动的,富有创造性的。这样,康德将理性从经验主义的怀疑论里解救出来。歌德对康德的思想有个形象的解释:"如果我不是从一开始就心里

---

　　① 赵敦华.西方哲学简史[M].北京:北京大学出版社,2001:300-301.
　　② 李泽厚.康德哲学与建立主体性论纲[A].李泽厚.批判哲学的批判[M].北京:人民出版社,1979:424.

装着这个世界,即使睁着眼睛,我也看不见。"①

康德认为认识论不能等同于全部哲学,因为科学知识所处理的是表象世界,即现象世界,而在现象世界之外还有一个本质世界,那是人的知识能力所无法达到的,必须靠理性直觉才能处理,于是康德将价值领域从科学家的工作中解救了出来,并在此领域提出了"绝对命令"的概念。用李泽厚的话说,正是康德提出的"绝对命令","才显出道德的尊严和它的无与匹敌的力量","从人类学本体论的实践哲学看,它的价值和意义在于:这是对个体实践要求树立主体性的意志结构,这是要求个体应有担负全人类的存在和发展的义务和责任感。这样一种责任感和道德行为作为人类主体的意志结构(心理形式),表面看来似乎超越任何时代、社会、团体的具体功利之上,好象是先验的能力,其实却仍然是历史的成果、社会的产物。即使是心理形式、意志结构的继承性也如此。这种意志结构是人类理性的凝聚。它使个人和人类一致起来,因之也就好象具有超乎任何集体或个体的因果规律或功利效应,并从而具有无比崇高的性质而激动人心,由此而产生的道德感情才是'敬畏':只有人类才有的自觉的理性感情"。②

康德的第三个方面的功绩就是关于美学与目的论的论述,他把审美愉悦和动物性的官能享受以及理智认识区别开来,看作是多种心理因素活动的结果,作为一种自由的形式,是人化的自然或自然的人化,是合规律性与合目的性的统一;而与之相对应的心理结构,则是感性与理性的统一。李泽厚曾将之描述为"积淀了理性

---

① 罗兰·斯特龙伯格.西方现代思想史[M].刘北成,赵国新,译.北京:中央编译出版社,2005:221.

② 李泽厚.批判哲学的批判[M].北京:人民出版社,1979:431-432.

的感性"①。

康德之后,经过费希特、谢林到黑格尔,德国古典哲学进入了集大成的时代。所谓集大成就是说黑格尔继承和扬弃了他的前人的思想成果,建立起一个庞大的思想体系。对于黑格尔来说,"哲学若没有体系,就不能成为科学"②,若不是科学,就不能有真理。黑格尔反对独断论和怀疑主义的倾向,前者强调自己已经发现了终极真理,后者则认为哲学根本就没有真理。黑格尔认为真理不是个别的、偶然的现象,不是哪一部分,真理是一个整体。这意思就是说:"真理是历史发展的全过程。这是一个由低到高的发展过程,历史上后起的体系要比以前的体系更加高级,它克服了以前体系的缺点而保留其优点;当它被更新近的哲学体系所推翻时,又以同样的方式保留了自身的优点,因而成为真理的一个环节。"③这是一种历史主义的理解,其中包含着的是历史进步的观念,同时也有一种目的论的观念,即人类是在历史发展的进程中不断创造自己,并完善自己。

黑格尔的世界是一个统一的世界,他用"绝对理念"或"绝对精神"这个概念,将此前哲学中所讨论的主体、客体、本体、现象等都统一起来。他认为,绝对理念是包罗万象的唯一整体,现实世界就是绝对理念辩证运动的结果。绝对理念通过有限的人类精神在历史上的发展存在着,并通过这种精神的演化来完成自己的辩证运动。"绝对精神有 3 个部分:纯粹理念或者说自在的绝对精神、自然或者说自为的绝对精神以及自在而自为的绝对精神。研究纯粹理念的科学是逻辑学,即黑格尔所提出的辩证逻辑、具体的逻辑;

---

① 李泽厚. 批判哲学的批判[M]. 北京:人民出版社,1979:436.
② 黑格尔. 小逻辑[M]. 贺麟,译. 北京:商务印书馆,1980:56.
③ 赵敦华. 西方哲学简史[M]. 北京:北京大学出版社,2001:295.

它高于传统逻辑的静态概括。研究自然的科学是自然哲学，即各门提高到哲学层次来理解的经验科学。黑格尔的《精神现象学》试图揭示人类的意识是如何与外部的社会演化模式联系起来的，内心和外界的辩证互动是如何在一种无限的变化过程中向上向前演进的。"①这就是黑格尔所建立起来的体系，一个庞大的无所不包的体系，任何一门学科，或者说任何一个精神领域，都可以在这个体系中找到自己的位置。

黑格尔的体系，简单地说就是从绝对精神到外在现实世界，再到人类精神的一个辩证的否定之否定的过程。当然这个否定之否定并不是一个简单的循环，而是要经历从低到高的辩证发展。所以人们特别强调，黑格尔的历史发展观绝不是一个圆圈，而是许多个圆圈以螺旋上升的方式发展的。而这个绝对精神的辩证运动过程，在某种意义上说，也是人的自我精神的辩证运动过程，因为世界的根本统一性最终就落实到人的自我意识上，即"人类通过辩证发展创造自己的历史——人的精神与外部环境的相互作用。精神在人类历史中的自我实现最终导致充分的自我意识，即外部异化的物质领域不断地与精神遭遇，被精神所征服和吸收"②。黑格尔所建立的哲学体系，因其包罗万象太过庞大，难免会有许多漏洞，所以后来遭到了来自多方面的批判，比如费尔巴哈从机械唯物论的角度对他的批判；马克思虽接受了黑格尔的辩证法思想，但批判了他的唯心主义哲学立场；等。但在黑格尔的思想中贯穿始终的辩证法思想，充分体现了历史的规律性，也即无论是自然界、人类

---

　　①　罗兰·斯特龙伯格.西方现代思想史[M].刘北成，赵国新，译.北京：中央编译出版社，2005：285.

　　②　罗兰·斯特龙伯格.西方现代思想史[M].刘北成，赵国新，译.北京：中央编译出版社，2005：285.

社会、个人意识,还是人类精神,都有自己的历史,都是一个辩证发展的过程,按照辩证法的螺旋上升,历史发展的方向就是在不断进步。当然达到了辩证法规定的最终目标,历史就终结了。而就是在这历史发展的过程中,或者说是辩证法的螺旋上升的过程中,自然与社会、主体与客体是统一的,现象与本质、物质与精神是统一的,辩证法、历史和认识论是统一的,整个世界就是一个统一体,统一于绝对精神的辩证运动过程中,同时也统一于人的精神意识中。斯特龙伯格曾用俄国民主主义者别林斯基的话来结束对黑格尔的讨论,斯特龙伯格谈他读黑格尔时受到了震撼,"世界有了新的意义。历史和世界不再是一片混沌;任何一个事件都在一幅展开的图中有自己的位置。'对于我来说,历史过程中再也没有什么事情是任意的或偶然的了'"①。

① 罗兰·斯特龙伯格.西方现代思想史[M].刘北成,赵国新,译.北京:中央编译出版社,2005:284-285.

第二章　反思启蒙与现代性

　　启蒙与现代性是紧密联系在一起的两个问题,启蒙开启了现代性的问题域,并以现代性为其核心内容,没有启蒙就没有现代性问题的提出。反过来也一样,没有现代性的价值维度,启蒙就成了一项空谈。如果说启蒙以理性精神和主体性原则开启了现代性问题域的话,那么这两者作为核心的价值维度在现实中的实现,就是现代性的过程。所以对启蒙的反思和对现代性的反思自然而然地联系在一起,或者可以说对启蒙的反思就是对现代性的反思,对现代性的反思也即对启蒙的反思。这种反思由来已久,从启蒙开始之处,对启蒙的反思也已经开始,启蒙与反思是相互伴随的,在一定程度上也可以说反思就是启蒙本身的应有之义。康德在谈到启蒙时指出:"启蒙就是人类脱离自我招致的不成熟。"即不经别人的引导,就不能运用自己的理智。"要有勇气运用你自己的理智! 这就是启蒙的座右铭。"[①]这虽然不是唯一的定义,但却是影响较为深远的关于启蒙的定义。而这个定义中强调的不需经过别人的引导,勇敢地运用你自己的理智,也就是说不要盲从、不要迷信、没有权威、没有禁锢,对一切事情都要经过自己的理性思考,自己为自

---

　　① 康德.对这个问题的一个回答:什么是启蒙? [A].詹姆斯·施密特.启蒙运动与现代性[M].徐向东,卢华萍,译.上海:上海人民出版社,2005:61.

己拿主意,自己为自己做主,这才是真正的启蒙。由此可见,任何东西都必须放在理性的法庭上来衡量,寻找它存在的理由或不存在的理由,也包括启蒙和现代性的种种观念,这本身就是一种反思。但由于我们过去谈到启蒙,主要集中在那些已被现代社会接受的观念上,集中在那些已经被证明对这些观念的提出有过贡献的思想家身上;或者说我们已经形成了某种正统的启蒙思想和观念,而忽视了那些对启蒙的反思,以及今天看来非正统的启蒙思想。只有当启蒙和现代性问题被重新提起,而且被剥去了笼罩于其上的那层神秘的面纱时,我们才能看到在当时以及在后来,都有许多反思启蒙、否定启蒙,或提出别一种启蒙的思想存在。

第一节　启蒙的另一条线索

正如我们在前文中已经分析的,从文艺复兴时期自然科学的发展成熟,经由培根、笛卡儿、洛克等,直到康德和黑格尔,由对宗教神学禁锢的突破到理性主体性的建立,这应该说是启蒙的主线。因为这是被普遍接受并付诸实践,从而作为建设现代性社会的指导思想;而其理念形态和社会理想也已经为人们所普遍接受,成为现代社会思想文化的核心观念,比如历史进步的观念、人的解放的观念、未来理想的理性王国的观念等等。因而我们过去完全忽视了还有另外一种启蒙的声音,或者说这另外一种声音也可以是启蒙,或是对启蒙的反思。其实这另外一种声音是一直存在的,它构成了启蒙的非正统线索,构成了对启蒙的一种批判性思考和反思,一直在为我们提供着另一种借鉴,或者说一直在向我们发出警告。但是人类发展暂时的成就蒙蔽了人的眼睛,人类改造和征服自然的雄心和野心使人丧失了自知,于是我们彻底忽视了这条线索,甚至是有意否定这条线索,将之作为反文明、反现代的东西,或是当作某种艺术幻想而置之不理。这条线索之中最有代表性的当推卢梭和荷尔德林。

1. **卢梭**。卢梭是法国的启蒙思想家,其名字一般总是与孟德斯鸠、伏尔泰、狄德罗等并列在一起,早就已经引起了人们的注意。他也是一位很有成就的作家,人们一般都读过他的《忏悔录》、《爱弥儿》、《新爱洛伊丝》,并将他与欧洲浪漫主义文学联系在一起。但过去人们更多地注意到的是他对资本主义制度的批判,以及他的民主的理想,因而将他当作现代性的积极推进者而归入到正统启蒙思想之中,却很少注意到他不同于启蒙理性的独特理想。卢梭的思想是矛盾的,斯特龙伯格说:"最好的方式是从'两极性'或矛盾性的角度来看待卢梭。人生而自由,但又自己奴役自己;人就天性而言是善的,但就天性而言又易于腐败;人是痛恨权威的,但又需要权威;人必须有宗教,但又不愿服从任何神;历史是一部恐怖的记录,但会以乌托邦结束;等等。"①

卢梭是在1750年参加第戎科学院的征文比赛获奖而一举成名的。他写出了《论艺术与科学》一文,来应征"艺术和科学的复兴究竟有助于敦风化俗还是有助于伤风败俗"的比赛,这篇文章也是我们见到的较早地表达卢梭思想的著作,在这里卢梭就已经开始了对现代文明的批判。后来他又写了《论人类不平等的起源和基础》一文,再次参加征文比赛,但没有得到人们的认可,在此文中卢梭进一步发展了他的思想。卢梭也像霍布斯那样,相信人类有一个自然状态,但他不再相信从自然状态向文明状态的过渡是人类

---

① 罗兰·斯特龙伯格. 西方现代思想史[M]. 刘北成,赵国新,译. 北京:中央编译出版社,2005:162.

历史的进步。卢梭的自然状态是一个设想,这是一个理论起点而非历史的起点,因为他要借此阐述一种人性的观念。他认为只要剔除了人的社会性,剩下的就是人的自然本性,而在这里他发现的不是丑恶,而是善良。他认为自然人是善的,是自由的,而随着人类进入社会,有了文明,则抛弃了其自然本性中的善良而堕落了。他提出人类堕落的根源是私有制。

从这个立场出发,卢梭讨论了社会契约问题,他认为,人类摆脱堕落有三条途径:"一是回到自然状态,二是通过暴力革命废除一切不平等的根源,三是用社会契约来保障社会平等。"①前两条路显然是走不通的,因为人类不可能再返回到自然状态,暴力可以打碎一种不平等,但接着就会带来更多新的不平等,只有第三条路可走。他认为,过去人们所说的契约纯粹是一种欺骗,是不平等的契约,是统治者统治被统治者的一个阴谋,因而现代的国家是不合法的,他要彻底推翻这种契约,要在民主基础上一切推翻重来。他指出真正的契约应该是集强制权力和自由权力于一身的"公意",这是一个以公共利益为出发点和归宿的永远公正的契约。卢梭的这些主张的基础,不是理性论,而是良心或良知。这是一种天赋的自然情感,他在《爱弥儿》中强调一种自然教育的目的,就是要使人恢复自己的良知,尽量减少现代文明对他的熏染和影响。这种良心不是来自于普遍理性,而是来自于一种生命的体悟,一种自然的天性。

在 17、18 世纪人们都在为理性高唱赞歌时,卢梭"崇尚友爱、善意和虔诚。他说明了这样一个道理:人的真正本性不在少数有教养的人才具有的理性,而在于人所共有的情感",在人们都为文

---

① 赵敦华.西方哲学简史[M].北京:北京大学出版社,2001:244.

明、科学和进步大唱赞歌时,"卢梭却敏锐地觉察到其中隐含的危险的弊端",卢梭为启蒙开辟了一条新的思路,也为后来的反思启蒙提供了思想资料和理论准备。①

2. **荷尔德林**。戴晖在《荷尔德林文集》译者前言中说:"在一个思想贫乏而技术占统治地位的时代,荷尔德林为人性奠定了诗的本质。"②这是沿袭了海德格尔对荷尔德林的评价,话说得未必准确,但概括了荷尔德林思想的主要特征。荷尔德林是康德哲学和法国大革命培养起来的一代青年思想家之一,他曾经在图宾根大学学习,听过费希特的课,与黑格尔是好友,他们曾经在一起,后来通过书信广泛地讨论了一些哲学问题,而且据说他和谢林、黑格尔等曾为法国大革命一周年而共植自由之树。③ 自由的理想贯彻在这一代青年思想家的整个学术生涯和创作生涯中,但每个人在追求这种理想的过程中,却形成了自己不同的特色。荷尔德林没有像黑格尔那样进入到一个思想的冥思苦想的境界,并去建立那样一个庞大的、包罗万象的思想体系,而是进入到一种诗的境界,一种与世界、与人生更为贴近的感性体验世界,在这种感性的体悟之中去揭示真理。海德格尔在谈诗的本质时指出自己所以不去选择荷马,不去选择索福克勒斯,不选但丁、莎士比亚和歌德,而唯独选择了以荷尔德林为例,原因在于"荷尔德林之被选中,并非其作品对诗的普遍本质有所认识,而仅仅在于:他受诗人使命的驱遣,直写诗的本质。在我们看来,在一种卓绝的意义上,荷尔德林是写诗

① 赵敦华.西方哲学简史[M].北京:北京大学出版社,2001:284-285.
② 荷尔德林.荷尔德林文集[M].戴晖,译.北京:商务印书馆,1999:1.
③ 荷尔德林.荷尔德林文集[M].戴晖,译.北京:商务印书馆,1999.

之本质的诗人"①。这里所说的诗的本质是有特定意义的,那就是把审美境界作为人生的最高境界,把诗意的人生而不是理性的人生作为人的最彻底的自由解放的理想。所以海德格尔在晚年引用了荷尔德林的一句诗来表达他的人生理想,并使得这句诗广为流传:"人,诗意地栖居在这块大地上。"

荷尔德林把康德看作是"我们这个时代的摩西",但他所接受的康德,却不是那个理性思辨的康德,而是他进入的那个自由而孤独的思想沙漠,尤其是当他接触到卢梭以后,更加坚定了自己的信念,渐渐地,康德的《判断力批判》超过了另外的两大批判,对荷尔德林产生了更大的作用,使他开始更加重视理性的实现,而不是理性的操作,即至善在现实世界中的实现。而这一切关乎的不是自然,不是某种抽象的理念形态,也不是大一统的意识形态,而是具体的、活生生的人。于是在荷尔德林的诗人气质驱使之下,他超越了西方数千年思想史不曾摆脱的概念之争,而直接接触到自由的本质。也许只有像他这样的诗人的敏感,才能体会到当时人类的处境,以及人类的未来,在一个理性取得了前所未有的统治地位的时代,在一个科学给人带来了无穷无尽的信念和信心的时代,在一个人类普遍向往那个"理性王国"的宏伟蓝图的时代。他竟然已经深切地感受到了人在理性的世界里的孤独、人性的异化、人的自由本质的丧失,人就像是一个离开了自己的家园而在世界上孤独地漂泊的流浪者一样。于是他要呼唤那已经被现代理性拆散分解的完整的人,呼唤被理性彻底异化了的人的生命力和神性,呼唤那给人带来温暖安详的家园。

---

① 海德格尔. 荷尔德林与诗的本质[A]. 海德格尔. 存在与在[M]. 王作虹,译. 北京:民族出版社,2005:113.

　　荷尔德林在《莱茵颂》中唱道："阿尔卑斯山峦鬼斧神工,/那是远古传说中天使的城寨,/但何处是人类/莫测高深的归宿?"离开家园的漂泊感正是现代西方社会中人们对自己生存处境的一种真切感受,并成为西方现代主义和后现代主义文学的核心主题,也成为现代许多思想家探索的问题。荷尔德林在 100 多年前就已经感受到,并在自己的诗里唱了出来。他又唱道:

> 如果人生纯属辛劳,人就会
>
> 仰天而问:难道我
>
> 所求太多以至无法生存? 是的。只要良善
>
> 和纯真尚与人心为伴,他就会欣喜地拿神性
>
> 来度测自己。神莫测而不可知?
>
> 神湛若青天? 我宁愿相信后者。
>
> 这是人的尺规。
>
> 人充满劳绩,但还
>
> 诗意地栖居在这块大地上。我真想证明,
>
> 就连璀璨的星空也不比人纯洁,
>
> 人被称作神明的形象。
>
> 大地之上可有尺规?
>
> 绝无。

　　这里对所谓人的神性的呼唤,实际上就是对人的灵性的呼唤,因为现代社会理性已经彻底束缚和禁锢了人的灵性,使人成为技术的奴隶,因而只有诗,只有美的事物和对美的事物的感受和体验,才能使人获得解放,并重获自由。这个思想并非荷尔德林的独创,在席勒的"游戏说"中即已经提出,而且 20 世纪的法兰克福学派,如阿道尔诺、马尔库塞等人也都有类似的主张。但荷尔德林在那个特定的时代,以诗的形式去直写诗的本质,也即直写人的本

质,为启蒙开辟了一条新的思想线索,预示了人类的未来,难怪狄尔泰和海德格尔会对他如此重视。

3.尼采。如果说荷尔德林和卢梭虽然意识到理性一统天下的弊端,而从各自不同的角度来探讨如何对其加以补充的话,换句话说他们是通过适当补充来使理性论更加完善,那么真正从非理性的角度来对现代文明进行彻底的、无情的批判的人,应该首推尼采。尼采描述一个狂人,大白天打着灯笼跑到街上去寻找上帝,向每一个在自己面前经过的人询问上帝在哪。面对着那些过往行人冷漠和茫然的神情,他终于明白了,上帝死了,是我们杀死了上帝。"上帝死了!永远死了!是咱们把他杀死的!我们,最残忍的凶手,如何自慰呢?那个至今拥有整个世界的至圣至强者竟在我们的刀下流血!谁能揩掉我们身上的血迹?用什么水可以清洗我们自身?我们必须发明什么样的赎罪庆典和神圣游戏呢?这伟大的业绩对于我们是否过于伟大?我们自己是否必须变成上帝,以便与这伟大的业绩相称?从未有过比这更伟大的业绩,因此,我们的后代将生活在比至今一切历史都要高尚的历史中!"他把灯笼摔在地上,继而感叹道:"我来得太早,来得不是时候,这件惊人的大事还在半途上走着哩,它还没有灌进人的耳朵哩。"①

尼采留下的著述多是片言只语,没有形成系统的思想,也很少像其他哲学家那样对一个问题进行学理上的严谨论证,多半是一些感想。而正因为这样,他所涉及的内容就异常丰富,也异常深刻。人们多半把"强力意志"说和"超人"说看成是他思想的核心,但实际上这些都是上帝死了的回声,上帝之死既是尼采痛苦的呼

---

① 尼采.快乐的科学[M].黄明嘉,译.上海:华东师范大学出版社,2007:209 - 210.

号,是所有现代人的痛苦呼号,同时也是尼采代替现代西方人充满兴奋之情的欢呼和赞叹。尼采以他先知般的智慧预见到了现代人的生活状况,以及其精神所遭受的痛苦。他认为人的生命力就是一种强力意志,这是一种生生不息的,可以冲破一切束缚与禁锢的,不顾一切的生命之流,是一种原始的激情放纵。"没有这股力量,人们就不可能产生真正的创造力"①,而如果只有这种激情放纵,没有理性节制就变成了一种没有形式的狂乱。所以这种生命力要经过理性的调节而升华。但是现代性社会,由于过分理性化而失去了这种生命的真正动力,于是人陷入了科学认识的巨大旋涡而日益堕落平庸,现代文明也陷入了这股理性的旋涡而日益颓废。他提出要重估一切传统价值,推翻一切偶像,任何一种强制性的信仰都将不复存在,除了生命本身以外,就没有什么东西是可以信赖的。

他的重估一切传统价值,也就意味着一种价值重建。有人说尼采是一个反理性主义者和怀疑主义者,尼采的确有一定的怀疑倾向,但说他反理性似乎不妥,因为他并不是要一概抛弃理性和理智,只是要给它加以适当的限定而已。他从叔本华和达尔文的思想中汲取营养,认为"理智只是生存的工具,是努力适应环境的整个有机体的组成部分"②,而不是生命的全部。现代社会就是因为这种理性至上、理性独步的情形,才带来了人的生存境遇的凄惨和可怜,什么民主制、资本主义、社会主义、大众等等都成了他抨击和嘲讽的对象,这些都是脱离人的生命的某种先入为主的理性预设。

---

① 罗兰·斯特龙伯格.西方现代思想史[M].刘北成,赵国新,译.北京:中央编译出版社,2005:381.

② 罗兰·斯特龙伯格.西方现代思想史[M].刘北成,赵国新,译.北京:中央编译出版社,2005:383.

他认为一切要重新开始,必须依靠那些少数的超人来拯救人类颓废的文明,拯救那些平庸堕落的大众。尼采的思想是矛盾的,他给后世带来的影响也是矛盾的,但他对理性的批判,对现代文明的批判之彻底,对人的生命力态度的肯定,即从一个新的角度来解读人的生命的思想遗产,却在 20 世纪西方思想中留下了深刻的影响。尤其是他力图将启蒙与法国大革命之间的联系切断,将启蒙归于一种针对生命个体的思想,被后人称为"新启蒙"。①

第二节　启蒙的现代回声

1. 启蒙与现代性的危机。如果说上文所提到的荷尔德林、卢梭和尼采,还只是天才地预见到启蒙与现代性发展将会带来的人类的灾难的话,那么到了 20 世纪,这种灾难就实实在在地降临在世界上。启蒙和现代性,从理论到实践出现了不可避免的危机。首先在自然科学中,牛顿力学所组织起的宇宙开始崩塌,数代科学家和哲学家们所建立起来的一整套科学观念开始崩塌,这一切首先来自于几个实验:迈克尔逊 – 莫雷关于以太的实验、马克斯・普朗克关于黑体辐射的实验等。其次来自于几个新的发现:电子、X射线和放射性等。这些实验和新发现开启了爱因斯坦的相对论理论和哥本哈根学派的量子力学,彻底打破了牛顿力学一统天下的局面。而尼尔斯・玻尔的互补原理、海森堡的测不准关系式等,使得原来统治科学的线性因果律、确定的时空观、确定的数学描述等等,统统被改写了。再有孟德尔通过豌豆实验提出了遗传与变异

---

①　詹姆斯・施密特.什么是启蒙? 问题、情景及后果[A].詹姆斯・施密特.启蒙运动与现代性[M].徐向东,卢华萍,译.上海:上海人民出版社,2005:25.

的理论,哥德尔在实现吉尔伯特纲领的理想过程中,发现了不完备定理,从而使人认识到连数学本身都是不确定的了。特别是 20 世纪中期以后,诸如系统论、信息论、控制论以及后来的耗散结构论、协同论和突变论等一些新的综合学科出现,一个机械的、可以被拆散分解为具体零件的世界机器的图景被彻底废除了,传统的科学方法论也被现代科学哲学所取代。

现代性的社会发展同样爆发了重大危机,两次世界大战的灾难、影响遍及整个西方世界的经济危机、东西方的长期冷战、生态破坏的危机、人在精神上的巨大失落感和无家可归的漂泊感、异化现象的日益深重与人普遍的精神信念的丧失等等,都必然要引发对启蒙与现代性的反思。这种反思是全方位的,既关乎启蒙精神和现代性的基本维度,也关乎现代性社会的制度、文化;既关乎国家、民族、地域,也关乎个体生命与人格。这种反思在世纪之交,从马克斯·韦伯、胡塞尔、海德格尔、雅斯贝尔斯等开始,到法兰克福学派、法国存在主义哲学等,成为 20 世纪西方学术思想的一大特色。

马克斯·韦伯是从探讨新教伦理与现代资本主义的关系入手,分析其理性精神为现代资本主义社会带来的两个理性化的后果———一是去魅,二是禁欲,从而建立起了一个理性化的社会。[①]他发现这个理性化的社会实际上是一个铁笼社会,这里有一个无法摆脱的悖谬,即工具理性与价值理性的冲突(也被称作形式理性与实质理性的冲突),“效率和功能至上的现代制度,不得不尊奉形式理性原则,理性作为一种增效的形式手段被应用,不过,这个手

---

① 汪民安.步入现代性[A].汪民安,等.现代性基本读本[M].上.郑州:河南大学出版社,2005:16.

段反过来成为目的,霸道地成为宰制人的工具,人们被手段降服。因此,这个理性——形式理性,我们也可以将它说成是工具理性——恰好走到了其反面:非理性"①。胡塞尔痛感欧洲科学危机而创立了现象学。他认为科学带来了一种误导的理性主义潮流,这股潮流把世界变成了可以条分缕析的碎片,把人变成了各门具体学科的对象,从而毁灭了人性,导致虚无泛滥,甚至纳粹横行。他认为这个世界只有科学是不行的,科学既不能处理价值观念问题,也不能回答关于个人生存的意义问题。但他并不完全排斥理性,他还要用理性去反抗虚无主义,他只是反对过分泛滥的理性主义,尤其是表现为沦落成实证主义的理性。他主张我们的哲学应以对人的关注为中心,尤其是以对完整的人以及人所居住的完整的世界的关注为哲学重建的中心,于是他提出了回归生活世界的主张。

2. **启蒙辩证法**。在这股思潮中,启蒙辩证法是较有代表性的。霍克海默和阿道尔诺共同完成的《启蒙辩证法》一书,对启蒙进行了系统全面的反思,开启了法兰克福学派对西方发达资本主义社会的现代性批判。他们所面对的是二战的空前灾难以及奥斯威辛集中营的悲惨故事,是人类在高度启蒙的基础上所犯下的不可饶恕的罪恶以及承受的巨大的苦难。在该书前言中他们提出问题:"人类没有进入真正的人性状态,反而深深地陷入了野蛮状态,其原因究竟何在。"②他们没有把现代社会的罪恶和启蒙对立起来,在启蒙之外去寻找根源,他们并不认为两次世界大战的空前灾难是

① 汪民安.步入现代性[A].汪民安,等.现代性基本读本[M].上.郑州:河南大学出版社,2005:18.
② 马克斯·霍克海默,西奥多·阿道尔诺.启蒙辩证法[M].渠敬东,曹卫东,译.上海:上海人民出版社,2003:1.

和现代文明的原则相对立的。而是从启蒙自身来寻找这个根源，认为这是启蒙辩证地展开的必然结果。较之于那些对启蒙毫无批判，而动辄将这些不尽如人意之处统统归于反启蒙的思想批判来说，这是霍克海默和阿道尔诺的深刻之处。

由此他们提出了启蒙的两重性问题：第一，启蒙以消除神话为己任，意欲以知识代替想象；但是，在现实中，实证化的启蒙理性却走向了反面，走向了新的迷信，退化为神话。第二，启蒙理性的宗旨是确立人对自然的无限的统治权，然而，人征服自然的结果并没有使人成为自然的主人，也没有使自然成为属人的存在，相反，人对自然的统治导致人与自然关系的破坏，导致自然对人类的报复。第三，在完全被技术理性统治的世界中，不但人与自然相异化，而且人与人也相异化，人普遍物化，人在普遍异化的世界中相互冲突。第四，在技术理性统治的世界中，理性和技术的发展并没有像启蒙精神允诺的那样，增强人的本质力量，实现人的普遍自由，相反，技术本身成为自律的、总体性的统治力量，成为扼杀人的自由和个性的异化力量。① 因而，启蒙具有自我摧毁的特性，走向了自身的反面，这就是启蒙辩证法。

他们并不只局限于 18 世纪以来的启蒙运动来谈启蒙，也不仅仅把启蒙看作是自文艺复兴以来西方人从中世纪的宗教禁锢和束缚中解放出来的一场现实的运动，而是把启蒙的概念泛化，指向人类文化中的一切进步精神，认为在人类的早期神话中就已经包含了启蒙的精神，人类历史的每一个进步，都包含了一种启蒙精神的作用。启蒙概念的泛化是霍克海默和阿道尔诺提出启蒙辩证法的

---

① 衣俊卿，等.20 世纪的新马克思主义［M］.北京：中央编译出版社，2001：238 –
242.

理论基础和现实依据，也是其建设性的贡献。从理论上说，霍克海默把黑格尔的历史辩证法思想运用到精神文化的发展史上，把启蒙也看作人类发展进化的一个具体进程，因而也必将经历它的开始、发展和走向衰落。从现实性上说，人类历史发展的进程，已为启蒙走向衰落提供了丰富的现实资料。历史的辩证发展本身就是一个肯定、否定、否定之否定的过程，是一个非线性的、螺旋式向前发展的过程，因而在每一个阶段都会表现出某种复杂性。过去人们在研究中只是一般地谈霍克海默如何对资本主义现实进行批判，如何对工具理性膨胀掩盖了价值理性、在现代资本主义社会中由于科学技术的发展和生产力的进步导致一种新的统治形式的出现等的批判，这样就把富有理论建设性的启蒙辩证法变成了单纯地对现代性的批判理论，甚至更狭隘为单纯地对资本主义的批判，同时似乎也忽视了这种理论的真正的局限性。

作为一种建设性的理论，第一，霍克海默不仅强调了各种思想理论的具体的时代性特征，不可能一劳永逸地解决人类实践活动中的一切问题，终究是要被新的思想理论推翻；同时指出任何一种进步的思想文化（启蒙）都具有自我否定和自我摧毁的特性，所以它的充分展开，也终将走到自己的反面，成为它所反对和批判的东西。启蒙的纲领就是要唤醒世界，祛除神话，并用知识替代幻想"然而，被启蒙摧毁的神话，却是启蒙自身的产物"；"每一种彻底粉碎自然奴役的尝试都只会在打破自然的过程中，更深地陷入到自然的束缚之中。这就是欧洲文明的发展途径"。归根结底，理性和知识发展到极致，却转而形成一种新的神话、新的迷信，形成了对人的一种新的统治形式，"由启蒙带来的神话恐惧与神话本身同出一辙"。① 启蒙要控制自然、做自然的主人,最终在一个完全异化的世界里人却更加成为自然的奴隶和别人的奴隶,这就是启蒙辩证法,这就是一切进步思想的辩证法。

第二,提出了与自然和解的思想。启蒙的根本目标就是要征服自然并成为自然的主人,"'经验哲学之父'培根早就归纳了启蒙的主旨",即是对知识理性的信念。知识不是用来认识世界的,而是用来征服世界、改造世界、创造世界的,"人类的理智战胜迷信,去支配已经失去魔力的自然。知识就是力量,它在认识的道路上畅通无阻:既不听从造物主的奴役,也不对世界统治者逆来顺受"。② 但知识只是工具,它的本质是技术,是人们征服自然、支配自然的方法和手段,而资本主义现代化工业则是技术的集中体现。霍克海默在对启蒙的概念的反思中,阿道尔诺在对文化工业作为大众欺骗的启蒙中,后来法兰克福学派在对技术理性的批判中,都对这种知识理性成为一种新的统治形式所带来的完全的异化状态进行了激烈的批判。因而他们得出了结论:"历史的目标不应是对自然的统治,而应是同自然的和解,而这就意味着要抛弃那种使自然服从于人的'粗野'而'无望'的企图,要摆脱逻辑和数学的'专制主义'。"③"只有在它屏弃了与敌人的最后一丝连带关系并敢于扬弃错误的绝对者,即盲目统治原则的时候,启蒙才能名副其实……只有在实践的近期目标展现为它目前所要达到的终极目标的时候,只有在君主们的'密探和媚臣们打听不到的'范围,即在被

　　① 马克斯·霍克海默,西奥多·阿道尔诺.启蒙辩证法[M].渠敬东,曹卫东,译.上海:上海人民出版社,2003:1,2.
　　② 马克斯·霍克海默,西奥多·阿道尔诺.启蒙辩证法[M].渠敬东,曹卫东,译.上海:上海人民出版社,2003:2.
　　③ 洪佩郁,蔺月峰.启蒙辩证法·中译本序[A].马克斯·霍克海默,特奥多·阿多尔诺.启蒙辩证法[M].重庆:重庆出版社,1990:4.

占据支配地位的科学一直忽视的自然被看作是发源地的时候,启蒙才能获得自我实现,并最终自我扬弃。"①这里需要说明的是,他们所提出的与自然和解,并非是卢梭等人提出的返归自然,回到原始的自然状态中去,而是在人类文明的基础上实现一种美学上的超越和扬弃,这既是对荷尔德林思想的一种继承,又开启了法兰克福学派理论家在现代性批判上引进审美之维的先河。

霍克海默和阿道尔诺继承了康德关于理性作为启蒙核心的基本观念,并对之进行了批判和否定。这既意味着启蒙观念的进一步发展,一种辩证的发展,但同时我们也应该看到,正是由于启蒙概念的泛化,使其理论具有了某种新的特征:他们先是集中在对启蒙的批判和否定上,后来阿道尔诺又提出了否定的辩证法,"哲学所寻求的秩序和不变性实际上是不可能的,唯一可能的是连续的否定,它破坏性地抵制任何打算赋予世界以'同一性'从而把世界限定在一个原则上的企图"②。这种彻底的否定的思想带来了两个结论:第一是否定了历史进步的观念。他们把启蒙的概念泛化,和人类历史上的一切进步的文化精神联系在一起,就是要强调其既具有进步意义,也有自我否定和自我摧毁的特性。但后来他们走向了全面的批判和否定,完全无视启蒙的进步性,只看到被彻底启蒙的世界却笼罩在一片因胜利而招致的灾难之中。第二是他们把现代社会中的理性的工具化和定量化完全等同于理性本身来加以否定和批判,只看到启蒙理性所带来的新的统治形式和人的完全异化,只看到技术理性的负面效果以及给人带来的灾难而全盘否

---

① 马克斯·霍克海默,西奥多·阿道尔诺.启蒙辩证法[M].渠敬东,曹卫东,译.上海:上海人民出版社,2003:39.

② 张峰.否定的辩证法·中译本序[A].阿多尔诺.否定的辩证法[M].张峰,译.重庆:重庆出版社,1993:3.

定理性,因而他们和康德笼统地肯定理性殊途同归。他们理论的这两个特征和后现代主义理论反思启蒙和现代性思想有了相通之处。

第三节 后现代思想与启蒙

后现代的问题依然是和启蒙与现代性联系在一起的,它们是从现代主义中撕裂出来的,它们所面对的社会还是一个现代化的社会,它们所面临的问题依然是现代性的问题,只是它们改变了自己的思想立场和思考问题的方式,或者说抛弃了过去人们所一直奉为圭臬的思想观念,因而获得了一种思想的自由。王治河指出,它们"在思维方式上坚持一种流浪者的思维,一种专事摧毁的否定性思维,坚持对以划一思维和二元对立思维为特征的现代思维方式的否定,是所有的后现代哲学思潮所共同具有的特征。至于否定、摧毁的对象,每个思潮则各有专攻"①。

1. **丹尼尔·贝尔的文化矛盾说**。美国社会学家丹尼尔·贝尔在 1973 年出版了《后工业社会的来临》一书,1976 年又出版了《资本主义文化矛盾》一书,提出了一个"后工业社会"概念。他认为资本主义社会经历了三个阶段:前工业社会、工业社会和后工业社会。前工业社会生活的主要内容是对付自然;工业社会生活的主要内容是对付技术化、理性化了的制作的世界;现在是后工业社会,后工业社会的中心是"服务"——"人的服务、职业和技术的服务,因而它的首要目标是处理人际关系。"②贝尔的后工业社会理

---

① 王治河.后现代哲学思潮研究·前言[M].北京:北京大学出版社,2006:2.
② 丹尼尔·贝尔.资本主义文化矛盾[M].赵一凡,等,译.北京:三联书店,1989:198.

论,应该算是"后现代"社会的较早表述,后来人们在谈到后现代时,总不忘引述贝尔的思想。

他在《资本主义文化矛盾》中展开了对后现代社会文化的研究。他提出了经济、政治、文化三个领域的对立学说。赵一凡在该书中译本绪言中指出:"资本主义历经二百余年的发展和演变,已形成它在经济、政治与文化三大领域间的根本性对立冲突。这三个领域相互独立,分别围绕着自身的轴心原则,以不同的节律交错运转,甚至逆向摩擦。随着后工业化社会的到来,这种价值观念和品格构造方面的冲突将更加突出,难以扼制——这是贝尔有关当代资本主义文化总体批评的理论出发点。"①贝尔具体研究了资本主义社会的文化矛盾,他认为在经济领域,经过了科技革命和管理革命的改造加强,已经发展出了一个以严密等级制、精细分工制为特征的自律活动。其中全部活动都严格遵照效益原则运转,目标是最大限度地获取利润;政治领域,越来越膨胀,逐渐成为经济体系之外的又一庞大王国,它的轴心原则是广为派生的平等观念——从早先的大而化之的人权法案、法律平等说,发展到今天的内容具体的、无所不包的各种民众应享要求(如种族、性别平等,教育、福利与就业机会均等)等等;文化领域,艺术与思想的灵魂是所谓的"自我表达和自我满足",文化历来标榜个性化、独创性以及反制度化精神。在经济主宰社会生活、文化商品化趋势日益严重、高科技变成当代人类图腾的压迫局面下,变革缓慢的文化阵营步步退却抵抗,强化自身的专利特征和自制能力。

他认为20世纪60年代后现代主义发展成为一股强大的潮流,

---

① 丹尼尔·贝尔. 资本主义文化矛盾[M]. 赵一凡,等,译. 北京:三联书店,1989:
10.

把现代主义逻辑推到了极端。这种后现代主义在精神状态上表现为两个方面：一是反对现代主义所主张的美学对生活的证明，变成了对本能的完全依赖；二是超越了现代主义通过审美形式的有序原则来表现生活的做法，完全逾越了艺术的界限。后现代主义最令人惊奇的是把诺斯替教派思想方式这类曾经是秘而不宣的东西"公开宣布为自己的意识形态，并把这一精神贵族的财产变成了现今大众的财产"①。因而后现代主义潮流向着两个方向发展：一个方向是在哲学上走向一种消极的黑格尔主义，宣告西方的没落和文明的终结；另一个方向则是以解放、色情、冲动自由以及诸如此类的名义，猛烈打击着"正常"行为的价值观和动机模式。②贝尔认为这种矛盾造就了一个畸形的社会，这个畸形社会由于不能给出一个终极意义而使人丧失了目标和意义，于是他提出了一种新宗教的思想，以求使人能走出这片生命意义匮乏的精神文化的荒漠。但这似乎只是贝尔的一厢情愿。

2. 利奥塔与现代知识状况。 法国后现代思想的代表利奥塔在1979 年出版了自己的《后现代状态：关于知识的报告》一书，由此进入了一个独特的分析后现代问题的领域。他在这本书里首先指出："随着社会进入被称为后工业的年代以及文化进入被称为后现代的年代。知识改变了地位。"③知识的性质和功能发生了根本性的变化，这首先是由于各门学科之间的相互作用，人们开始以一种求新求变的心理来对待知识，因而似乎知识的创新都已经成为一

---

①　丹尼尔·贝尔.资本主义文化矛盾[M].赵一凡,等,译.北京:三联书店,1989:99.

②　丹尼尔·贝尔.资本主义文化矛盾[M].赵一凡,等,译.北京:三联书店,1989:10-11.

③　让-弗朗索瓦·利奥塔尔.后现代状态:关于知识的报告[M].车槿山,译.北京:三联书店,1997:1.

种可以控制的过程。其次是由于进入信息化时代,电脑的广泛运用改变了我们过去对知识的认识。只有那些能够转化成机器语言的东西才可以被输入到电脑和存储器之中,才可以被处理和运用。最后是由于知识已经转变为一种重要的财富,成为一种商品。"在最近几十年中,知识成为首要生产力","民族国家曾经为了控制领土而开战。后来又为了控制原材料和廉价劳动力而开战。所以可以想象它们在将来会为了控制信息而开战"。①所以,知识已经丧失了其传统的两大功能,即研究和传播,而变成了具有价值形式的商品,为了出售而被生产,为了在新的生产中增值而被消费。于是就出现了知识的合法化的问题,即知识总是和某种权力联系在一起,就像任何一条法律的制定都有一个立法者一样,任何知识也总有被谁规定为知识的问题。我们要追问法律的合法性,就要首先去追问立法者的合法性,而要搞明白知识是否为知识,也要首先确定可以处理科学话语的立法者的合法性。这是一个从本体上来对知识进行质疑的做法,为了解决这个问题,利奥塔把知识话语分成了两种,即科学话语和叙述话语。一般地说,知识并不限于科学,甚至不限于知识。这种叙述性话语过去被人们称为"公论",它界定了科学知识,是科学知识的合法性的立法者。过去人们从来没有怀疑过这种叙述的合法性,一直以来人们都以为知识就是科学知识,都是可以证实的,所以就忽视了对这些叙述性话语的追问。但今天,当我们面临着知识的地位和性质发生了如此巨大的变化的时候,特别是由于电脑的运用与机器语言的限制,使我们不得不对知识重新加以认识的时候,我们不能不对知识的合法性提出质

---

① 让－弗朗索瓦·利奥塔尔. 后现代状态:关于知识的报告[M]. 车槿山,译. 北京:三联书店,1997:3.

疑,因而知识合法性的立法者的合法性问题就浮出了水面,成为我们首先要质疑的对象。

　　无论是科学话语,还是叙述性话语,都离不开语言问题,所以利奥塔接受了维特根斯坦的语言游戏理论来说明合法性的问题。"关于语言游戏,我们还有3个值得提出的注意事项。第一是它们的规则本身并没有合法化,但这些规则是明确或不明确地存在于游戏者之间的契约(这并不是说游戏者发明了规则)。第二是没有规则便没有游戏,即使稍微改变一条规则也将改变游戏的性质……第三个意见刚才已经暗示出来了:任何陈述都应该被看成是游戏中使用的'招数'。"①这三条注意事项触及了一个根本问题,那就是语言游戏的合法性问题,触及了知识作为一种语言游戏的合法性问题。而在知识的合法性问题上,首先就是其立法者的合法性,也就是曾经被人们当作公论、公理,不证自明的叙述话语的合法性。在这个意义上,利奥塔才指出:"简化到极点,我们可以把对元叙事的怀疑看作是'后现代'。"②而利奥塔在这里所说的"元叙事",实际上是指近代理性精神为我们建立起来的两个宏大叙事,这是浸透在西方近代价值理念深处的、成为其重要的标志和坚定信念的两个宏大叙事:一个是关于人的解放的宏大叙事,它和法国大革命联系在一起;另一个是关于思维同一性的宏大叙事,它和德国古典哲学维系在一起。由此可见,利奥塔提出知识合法化的危机,并对一切元叙事开战,实际上针对的依然是启蒙和现代性。

　　3.波德里亚与仿真。让·波德里亚被他的追随者称为后现代

---

　　① 让－弗朗索瓦·利奥塔尔.后现代状态:关于知识的报告[M].车槿山,译.北京:三联书店,1997:18.

　　② 让－弗朗索瓦·利奥塔尔.后现代状态:关于知识的报告·引言[M].车槿山,译.北京:三联书店,1997:2.

世界的"守护神",被誉为新纪元的高级牧师,发展出了一种迄今为止最引人注目,也是最极端的后现代性理论。① 波德里亚的后现代性理论建构是基于他对前现代社会、现代社会和后现代社会的认识的,他认为自文艺复兴以来到工业革命的古典时期是由象征交换建构的前现代社会,现代社会是由生产建构起来的,而当下的后现代社会则是由仿真建构起来的。他发展了一种独特的符号经济学,或者说把符号理论引进了经济学的分析之中,认为商品的价值可以区分为使用价值、交换价值和法定价值,或者是"符号价值"。② 符号在前现代社会中,还对应着某种自然的实物,它只是作为实物的某种象征物或者称作"表征";而到了现代社会,符号则变成了商品,与其所指代的实物已经有了距离。在这里他大概是受了本杰明的生产复制理论的影响,强调现代科学技术的复制功能的作用,由于无限制地复制,现实本身似乎已经开始退隐,而符号越来越充斥着这个世界。到了后现代社会,复制物则完全淹没了现实,这已经变成了一个符号的世界。而这些符号似乎已经完全脱离了现实世界,变成了一个自足的系统,因而为我们提供了一个"仿真"的"幻象世界"。

这就是他讲的"完美的罪行","假如没有表面现象,万物就会是一桩完美的罪行,既无罪犯、无受害者,也无动机的罪行"。③ 在这桩完美的罪行中,现代技术的无限复制功能使得现实世界中的原物都被淹没了,因而实在被谋杀了,这个世界变成了一个由模

---

① 斯蒂文·贝斯特,道格拉斯·凯尔纳.后现代理论:批判性的质疑[M].张志斌,译.北京:中央编译出版社,2001:143.
② 斯蒂文·贝斯特,道格拉斯·凯尔纳.后现代理论:批判性的质疑[M].张志斌,译.北京:中央编译出版社,2001:147.
③ 让·博德里亚尔.完美的罪行[M].王为民,译.北京:商务印书馆,2000:6.

型、符码、控制论支配的信息和符号的时代①,变成了一个幻象的世界。而随着实在的被谋杀,在这个仿真的世界里,幻觉也被谋杀了。② 波德里亚把这个由仿真构成的幻象世界称作是一个超现实的世界,或是超级现实的世界。波德里亚具体阐述这种仿真和幻象的世界与实在之间的关系并将其分为四个阶段:自然阶段、商品阶段、结构阶段、价值破裂阶段。第一个阶段象征符号还对应着某种自然参照系列;但到了第二个阶段,现实已经不在场了,非自然的、符号的形式取代了现实,这也就使我们忽视了幻象与现实之间的联系;到了第三个阶段,现实的长久缺席使我们已经完全忘记了它的存在,象征符号已经完全构成了一个现实的系统,有了自己的独立的结构;第四个阶段符号系统作为一种能指的价值破碎了,其与所指之间应有的联系被彻底取消了,我们开始把符号系统当作现实本身,开始了纯粹的符号的运作和操演。

后现代社会就是第四个阶段,在这个阶段里,符号本身仿佛具有了生命,建构起了一种新的社会秩序,并以迅猛的速度剧增,主宰了现实的社会生活。于是,他借用了麦克卢汉的"内爆"概念来说明后现代社会文化的状况:首先是幻象与真实之间的界限已经内爆,因而人们曾经有过的对真实的体验和真实感的基础消失了,模型成了真实的决定因素,仿真和幻象开始构建现实本身。所谓超真实,或者说超级真实说的就是这种现象。其次是媒体场景中,信息与娱乐、影像与政治之间的界限内爆。文化工业生产,大众文化泛滥就是它的表现形式,典型的即是现在流行的各种娱乐形式,如 MTV、超女快男节目,各种好莱坞的大片制作,泛滥成灾的各种

---

① 斯蒂文·贝斯特,道格拉斯·凯尔纳. 后现代理论:批判性的质疑[M]. 张志斌,译. 北京:中央编译出版社,2001:153.

② 让·博德里亚尔. 完美的罪行[M]. 王为民,译. 北京:商务印书馆,2000:4.

戏说、大话等。各个阶级,各种意识形态、各种文化形式乃至于各种媒体手段之间的界限均已内爆。①

4. **詹明信与晚期资本主义文化矛盾**。詹明信接受了曼德尔的观点,把资本主义社会分为三个时期,每一个时期都有不同的文化逻辑。"我认为资本主义已经历了三个阶段":第一个阶段是国家资本主义阶段,形成了国家的市场;第二个阶段是列宁所说的垄断资本或帝国主义阶段;第三个阶段则是二次大战之后的资本主义,可概述为晚期资本主义,或多国化的资本主义。"这一阶段在六十年代有其集中体现,这是一个崭新的、与前面各阶段根本不同的新时代……与这三个时代相关联的文化也便有其各自的特点。第一阶段的艺术准则是现实主义的,产生了如巴尔扎克等人的作品;但随着时间的流逝,时代的进步,生物学意义上的'变异'在不断地发生,于是第二阶段便出现了现代主义,而到第三阶段现代主义便成为历史陈迹,出现了后现代主义。"②他按照社会发展分期的理论,给了后现代主义一种存在的合法性,并强调后现代作为一个历史分期的概念,"至少在我的用法里,它也是一个时期的概念,其作用是把文化上新的形式特点的出现,联系到一种新型的社会生活和新的经济秩序的出现——即往往委婉地称谓的现代化、后工业或消费社会、媒体或大观社会,或跨国资本主义"③。

他认为,后现代主义作为晚期资本主义的文化逻辑和文艺准则,反映了一种新的心理结构,标志着人的性质的一次改变。后现

① 斯蒂文·贝斯特,道格拉斯·凯尔纳. 后现代理论:批判性的质疑[M]. 张志斌,译. 北京:中央编译出版社,2001:153 – 157.
② 杰姆逊. 后现代主义与文化理论[M]. 唐小兵,译. 西安:陕西师范大学出版社,1986:5 – 6.
③ 詹明信. 后现代主义与消费社会[A]. 詹明信. 晚期资本主义的文化逻辑[M]. 北京:三联书店,1997:399.

代主义文化逻辑首先表现为空前的文化扩张和文化工业的出现。其次,后现代理论作为一种后哲学,不再宣布发现真理是自己的天职和使命。后现代社会是一个他人引导的社会,理论已经无法提供权威和标准,而只是以一种怀疑的态度进行不断的否定。它不再探讨什么真理、价值之类的话题,而是在一种语境中谈论语言效果,是一种关于语言的游戏,关于语言的表述,关于文本的论争。

詹明信认为,作为晚期资本主义的文化逻辑,后现代主义同现代主义的主要区别表征为深度削平模式、历史意识消失、主体性丧失、距离感消失等几个方面。深度削平模式即平面感,它要打破的是四种解释或深层模式:第一种是黑格尔式的辩证法对现象与本质的区分。这种内与外的对立使人的认识总是要由外向内深拓,最终现象被抛弃,内部深层才是目的。后现代主义与之恰好相对,只注意表面,只讨论作品文本,不涉及事物内在的东西。第二种是弗洛伊德的表层和深层模式,后现代主义彻底抛弃了表层下面深层压抑的说法。第三种是存在主义关于真实性与非真实性、异化与非异化的二元对立,后现代主义坚决拒斥从非真实性下面找到真实性的说法。第四种是索绪尔所区分的语言的所指与能指,后现代取消了这种对立和区分。也就是消除现象与本质、表层与深层、真实与非真实、所指与能指之间的对立,从本质走向现象,从深层走向表层,从真实走向非真实,从所指走向能指,这实际上就是从真理走向文本,从思想走向表述,从为什么写走向只是不断地写,从意义的追寻走向文本的不断代替翻新。

历史意识的消失产生了断裂,使后现代人告别了诸如传统、历史、连续性等概念,而完全浮上表层,在非历史的时间体验中去感受断裂感。在后现代主义者看来,只有纯粹的、孤立的现在,过去、未来均已消散殆尽。主体消失意味着零散化,后现代时期的人在工作中耗尽了自己之后,体验到的不是完整的世界和自我(没有现代人的焦虑),相反,体验到的是一个变形的外部世界,和一个类似于吸毒一般的幻游旅行的非我。人没有了一个完整的自己的存在,人是一个非中心化了的主体,无法感知自己与现实的切实联系,无法将此刻和历史乃至于未来联系起来,无法将自己的感性和理性等多种因素统一起来,变成一个没有中心的自我,一个没有任何身份的自我。距离感消失,肇因于复制。正如波德里亚所说,复制宣告原作不复存在。艺术及商品的大量复制和大规模生产,使得所有的一切都成为类像,当今世界彻底被文本和类像包围了。在这大量的仿真与类像的世界里,现实被谋杀了。而丧失了现实感,就形成事物的非真实化、艺术品的非真实化,以及形象、可复制的形象与社会和世界的非真实化。

第四节　启蒙语境中的福柯

有关福柯的研究,近十几年在中国已经成为学界的热点,研究论著和论文可谓汗牛充栋。人们在研究中,或者针对福柯思想的某些方面,或者采取不同的态度、不同的立场,五花八门不一而足。其中关于福柯的权力理论、福柯的疯癫史、福柯的主体理论、福柯的话语理论、福柯对性的看法等恐怕在福柯的所有研究中占据的地位是最重要的,研究的成果也最丰富。有人把福柯当作结构主义者,有人将他当作后结构主义者,有人认为福柯是后现代之父,有人认为福柯是批判和否定后现代的等等,立场多样。国外关于福柯的研究也同样是非常兴盛的,人们追溯福柯的思想根源,关注福柯的思想的影响,区别福柯与同时代的其他思想家如萨特、德里达、哈贝马斯思想的差异,研究福柯在西方学术思想史上的地位,以及他在政治学、社会学、心理学、文学艺术等诸多人类精神活动领域中开辟一片新天地的可能性。而所有这些研究，其实都是在一个特定的语境中进行的，那就是"后启蒙"时代的学术语境，也即一个反思启蒙与现代性的语境。

1. **福柯与启蒙**。正像本书开头引述福柯的话所说，几百年来哲学的核心问题就是关于什么是启蒙的问题，福柯自己的思想理论也不例外，他的全部论著都围绕着启蒙以及启蒙的遗产展开。按照莫伟民的说法，福柯所接受的思想影响来自三个方面：首先是德国哲学，他依次从黑格尔、尼采、海德格尔这里汲取了丰富的营养，尤其是后来他将尼采的思想和海德格尔的思想结合到一起，从而产生了巨大的创造力，他对于人类学立场和人本主义立场的批判，就是受了这两位思想家的影响。第二个是法国的概念哲学，他曾是萨特的信徒，后来又与萨特分道扬镳；他接受了卡瓦耶斯、巴歇拉尔、康吉莱姆、约翰·施特劳斯的影响，他反对笛卡儿、康德和胡塞尔的意识哲学的立场基本是从这里来的。第三个思想来源是法国文学，福柯不是一个古板的学者，而是一个身体力行的实践者。他热情地参加各种社会活动，支持五月风暴中的学生游行示威，反对政府对学生的迫害；他写《规训与惩罚》一书的前前后后，曾组织和领导了一个监狱调查小组，负责检查、监督和揭露法国监狱的现状。他的著作除了《词与物》和《知识考古学》较为晦涩之外，多数都写得文采飞扬。他对现代性问题的一些看法，也是和他对萨德、波德莱尔、鲁塞尔等人创作的研究分不开的。

从他的思想来源上看，这些人所以让福柯感兴趣，和他们研究的问题有关。这些人关注的都是启蒙与后启蒙的问题，或者换句话说，他们都在研究启蒙与现代性所造就的这个现代社会中人的存在问题。他们的思想，也几乎都是围绕着近代启蒙理性而展开的,几乎都是对理性和现代文明的一种批判性反思。福柯能够跳出理性与非理性的二元对立,跳出历史连续性和社会进步的陷阱,摆脱各种宏大叙事的影响而关注由话语、权力、知识所构成的网络的运作,正是受到了这些思想家对启蒙与现代性进行批判性反思的启示。此外,福柯自己也非常关注启蒙问题,他的全部研究成果,都是针对启蒙与现代性的。

　　莫伟民认为福柯的思想是一种"反我思哲学",而其全部思想的核心就是主体问题。"其实,福柯毕生都在探寻主体与真理游戏之间的关系问题,即主体是如何进入到真理游戏中去的。福柯只是在两个层面上来剖析这个进入的过程的,一个就是科学或理论的层面,另一个就是强制实践的层面。"①这的确是福柯所关注的一个重要问题,但在后文中我们通过分析福柯的疯癫史研究和关于监狱的研究可以看出,福柯并不是要探寻究竟什么是主体,以及现代主体的品格规定性是什么,而是探讨启蒙是怎么样把人拆散分解,再按照一定的观念重装,最后建构出了一个所谓的主体概念的。

　　王治河称福柯是后现代主义理论家,他说:"他的所做(作)所为无不颇得后现代的神韵。他运用考古学对人的消解,运用系谱学对本源的颠覆也无不是后现代的大手笔;此外,他对'差异'的尊重,对'复杂性'和'多样性'的迷恋,对'普遍原则'和'绝对真理'的拒绝,也无不显出他的后现代品格;他的后人道主义、非理性主义,更是构成了后现代理论的极为重要的组成部分。"②这里说福柯的思想是非理性主义的,似乎不妥。因为福柯虽然对近代理性主

---

　　①　莫伟民.莫伟民讲福柯[M].北京:北京大学出版社,2005:48,26.
　　②　王治河.福柯[M].长沙:湖南教育出版社,1999:33.

义进行了批判,但从来没有完全否定理性的作用。后现代主义思想,如我们前面所分析的,实际上依然是启蒙和现代性在 20 世纪中后期的一种理论回声。当现代性社会出现了问题,人们不得不去探索启蒙与现代性的合法性问题,而西方学界苦苦寻找了近一个世纪,不仅没有找到出路,相反却愈益迷茫时,这些思想家改变了立场和方法,得以自由地面对这些问题,笔者认为这就是后现代主义的核心所在。

汪民安说福柯要借助疯癫揭示出西方文明的一个特有的理性——疯癫维度。"如果不是将疯癫理解为神志错乱的自然疾病,而是将它理解为启示般的诗篇的话,我们可以在福柯华丽的开篇中预见到他这一伟大事业的基本倾向:对规范的逾越,对理性的抗争,对超验性的拒斥,对诗意的渴望,对极端体验的迷恋。"①这段话本身就是富有诗意和激情的描述,也确实道出了福柯作为一个富有实践精神的人的激情人生。福柯的人格是有魅力的,当然是一种别人无法模仿的独一无二的魅力;他的思想也是有魅力的,充满激情和文采。他的激情在一定程度上几近于疯狂,但正是这样一种人生态度,才使他能够以一种启示录式的形式去揭示出一个正常人所无法揭示的真理。我们在后文中将分析到福柯对疯癫问题的研究,这是一个疯癫话语的建构史,它将告诉我们疯癫话语是如何在启蒙时代建构起来的。

高宣扬最关注的是福柯的生存美学思想。"从新发表的讲演录中,不仅可以清楚地看到福柯晚期思想的思索方向及其重点,而且也挑明了贯穿于福柯思想始终的核心问题,凸显出生存美学在其思想发展中的关键地位。可以毫不夸大地说,生存美学,是福柯

---

① 汪民安.福柯的界线[M].北京:中国社会科学出版社,2002:1.

整个思想的精华,不理解生存美学,就无法真正把握福柯的整个理论。"接下来他又说:"福柯所关切的重点,始终是'我们自身'的问题:我们自身是如何成为说话、劳动、生活的主体? 在现代的社会条件下,作为主体的我们自身,又怎样同时地成为知识、权力和道德行为的对象和客体? 我们自身是怎样成为法制、道德伦理以及各种社会文化规范的限制对象? 换句话说,我们自身为什么如此偏执于主体性,却又不知不觉地成为被宰制和被约束的客体? 我们自身究竟有没有可能不再成为主体性原则的奴隶? 应该怎样走出主体性的牢笼,而使我们真正成为自身生命的自由的主人? 所有这一切,都关系到我们自身的命运、现状与未来,关系到我们现在所处的现代性,关系到我们自身的生死存亡和自由。"①高宣扬一口气所说的这么多问题,无不与启蒙和现代性相连。

斯蒂文·贝斯特和道格拉斯·凯尔纳基本上把福柯的思想归入到批判理论之中,他们说:"尽管福柯对后现代理论产生了决定性的影响,但他却不能被完全划归到后现代理论阵营中去。"福柯"对现代性和人本主义的批判,对'人已消亡'的宣告,以及他所发展的新的社会、知识、话语和权力观点,使他成了后现代思想的一个主要源泉"。但是福柯也是一个复杂的兼容并蓄的思想家,他"一直打算写一部'我们这个历史时代的批判',以此来质疑现代的知识形式、理性、社会制度以及主体性,这些东西表面上看起来似乎是天经地义、自然而然的,实际上却是权力与统治的偶然的社会历史建构物"。② 也许这是最恰当的归类,因为一来福柯的思想纷繁复杂,而且前后并不完全一致;二来福柯思想所涉及的内容也是

① 高宣扬.福柯的生存美学·序言[M].北京:中国人民大学出版社,2005:3.
② 斯蒂文·贝斯特,道格拉斯·凯尔纳.后现代理论:批判性的质疑[M].张志斌,译.北京:中央编译出版社,2001:45.

极其丰富和复杂的,没有哪一种思想流派可以完全包容得下;三来福柯的思想来源也基本上都是那些批判理论的代表人物和其主要思想。同时还有一个更为重要的内容,即福柯纷繁复杂的思想都围绕着一个核心,即对近代启蒙理性的批判。

詹姆斯·米勒在谈到为福柯写传记所遇到的艰辛时,将福柯称作是一位"不屈不挠的现代怀疑论者","最富革命性而且极为认真的战后尼采派"。① 这是在综合了福柯的思想渊源和福柯的主要著作中所表现的思想之后提出来的,也是一种颇能抓住福柯思想特征的见地。当福柯以他的话语考古学和系谱学的方法去考察人类思想史时,他几乎是打碎了所有的传统观念,也几乎否定了所有代表着传统的思想家和他们的思想,他在几个具体领域里的研究——如疯癫史、临床医学史、人文科学史、监禁史、性史等——彻底否定了连续性、总体性、进步性和目的性的观念,在这点上和历史上曾经出现过的怀疑主义思想确有相通之处。但因此说福柯是一个怀疑主义者似乎还不够准确,因为福柯在否定了一系列传统观念的同时,也提出了许多新的观念,并建立了一种新的学术规范。所以说福柯的思想是一种建设性的理论,而不仅仅是一种怀疑思想。

吉尔·德勒兹在评价福柯的《知识考古学》时称他为"新一代档案保管员",指出福柯"这位新档案保管员宣布他将只看重那些陈述。他在任何情况下都不会顾及一切老一代档案保管员所关注的命题和语句。他将忽略层层叠积的命题的纵向等级,放弃好像相互对称的语句的侧面。这是变幻不定的。他将沉醉于一种对角

---

① 詹姆斯·米勒.福柯的生死爱欲·序[M].高毅,译.上海:上海人民出版社,2003:3-4.

线图之中,此外,对角线图将把人们过去无法理解的东西变成可读的材料,确切地说是陈述"。① 这个"新一代档案保管员",就是对福柯的话语理论做出的评价,虽然我们不能说福柯的话语理论就一定是最好的,或者说可以解决多少问题,给学术带来多大变化,但起码福柯在自己的研究中改变了一以贯之的传统学术规范和图式,从对命题的注重转向了话语,从对语句的注重转向了陈述。这一创造性的转化,在对启蒙与现代性的研究上,虽不能说取得了突破性的进展,但的确是令人眼界大开,使人们发现了一片过去从没有人注意过的新天地。顺着这个思路,吉尔·德勒兹在评价福柯的《规训与惩罚》时,又把他称为"新一代地图绘制者"②,这也是从他的话语理论和话语分析方法入手进行的评价。

在国外学者中,对福柯关注最多的莫过于他的权力理论,因为福柯的权力是一种特殊的权力,笔者在本书中称之为一种微型权力,一种渗透到各个领域、自动运作的东西。在福柯的思想中,权力和科学、知识、政治、社会的方方面面都能联系到一起,于是这就成为人们颇为重视的一个方面。我们在一些书名中就可以看出这点,迪迪埃·埃里蓬写了本福柯的传记,汉语译名为"权力与反抗——米歇尔·福柯传";包亚明主编的一本对福柯的访谈录,名之为"权力的眼睛——福柯访谈录";等等,不一而足。在这里可见福柯的权力理论的影响。福柯虽然也对古代的绝对君权有所分析,但他最关注的重点是启蒙以后权力的微型化、自动运行化以及与知识、话语相互连接。这也许是福柯对启蒙与现代性的批判性

---

① 吉尔·德勒兹.福柯 褶子[M].于奇智,杨洁,译.长沙:湖南文艺出版社,2001:7-8.

② 吉尔·德勒兹.福柯 褶子[M].于奇智,杨洁,译.长沙:湖南文艺出版社,2001:28.

反思中最为深刻的思想之一。不用再列举下去了,从以上中外研究者对福柯的研究和评价中我们可以看到,福柯的思想理论必须放在启蒙与现代性这个语境中才是有的放矢的,而且我们也只有将之放到这个语境中,对他的研究才是有意义的。

2. **福柯研究的领域与意义**。福柯的学术生涯是从他研究精神病开始的,1954年他出版了《精神病患与人格》一书,同年翻译出版了宾斯万格的《梦与存在》,并为之撰写了一篇超过原作篇幅的导言。这个时候福柯就已经开始注意人的心理疾病的问题,他认为心理疾病是不同于机体疾病的,所以必须从一般病理学中独立出来。尤其在《精神病患与人格》一书中,福柯已开始部分接触了《古典时代疯狂史》的主题,因为在这里他提到了一个问题:"为何每个社会、每个文化会有它相对盛行的疯狂?面对这个问题,实证医学会提出一种典型的回答:其实疯狂本身不变,变的是人对它的认识;并不是这样或那样的病在过去不存在,而是因为它们在过去被误认或混淆为其他疾病,或是被当作医学领域之外的事物处理。"①他的《梦与存在》一书的长篇导言,可以说是一种极限体验考古学的最早尝试,在这里他把梦当作人的一种极限体验,并且和哲学联系起来。他认为具有预言力量的梦和哲学具有异曲同工之妙,因为这种梦是对真相的一种另类经验。在这里他奠定了一种思想,即梦与疯狂相同,总是与真相有关联,并和自由无法脱离关系。

1961年福柯出版了《古典时代疯狂史》,这是一部关于疯狂的体验史,也是一部疯狂话语的建构史,作者通过对疯癫话语的考古,彻底颠覆了医学进步和人道主义态度的传统观念,从中发现的

---

① 福柯.古典时代疯狂史·译者导言:福柯 Double[M].林志明,译.北京:三联书店,2005:28.

是理性对疯癫实施新的统治形式的伎俩。

1963 年福柯出版了《临床医学的诞生》。该书将对精神病医学的考古运用到普通医学上,研究何以人会成为实证知识的主体和客体。在这里福柯揭示出,在医生那里话语的结构发生了根本性的变化,他不是在询问你是否不舒服,而是直接询问你哪里不舒服。即他已经从疾病的顶点回过头来看待病人,因而话语的结构应该是死亡—疾病—生命。同年他还出版了《雷蒙·鲁塞尔》一书,这是一本作家的传记。给福柯带来巨大成功的著作是 1966 年出版的《词与物》,副标题为"人文科学考古学",在此书中他提出了具有断裂意义的"认识型"的概念,指出在 17 世纪和 19 世纪初,人类知识的历史出现了两次断裂,而在这两次断裂的前后统治着知识界的是三个不同的认识型,即文艺复兴时期认识型、古典时期认识型和现代认识型。这三种认识型的提出,为我们勾勒出的是一个断裂的人文科学史。此书中福柯还提出了一个令西方学界震动的命题:"人的死亡。"

1969 年福柯出版了对前此他的思想探索方法进行总结的论著《知识考古学》。在这本书中作者提出了"用话语史来取代传统的观念史,把思想史从对先验主体的屈从中解放出来"[①]的主张。

1975 年福柯出版了《规训与惩罚》一书,考察 18、19 世纪监禁体系的变更与从古代绝对君权到现代社会不同的惩罚方式和三种不同的惩罚理念。此时作者改变了自己只关注话语内部运作机制的考古学方法,而改为一种谱系学的方法,即重点考察话语在由权力、知识、语言等多种因素构成的网络中的运作,权力问题成了他学术思想中的重要内容。

---

① 莫伟民.莫伟民讲福柯[M].北京:北京大学出版社,2005:13.

　　1976 年福柯又出版了自己的《性经验史》第一卷《认知的意志》。这部著作承继了前一部书的主题，重点探讨权力及其运作方式。他批判了两种传统的权力观念，即本质主义的权力观和权力的压抑假说，提出了权力是一种关系，在现实中呈现微细血管状，具有生产性特征以及与知识纠结在一起等观点，并重点考察了在性观念史中权力的运作。

　　1970 年，福柯被选为法兰西学院的院士，此后他每年要在法兰西学院发表一系列讲座。他的系列讲座也已经按照每年不同的专题结集出版，如《必须保卫社会》、《主体解释学》、《不正常的人》、《自身的技术》等等。这些讲演一方面是继续阐释其在以前著作中提出的思想，另一方面对此又有了新的发展。尤其是福柯的"自身的技术"观点的提出，这是针对现代社会中理性的统治力量已经不仅仅是一种外在强加的物质力量，而是发展成为一种大一统的意识形态，于是提出了所谓的自身的技术来与这种统治力量对抗。

　　这里我们还有必要对福柯的人生态度说上几句，前文中我们说过他是一个充满激情并敢于体验的人，这种人生对于他的学术思想可以说起到了决定性的作用。就我们前面所提到的他所撰写的著作及其提出的基本思想，恐怕未必是所有的人都能提出，也不是所有的人都敢提出的。福柯的人生就在追求着种种极限体验，而这种种极限体验将会为福柯提供一种不一样的眼光来看待这个世界。"借助心醉神迷、奇想联翩，借助艺术家的狂达放纵，借助这种最折磨人的苦行、这种放荡不羁的施虐受虐淫性行为探索，人们似乎有可能突破意识与无意识之间、理性与非理性之间、快感与痛苦之间，最后还有生与死之间的界线，由此清楚地剖明：那些对于

'真伪游戏'至关重要的区别本是何等的灵活圆通,变化无常。"①
由此看来,只有不寻常的人,才会有不寻常的思想;只有不按常规,
或不全按常规思考问题的人,才能摆脱前人加于自身的种种禁锢
和束缚,才能获得思想上的自由,福柯即是一例。

　　第一,福柯彻底摆脱了启蒙思想以及反启蒙思想两者的束缚,
而在一个新的视域中来看待启蒙问题。无论是赞成启蒙还是反对
启蒙的思想,都要对启蒙和现代性的基本观念表明态度,都要对启
蒙以来现代性社会的建设表明态度。而且他们所争论的焦点,也
必定是在启蒙和现代性问题的核心观念上,诸如主体、自由、平等、
民主、理性等等。这个问题已经争论了两百多年了,像我们前面分
析的那样,从启蒙开始的时刻就有了种种反思启蒙的声音,但直到
现在依然争不明白。福柯彻底跳出了这个限制,去研究那些在正
常人眼里属于不正常的现象,那些在很多人看来不起眼,甚至觉得
可以忽略不计的偶然现象。然而就是在对这些边缘化的、偶然的
现象的研究中,福柯却得出了关于启蒙和现代性的种种振聋发聩
的结论。

　　第二,福柯彻底摆脱了好与坏、善与恶、理性与非理性、正常与
非正常这样的二元对立、非此即彼的思维模式。二元对立,矛盾斗
争最终实现统一,这是西方哲学几千年来的一种传统思维模式。
这种思维模式曾经带给我们一个有序的、清晰的世界,一个能从中
找到我们的生活目标和意义的世界。但当上帝被我们亲手杀死之
后,这个世界就不复存在了,于是在善与恶、好与坏之间就不再有
一个清楚而明晰的界限。这样的世界令人恐惧、战栗,于是恐惧中

---

① 詹姆斯·米勒. 福柯的生死爱欲[M]. 高毅,译. 上海:上海人民出版社,2003:
28.

的人们去重新寻找那种秩序。对于福柯来说,善与恶本来就不是一个抽象的问题,要看具体的语境,要看在某个特定时代话语机制的运作,有些表面上是善,然而实际上背后潜藏的却是实实在在的邪恶。比如监禁制度的发展、疯人院的建立等等。正常与非正常的区分,更是在一个特定的历史时期话语与权力运作的结果,这种区分是福柯极力反对的。我们从福柯的研究领域看,就能发现他对这些所谓的非正常现象情有独钟。他自己的生活体验,也同样是反对这种对正常与非正常的划分的。而福柯提出的"拒绝对启蒙的敲诈",也是主张要跳出理性与非理性的二元对立的思维模式。在他那里,只有话语的考古和谱系,此外什么都没有。

第三,福柯所以对这些非正常的现象,这些边缘的、偶然的、不被常人所理解的现象表现出如此的热心,除了他自己对人生的极限体验的那种激情之外,这也是他在方法上的一个重大突破,即努力去恢复那些被理性、社会的正常秩序、现代性的种种权力形式所驱逐的被人们看作是非正常的事物和现象的历史,一定是它们自身的历史,而不是它们的反面——理性——所建构起来的对它们的认识史,从而在其中可以看到它们是怎样被正常的社会所驱逐的,看到那些所谓的正常的秩序,以及现代性社会的权力是怎样运作的,并进而去考察这种所谓正常的合法性和合理性。

3. 福柯的几个关键性概念。几个关键性概念贯穿于福柯的全部思想,具有异乎寻常的地位和作用,并且它只属于福柯的思想,和无论是传统中还是福柯同时代人运用的概念迥然不同。

(1)话语概念。话语是福柯整个思想体系中的一个核心概念,是他方法论的基础。无论福柯关注什么问题,研究什么领域,他所依赖的和最后发现的都是话语。他的考古学和谱系学研究,也是话语的考古学和谱系学,所以,理解话语概念是解读福柯的一把钥匙。

第一,话语的非连续性。任何话语的建构,都是在特定的历史条件下,通过自身的运作机制建构起来的。福柯话语概念的提出,打破了传统思想史和观念史的连续性观念、知识累积的观念、历史进步的观念,他认为一种话语的建构,并非由同一起源逐渐发展进步而来,而是在某种特定的情形下,由某种特定的知识运作而成的。这种话语和以前的知识、以后的知识也许根本就没有任何联系。这即是说,话语有其自身独特的运作机制。他在《词与物》中提出三种不同的"认识型"的概念,指出各自有自己的运作原则,而按照不同的运作原则就会有不同的话语的建构。有时一种思想的提出,并不是我们的知识积累有了多大的发展,而实际上只是我们构建知识话语的认识型改变了。他对于疯癫成为医学对象的考察、对于监禁问题的考察,都一再告诉我们这既不是知识的进步,也不是人道主义态度的胜利,而仅是因为某种特殊情况的出现,人们不得不采取的一种策略而已。所以,一个时期会形成某一学科的概念家族,但并不存在一个自古以来一直延续下来的概念体系。

第二,话语的非自足性。关于这一点,福柯的思想是经过一个发展变化过程的。在福柯的考古学研究中,他还把话语看作是一个自足的、有着自身的运作规律的系统。他的考古学只关注话语自身,要在确定某一知识系统的内部层次的基础上去探讨一种话语形成的条件。20世纪70年代以后,福柯开始转向了谱系学的分析,则看到了话语与社会秩序之间的关系,或者更确切地说即看到了话语与权力之间的关系。任何话语的建构,都不仅仅是知识内部单纯运作的结果,而是和某种权力的影响与制约分不开的。福柯的谱系学研究,其意义就在于要建立起一种权力-知识的网络系统,来分析各个不同时期每一种知识话语的建构是怎样受到权力和社会道德谱系的制约与影响,以及这种影响的规律。当然这里所说的权力,是福柯使用的特殊概念,正像我们在后文中分析的那样,是一种微型权力。福柯通过他的分析向我们显示:首先是权力影响并制约了某种话语的建构;其次话语一旦形成就会具有权力,成为某种权力话语。

第三,话语的主体流动性。一种话语并没有一个确定的主体,谁在说话,或者说这种话语是由谁表述出来并不重要。在这点上,福柯的话语理论和结构主义语言学的语言分析不同。一是因为话语自身有自己的运作机制,这是不以任何人的主观意志为转移的;二是因为话语与外在的社会秩序,具体地说与权力和道德谱系形成了一个相互作用的复杂网络,因而话语的建构并不取决于主体的意愿。某一种话语被谁说出来,那只是恰好话语与主体相遇了,但这个主体是不固定的、流动的。而反过来说,话语不仅不受主体的意愿的制约,而且在某种意义上它还会支配和制约主体的意志、愿望、言行,乃至于整个生活方式。按照福柯的观点,主体本身就是权力－知识的产物,就是话语建构起来的。所以,人生活在话语的网络之中,生活在权力－知识构筑的网络之中,不是主体决定话语的形成和表述,而是话语决定了人说什么和怎么说。于是福柯说,"不是我在说话,而是话在说我"。

(2)权力概念。权力是福柯思想中的另一个关键性的概念。如果说话语是他的方法论基础的话,那么权力就是福柯全部社会分析的理论基石。虽然福柯在早期进行考古学分析时,还没有明确提出权力概念,但我们从他的《疯癫与文明》和《临床医学的诞生》等著作中已看到了权力的影子。比如医生话语的权威性、理性对非理性的驱逐等等,都涉及权力的运作。后来他开始自己的谱系学研究时,权力概念则成了他整个理论中的重要支柱。福柯的权力概念有几个鲜明的特点：

第一，非强制性。权力不是一种给定的状态，不是谁授予谁或从哪里获得的，因而也不存在着一个施动者和受动者。也就是说，福柯所提出的权力概念，不是我们过去所理解的由某些人施加于另一些人身上的、强制性的力量，代表着国家机构或者是统治者利益，成为统治者统治被统治者的工具。像福柯在《规训与惩罚》中分析君主国家的绝对王权那样，显示着一种威严和庄重的仪式。现代社会中的权力形式是规训权力，规训权力是散布的、微细的、无处不在的，它也是非暴力的、非强制的，更多地表现为一种纪律约束。这种权力存在于社会生活的各个领域以及各个方面，尤其是它已经深入到人的内心深处，由某种外在强制力量变成了人自我的道德约束，变成了主体性的组成部分。这种权力形式的变化，也许就是现代性最为深刻之处。

第二，权力的网络化。过去权力掌控在国家机构手中，如国王、国家机关、法院、警察局等等，表现为一种强大的控制力量，现在这种国家机构还存在，其手中依然掌控着权力，但已经不是权力的全部，而且这种权力也要借助于我们所说的微型权力来起作用。这不是福柯所要分析的权力，或者说不是福柯分析的权力的重点。福柯着重分析的权力，是那种散布到社会各个领域与各个方面，不需要施动者的实施而自动运作的权力。就像他在《规训与惩罚》和《性经验史》，以及后来在法兰西学院发表演说中所说到的那种权力，那种在工厂、学校、军营、医院中广泛存在的微型权力，既看不见摸不着，然而又无处不在、无时不在的权力约束。这种权力已经构筑起一个网络，每一个人都置身于这个网络之中，并被这个网络约束和支配着。对于福柯来说，现代社会就像是一个全景敞视的监狱，人人在其中都时刻意识到自己受到某种约束，被置于某种监视之中,但却不知道监视者是谁,以及自己身在何处。于是,权力就像人的微细血管一样,在现实生活中构成一个巨大的网络而实实在在地起着作用。

第三,权力的无主体性。这种权力没有一个确定的施动主体,也没有绝对的受动客体,似乎一切都是在自动地运作着。这种权力的运作依赖于它的机制,这种机制是启蒙之后现代性社会建构起来的,这是一个权力-知识的网络。置身于这个网络中的每一个人,既是这种权力的主体,因为他必定也参与了对其他人的惩罚;但同时也是这种权力的客体,他也置身于这种权力的控制之下。福柯甚至说在现代社会中,即使是一个犯人,他也同样逃不脱既是权力的主体又是权力的客体的命运,他因为自己所犯的罪而遭到了惩罚,但同时他也是惩罚者(见本书第三章)。福柯在这里特别强调的一点是,不要因为这种权力的网络化和无主体性就以为它只是一种消极的东西,其实这种权力具有生产性,现代主体就是在这个权力-知识的网络中生产出来的。

(3)主体概念。纵观福柯的著作,主体这个概念出现的频率是比较频繁的,他的著作中所讨论的许多问题都是与此相关的。主体这个概念在福柯的思想中具有以下突出的特点:

第一,主体的非实体化。在西方近代哲学中,人作为主体,常常被人们当作一个具体的实体,一种活生生的、有血有肉的个性主体。但福柯认为,主体不是一种实体,而只是一个构型,或者说是一种话语建构。福柯认为,主体不过是近代西方哲学建构起来的一种话语而已,而且这是现代认识型的一个必然结果。这个结果,既不是几千年来关于人的认识的一种连续的发展,也必定会随着现代认识型的终结而终结。福柯的全部思想所关注的就是这个主体概念是怎样进入到一种真理游戏的,他通过自己关于疯癫问题、人文科学的考古、知识与权力的谱系考察,向我们揭示了有关主体话语建构的历史,这同样是权力－知识网络运作的结果。

第二,主体的生产性。其实在福柯的论述中,说的不是主体的生产性,而是知识与权力的生产性,即知识与权力生产出了主体的概念。但在这里揭示出了主体这个概念与权力－知识结构之间的复杂关系,或者换句话说即是权力－知识结构对主体概念的限定与制约。从这个角度入手,福柯认为根本不能把主体看作是一个独立的、先验存在的实体,而只能看作是一种话语功能。因为主体概念是由话语实践的整体关系结构决定的,是话语决定了我们是什么,决定了我们的所思、所言、所做。福柯在他的《作者是什么?》一文中讨论了文学作品以及学术著作的主体问题,他认为在现代,当我们考察作者问题时就会发现,主体的绝对性和创造性已经受到了怀疑,其实现代创作只是一种话语实践而已,即话语按照自身的规律自动运作的结果,主体只是激发了话语的内在运行规则而已。于是,近代哲学中那个具有绝对地位和先验禀赋的主体概念,在话语理论中被彻底消解了。

第三,主体概念的伦理化。按照福柯前面对主体的分析,可以看出在福柯的思想中,主体绝不是一个独立于自然和社会之外,并支配和改造自然的具有强大的力量和主体价值的曾给人以极大的自信的近代哲学中的理性主体,而仅仅是权力－知识运作的一个副产品,一个被社会微型权力所统治的,丧失了自由和幸福的处境可怜的人而已。于是福柯提出应摆脱主体这种被奴役、被统治的地位,使之重获自由与幸福。他提出了一个新的概念,即"自我的技术"(Technologies of the Self),来反抗现代社会中这种无处不在的权力统治。他认为,主体概念的建构过程中,由于受到古希腊的名言"认识你自己"的影响,而过分重视认识主体的作用,从而将认识主体和伦理主体分裂开来,并以认识主体取代了伦理主体;现在我们应该从对认识主体的重视转向对伦理主体的重视,即应该重申关注自我。福柯的"自我的技术"概念的提出,其实即已指向了人生的某种极限体验,他的生存美学思想即由此而生。这种极限体验既彻底摧毁了主体的概念和关于主体的思想,而且表现得更为激进,即只有当主体摆脱了自我的力量时,自由与幸福才是可能的。在这里我们似乎看到福柯在颠覆和消解了传统主体的概念之后,在逐步走向一种道德主体的重建,只是这种思想还没有被福柯充分展开。但理性自我消散之后,欲望的自我究竟能否取而代之,成为现代社会中的一个新的理念支撑点,并起到扶危楼于既倒,拯大厦之将倾的作用,我们对此表示怀疑。

第三章　理性、疯癫与文明

对于现代性社会来说,启蒙开启它的钥匙共有两把:一是理性,二是主体性。前者为现代社会的政治、经济、文化等制度以及道德伦理规范提供理念基础;后者则为人类征服和改造世界的雄心壮志提供力量之源。现代社会因之而立,因之而兴,因之而延续;但现代社会也因之而充满矛盾和困难重重。如前文启蒙在现代的回声中所分析的那样,理性与主体性的种种弊端已经充分引起了人们的重视,成为人们反思启蒙与现代性的核心内容。然而问题被我们揭示出来了,但我们的困境就在于既看到了它的种种弊病,可又不能不接受它的导引,所以简单地肯定和否定是不解决问题的。福柯的聪明之处就在于他并不是对之以肯定或否定来做简单的价值判断,而是通过考察那些被理性所排除的非正常现象,来反观理性与主体性建构的过程,以及在这个过程中话语的运作方式与运作机制。我们当然不能说福柯解决了这个问题,而且应该说离解决这些问题还差得远呢,但福柯的独特的学术研究模式,对我们的批判性反思或许能提供一些有益的帮助。

我们对福柯的探讨,就从他的理性批判开始。福柯集中探讨理性问题是在他的《古典时代疯狂史》一书中。此书在 1961 年出版,是在作者 1960 年撰写的博士论文基础上修改而成的。这里有必要说说它的成书过程,按林志明的说法,这本书主要是在法国之外写的,1956 年法国圆桌出版社向福柯提出有关精神医疗史的写作计划,1957 年他决定在瑞典提出博士论文,即写精神医疗史,但实际上福柯把它写成了疯狂史,所以在提供部分手稿后遭到了出版社的拒绝。福柯的哲学老师依波利特看到了手稿后,鼓励他改写成法国式的博士论文,并提出由巩居廉来审阅,于是福柯继续完成了这部书。① 1965 年福柯又将原来的《古典时代疯狂史》缩写成英文出版,并亲自给英文版定名为 Madness and Civilization,从此《疯癫与文明》就被广泛传开。

　　《疯癫与文明》一书是《古典时代疯狂史》的缩写,后者 600 多页,译成中文是 700 余页,前者中文译本只有 200 多页。一般来说,原书更为详尽地阐述了这一问题,后者只是择其要点,表达的内容应该是一样的。但实际上并不完全如此,虽然缩写本中的主要内容在原书中多半都有,可是原书的内容要比缩写本繁杂得多,中心不够集中和突出,而且"激情与谵妄"一章是原书中没有的。由于这个原因,我们将主要依据《疯癫与文明》一书,并参考《古典时代疯狂史》来进行考察。

　　福柯 1961 年在回答《世界报》记者采访时曾说:"癫狂只存在于社会之中;在那些隔离它的善感性形式之外,在那些驱逐它或捕获它的嫌恶形式之外,它是不存在的。"②这段话应该是对《疯癫与文明》一书主旨的最好的概括。按照传统的理解,所谓的疯癫现象的出现,应该是医学发达的产物,即是当人们的医学知识逐渐丰富、医学技术越来越高明时,可以逐渐认识和把握疯癫的真相,并

---

　　①　福柯.古典时代疯狂史·译者导言:福柯 Double[M].林志明,译.北京:三联书店,2005:9 – 11.

　　②　詹姆斯·米勒.福柯的生死爱欲[M].高毅,译.上海:上海人民出版社,2003:135.

找到一种救治疯癫的手段,于是开始把它当作一种疾病来对待。这种观点有两个预设:第一,预设疯癫之中存在着一个客观的真相,医学科学知识的目的就是去揭示这个真相。过去人们不能认识这个真相,所以会有种种误解,而现在一旦这个真相被人们把握了,人们就找到了正确的处理疯癫的办法。第二,医学科学的发展历史是一个连续的过程,是一个知识不断积累、技术不断进步、真相不断揭示的过程。但这两个预设正是福柯所要坚决反对的,因为在他看来,知识的历史绝不是一个连续的过程,而恰恰是一个断裂的过程,是一个一个的时段,而每一个时段之间也没有连续的主题和目的。其次表面上看起来好像是事物之中存在着一个客观的真相,科学的目的就是要去发现真相,但实际上,一个客观的真相是并不存在的,而只存在被人建构起来的真相。人们在每一个时代都会因某种语境知识的限制,从而对事物有不同的认识。或者说人们的知识是和具体的社会历史条件、人们的认知图式紧密联系在一起的。关于疯癫的问题就是这样的,福柯在这本书里就是要揭示出古典时代人们对疯癫的看法和文艺复兴时代以及其后的19世纪的差异,揭示人们是在一种怎样的情境之下形成了对疯癫的这种认识的。

第一节 疯癫:从放逐到禁闭

　　1.社会的排除结构。福柯在该书的一开篇即向我们指出:中世纪结束时,麻风病也在西方世界消失了。但那些过去用来禁闭病人的麻风病院却没有被取消,而是用来禁闭其他的人。也就是说,由于种种原因,虽然麻风病已经消失了,但禁闭麻风病人的社会结构却依然存在,"有些东西无疑比麻疯(风)病存留得更长久,而且还将延续存在。这就是附着于麻疯(风)病人形象上的价值观和意象,排斥麻疯(风)病人的意义,即那种触目惊心的可怕形象的社会意义"。这种意义按福柯的说法,即是对上帝的一个有力的证明,就像维也纳教会的仪式书上所说:"我的朋友,主高兴让你染上这种疾病,你蒙受着主的极大恩宠,因为他愿意因你在这个世界上的罪恶而惩罚你。"也就是说,他们因为自己的罪过成为这个社会中的另类,因而要受到遗弃和排斥,这种病就是他们罪恶的神圣证明,他们在自己的被排斥中并透过这种排斥实现了自己的拯救。"遗弃就是对他的拯救,排斥给了他另一种圣餐。"①

　　本来是要讲疯癫问题,可作者开始就把话题转到了麻风病上去,这既表现了该书内容的复杂性,同时我们也看到了福柯的才气。据说福柯在图书馆里,用了大量的时间去收集整理关于疯癫的资料,而正是这些杂七杂八的东西给了福柯灵感,激发了他丰富的想象力。福柯要告诉我们,禁闭作为一种社会排除的手段,是由来已久的,并非只有在疯癫被人重视之后才出现。而且从他的论述中我们也看到,并不是从麻风病的禁闭就直接过渡到对疯癫的禁闭,中间还有一个环节是不能忽视的:即对贫苦流民、罪犯和"精神错乱者"的排斥。② 这就是说这种排斥结构是一以贯之的,而并非是专为疯癫所设。疯癫之取代麻风病人而被禁闭,是经过了一个相当长的过程的。

　　这个过程是从对疯癫的放逐开始的。疯癫在中世纪和文艺复兴时期不是被禁闭的,这里作者用了一个非常文学化的词语来表述当时人们对待疯癫的态度,这就是"愚人船"。"愚人船"是一种

---

① 福柯. 疯癫与文明[M]. 刘北成,杨远婴,译. 北京:三联书店,2003:4.
② 福柯. 疯癫与文明[M]. 刘北成,杨远婴,译. 北京:三联书店,2003:4 - 5.

象征性的表达,他是德国诗人布兰特写的一首著名的诗的题目,同时也仿佛和古希腊时代伊阿宋取金羊毛所乘的船只相连,还和法国象征主义诗人兰波所创造的"醉汉之舟"的文学意象有关。它是指中世纪和文艺复兴时期人们对待疯癫的一种态度,即将疯癫者用船送走——让路过的商人船队载着他们离开城市。这说明对疯癫的排斥并非疯人院建立起来以后的事,而是由来已久,只不过排斥的方式不同。用愚人船把疯癫者运走,实际是一种驱逐的策略,也就是要让他们自生自灭。但福柯在这里分析了两个意象,却使得这种排斥活动不仅与社会秩序相关,而且与人们对疯癫的认识相关。一是水的意象:首先水域带有一种"净化"的意味,通过把这些疯癫者放逐到遥远的大海中,使他们能够更加接近另一个世界;其次是疯癫者的表现特征和水比较相近,海因洛特认为:"疯癫是人身上晦暗的水质的表征。水质是一种晦暗的无序状态、一种流动的浑(混)沌,是一切事物的发端和归宿,是与明快和成熟稳定的精神相对立的。"①二是城堡的比喻:城堡是秩序的象征,高高的城墙将有序和无序分隔开来,形成了城里和城外。而现在不是用城墙来分隔,而是以愚人船的形式将那些疯癫者放逐,将之排斥在城外,"维护秩序的有形堡垒现已变成我们良心的城堡"②,同样将之隔离在秩序之外。

2. 疯癫的沉寂。但在 15 世纪,"疯癫和疯人变成了重大现象,其意义暧昧纷杂:既是威胁又是嘲弄对象,既是尘世无理性的晕狂,又是人们可怜的笑柄"③。于是,疯癫在绘画作品、文学作品和学术著作中成为一个重要的题材而受到人们的关注。首先是在文

---

① 福柯. 疯癫与文明[M]. 刘北成,杨远婴,译. 北京:三联书店,2003:10.
② 福柯. 疯癫与文明[M]. 刘北成,杨远婴,译. 北京:三联书店,2003:8.
③ 福柯. 疯癫与文明[M]. 刘北成,杨远婴,译. 北京:三联书店,2003:10.

学中,故事和道德寓言,社会批判的普遍形式是对愚蠢和疯癫的批判;其次是在学术著作中,疯癫和愚蠢同样是放置在理性和真理的中心来加以认识的。在这里疯癫的主题取代了死亡的主题,成了质疑人生存的虚无的最重要的表现形式,不是一种外在的威胁,而是一种内心体验的忧虑。疯癫似乎穿透了那种单纯的病态的表象,而与存在的终极联系起来,成为一种人的生存状态而进入到造型艺术和话语之中。但福柯在这里还强调,在语言和形象之间,对疯癫现象的认识出现了一个分野,"形象和语言依然在解说着同一个道德世界里的同一个愚人寓言,但二者的方向已大相径庭。在这种明显可感的分裂中,已经显示了西方疯癫经验未来的重大分界线"①。

在造型艺术中,疯癫不再具有说教的意义,而变成了一个诱惑的形象。其诱惑的魅力来自于两个方面:一是"人们在这些怪异形象中发现了关于人的本性的一个秘密、一种禀性";二是疯癫本身"就是知识。它之所以是知识,其原因首先在于所有这些荒诞形象实际上都是构成某种神秘玄奥的学术的因素"。这是一个奇异的悖论,本来是在最奇特的谵妄状态中产生的疯癫,却最接近于真理的核心,"当人放纵其疯癫的专横时,他就与世界的隐秘的必然性面对面了"。② 而在语言中,包括文学作品和学术著作,疯癫被列入到人的精神冲突的邪恶的一方,被当作人类最重要的弱点之一,并与人的梦幻、错觉相联系,从而完全进入到一个道德的领域,并以道德讽喻的形式来表现。福柯分析了文学作品中的疯癫现象,如塞万提斯、斯居代里、罗特鲁等人的作品,指出在其中出现的几种

---

① 福柯.疯癫与文明[M].刘北成,杨远婴,译.北京:三联书店,2003:14.
② 福柯.疯癫与文明[M].刘北成,杨远婴,译.北京:三联书店,2003:17 - 19.

主要的疯癫形象:浪漫化的疯癫、狂妄自大的疯癫、正义惩罚的疯癫、绝望情欲的疯癫等。于是在疯癫的体验之中,出现了一个对立的模式:"有一端是宇宙性的体验,它提出了身旁蛊惑人心的形象,另一端,则是批判性的体验,它表现在反讽无可逾越的距离之中。当然,在疯狂的实际演变之中,对立既非如此截然分明,亦非如此一目了然。"①

对疯癫的批判意识逐渐从那种对疯癫的整体体验中分化出来,并愈益成为人们对待疯癫的主要态度。于是,疯癫与终极之间的联系被遗忘了,城里城外的意象被丢弃了,人们开始从一个新的角度(即理性的角度)去认识疯癫现象。第一,"疯狂成为一种和理性相关的形式,或者毋宁说疯狂和理性之间的关系,永远具有逆转的可能";第二,"疯狂甚至成为理性(的)一种形式。它被整合于理性之中,或者构成理性的一个秘密力量,或者成为它的一个显现时刻,或者成为一个吊诡的形式,让理性可以在其中意识自身"。② 也就是说,疯癫现象被纳入到理性的范畴来认识,它成为理性力量的对立面,成为一种非理性而进入到人类的视野之中。因而我们对待疯癫的态度也改变了,那种排斥于城堡之外自生自灭的放逐被疯人院的禁闭所取代,古典时代的疯癫经验诞生了。

1656 年被福柯确定为是重要的一年,这一年巴黎总医院建立,意味着对待疯癫的古典时代的开始,"疯癫就同这个禁闭的国度联系起来,同那种指定禁闭为疯癫的自然归宿的行为联系起来"。这一对待疯癫现象态度的变化,表现出对于疯癫现象的一种新的认识,而这种认识与文艺复兴时代乃至于中世纪的认识断裂开来,并

---

① 福柯. 疯癫与文明[M]. 刘北成,杨远婴,译. 北京:三联书店,2003:40.
② 福柯. 疯癫与文明[M]. 刘北成,杨远婴,译. 北京:三联书店,2003:45,50.

与理性的发展紧密相关,它是作为反理性的声音而被禁闭在社会的正常秩序之外,成为一种沉默的事实。"文艺复兴使疯癫得以自由地呼喊,但驯化了其暴烈性质。古典时代旋即用一种特殊的强制行动使疯癫归于沉寂。"①谈到沉寂才涉及福柯讨论疯癫问题的本质,"可以说,《疯癫与文明》不纯粹是一个疯癫史,而是疯癫与理性的交流、断裂、争斗、对话、镇压和征服史,这是疯癫置身于其间的空间史,是血雨腥风的空间史"②。也就是说,福柯不是为了探讨疯癫史而探讨疯癫史,真正的目的是为了探索理性的诞生,当然这里指的是那种成为至高无上的,这个世界最高法官的理性。这种理性所以能获得这样的地位,是排斥了作为其对立面——非理性的疯癫的结果。人们"用一种至高无上的理性所支配的行动把自己的邻人禁闭起来,用一种非疯癫的冷酷语言相互交流和相互承认"③,于是导致了疯癫的沉寂,或者说是缄默,从而使理性独步世界。这才是理性时代的疯癫史的真正含义所在。

　　3.**疯癫与政治统治术**。禁闭意味着疯癫与理性之间的彻底隔断。文艺复兴时期疯癫虽然被看成是人类的弱点和缺陷而遭到排斥,但还没有完全隔断二者之间的对话与交流,作为象征的"愚人船",不管是被"驱逐"还是"朝圣",仅被阻隔在正常的秩序之外,但还没有完全被弃绝,人们在其中还认识到它与某种终极之间的关系,认识到在疯癫的"荒诞"诱惑之中,体现着一种知识和智慧,"它所揭示的是'一个秘密,一个无法接近的真理'"④,所以它成为造型艺术和文学与学术著作中的一个重要的题材。但到了古典时

---

① 福柯.疯癫与文明[M].刘北成,杨远婴,译.北京:三联书店,2003:36.
② 汪民安.福柯的界线[M].北京:中国社会科学出版社,2002:8.
③ 福柯.疯癫与文明·前言[M].刘北成,杨远婴,译.北京:三联书店,2003:1.
④ 汪民安.福柯的界线[M].北京:中国社会科学出版社,2002:9-10.

代,人们不再这样善意地对待疯癫,"人们是以非理性为背景来认识疯癫的,疯癫是非理性的经验形式,被视作是理性的他者,是一种虚无,是对理性的否定,是非存在物的荒谬表现,'禁闭的目的在于压制疯癫,从社会秩序中清除一种找不到自己位置的形象',禁闭因而可以视作是理性对于疯癫的把握,理性对疯癫的秘密结构的勾勒。禁闭正是在理性和非理性,存在和非存在,目光和眩惑,白昼和黑夜之间划出了一个不可约减而又泾渭分明的沟壑,这种对立而不妥协的反辩证的二元关系正是古典主义思想图式的要旨所在,因而,将疯癫禁闭起来对于理性而言是最自然、最恰当、最自发的排斥手术"①。

但不要把古典时代的疯癫现象看作是 19 世纪末 20 世纪初非理性主义思潮的缘起,不要在其中寻找那种历史的连续性,这是福柯所坚决反对的。古典时代人们虽然从理性的背景上来认识疯癫,但禁闭本身却并非源于对疯癫的认识,而是一种政治统治术的偶然结果。福柯在书中首先指明,巴黎总医院的建立并不是为了治疗,这个"总医院不是一个医疗机构。可以说,它是一个半司法机构,一个独立的行政机构"。这里拥有着一种合法的权力,可以像法院一样地进行裁决、审判;这里有火刑柱、镣铐、监狱和地牢;进入这里的人一经被这个机构裁决,就没有任何上诉的权利,这是一个绝对专制的机构,具有绝对专制的权力。从其功能和目标来看,总医院是"该时期法国正在形成的君主制和资产阶级联合的秩序的一个实例",一方面是王权将之置于自己的绝对权威之下,另一方面这里有自己的一套管理机制,不受其他机构权力的限制,总医院的管理和责任委托给选雇的代理人——那些"从资产阶级最好

---

① 汪民安.福柯的界线[M].北京:中国社会科学出版社,2002:13.

的家庭中挑选出来的"——成为这里实际的统治者,并把资产阶级的公正观念和纯洁意图注入总医院的管理之中。① 因此,这种秩序很快就扩展到全国,1676 年 6 月 16 日国王敕令在全国每个城市都要建立一个总医院。

教会也没有对这个机构袖手旁观,"它改革了自己的医院机构,重新分配了自己的基金,甚至创建了其宗旨与总医院极其相似的组织"②。福柯列举了大量的实例来说明政府机构与教会既竞争又勾结的事实,并指出这种现象并不仅仅是法国所独有的,而是在整个欧洲具有普遍的意义,在英国、荷兰、德国、意大利、西班牙等国,各种监禁中心成为一种普遍的存在。这种禁闭意味着人们对待疯癫的一种情感态度,这种情感是在 17 世纪下半叶突然表现出来的,它在为疯癫提供一种归宿的行动中,"在权威主义的强制形式内把对待贫困和救助责任的新感情,对待失业和游手好闲等经济问题的新态度、新的工作伦理以及对一种将道德义务纳入人民法的城市的憧憬组成一个复合体"③。由此可见,对疯癫的禁闭,并不是像人们想象的那样,因为逐渐认识到这是一种疾病,所以将之归入一个专门的机构来加以治疗。而是将它看成一种危害,一种对社会正常秩序的危害,从而以禁闭的方法将之与正常人隔离开来,避免其对社会造成危害,即是一种"治安"手段,一种贯彻着宗教和世俗的道德理想的治安手段。

4.**禁闭与劳动伦理意识**。福柯通过对大量资料的研究和整理,发现整个欧洲的禁闭都具有一个共同的道德措施,从当时的具体情形来看,应该是为应付 17 世纪波及整个欧洲的经济危机,这

① 福柯.疯癫与文明[M].刘北成,杨远婴,译.北京:三联书店,2003:37 - 38.
② 福柯.疯癫与文明[M].刘北成,杨远婴,译.北京:三联书店,2003:39.
③ 福柯.疯癫与文明[M].刘北成,杨远婴,译.北京:三联书店,2003:42.

就是劳动,无条件的、绝对的劳动措施。这种措施首先是针对游手好闲习俗的一种排斥,在当时的法国乃至于整个欧洲,行乞是被绝对禁止的,无业游民是可耻的,法国在 1657 年颁布敕令,针对的就是这些人:"一群没有生活来源、没有社会归宿的人、一个被新的经济发展所排斥而漂泊不定的阶层。"①于是,这些流浪者、乞丐、失业者和疯癫者一起都被监禁起来。这里为他们提供工作,也提供生活的保障,而他们必须接受对他们肉体和道德的束缚,付出的代价是失去自由,他们要在这里为经济发展和复苏做出一份贡献。福柯说,古典时期的禁闭具有两个作用:一是吸收失业人员,消除当时因大工业生产所带来的恶劣的社会后果;二是这里的工作可以节约成本。但福柯话锋一转,指出"如果单纯按照禁闭所的实用价值来衡量,那么禁闭所的创立应视为一种失败"。19 世纪初欧洲各种收容中心和穷人监狱的消失,就说明了这种尝试是失败的,它只是"工业化初期很笨拙地提出的一种暂时性的、无效的救治措施和社会防范措施"。② 这种尝试说明它是一个偶然的经济事件,而在这个偶然的经济事件之中,疯癫和失业者、流浪者、乞丐等是不分的,这与后来我们对精神病症的认识相差极远。

然而在这失败的尝试之中,却包含着一种劳动伦理意识。在古典时代,人们把劳动和贫困对立起来,以劳动来消除贫困是人们的一种普遍的观念。但与其说劳动的生产能力可以消除贫困,不如说劳动所具有的道德魅力有一种升华的力量。所以表面上是经济的因素引起了禁闭的实践,但实际上是一种道德观念维系和推动了这种实践。于是,收容所和总医院成为一个道德机构,在这里

---

① 福柯. 疯癫与文明[M]. 刘北成,杨远婴,译. 北京:三联书店,2003:44.
② 福柯. 疯癫与文明[M]. 刘北成,杨远婴,译. 北京:三联书店,2003:49.

的工作既是一种伦理实践又是一种道德的保障,而且是和国家权力联系在一起的。也就是说,美德已经不只是一件个人的事情,也是国家大事,可以用法律的形式来振兴美德,可以设置权力机构来保障美德受到人们的尊重。福柯说,禁闭是 17 世纪创造的一种制度,也是一个发明,它标志着人们"从贫困、没有工作能力、没有与群体融合的能力的社会角度来认识疯癫"①,从而划出一条界线,使得自身走向沉寂。理性则借助于对疯癫的胜利,施行了绝对的统治。

第二节　古典时代的疯癫真相

1.**疯癫的体验**。福柯的《疯癫与文明》绝不能看作是一般的历史著作。这里虽然也包含了众多的资料、引文、档案等等,虽然也涉及了疯癫现象从中世纪到文艺复兴,再到古典时期,各个不同时代的变化,但作者并不是要去恢复关于疯癫的历史本来面目,而是要利用疯癫去质问历史,或者是质问理性的历史,因而这里涉及的与其说是历史问题,不如说是哲学问题。而且福柯处理这个题材时,使用了非常文学化的手法,使得整部著作中充满了一种诗学甚至文学的气息。福柯在这里用了一个概念:"体验。"他的规划就是要"对'极限体验'进行一系列历史探讨;这本书就是这一系列探讨的第一个成果,它是一种尝试,旨在从遗忘中拯救某种'未曾加以区分的体验',某种'尚未被分裂的对分裂本身的体验'"②。用这样一个概念来称呼疯癫,具有某种特殊的意义。首先,这是一个带

---

① 福柯.疯癫与文明[M].刘北成,杨远婴,译.北京:三联书店,2003:57.
② 詹姆斯·米勒.福柯的生死爱欲[M].高毅,译.上海:上海人民出版社,2003:142.

有一定的感情色彩的词,并不是一种严格的科学语言,不是纯客观地去称呼某种现象,而是强调一种情感状态。其次,作者所重并非是外人对疯癫现象的认识和理解,而是疯癫者自身的内在体验。也就是说,不是从所谓正常人的角度去看疯癫,而是从疯癫者的角度去看别人怎么认识疯癫。最后,从这样一个特殊的角度来看疯癫现象,就等于向固有的关于疯癫的认识宣战,而告诉人们一个曾被忽视的真相。所以,在福柯的论述之中,最后落脚点将是古典时代疯癫的真相。

福柯要"重塑这个放逐过程的历史,便是进行某种异化程序的考古学。……在它所形成的整体之中,有哪些操作在彼此制衡?遭受同一隔离措施、一同被流放的人们,又是从哪些不同的地平线上出发的? 当古典〔时代之〕人对一些最习以为常的侧影开始失去熟悉感,而且过去存于它们和他自己形象之间的相似性也开始丧失的时候,这位古典人,究竟在他自己身上经历着什么样的体验?如果这个政令有其意义——现代人便是通过它,在疯子身上看到他自身真相的异化——那是因为远在现代人把它据为己有,并把它拿来当象征使用之前许久,这一块流放的场域便已形成。……这个场域在现实上,乃由监禁空间所圈围而出;它的形成方式,应该可以向我们指出疯狂体验是如何构成的"①。福柯是在讨论古典时代的人们把疯癫禁闭起来是为了消除社会中异质和有害分子时说以上这番话的,那就是说,的确存在着一个与我们通常意义上理解疯癫不同的真相,这既是疯癫者本身的真相,也是那个特定的社会结构对待疯癫的真相。

2. **疯癫与人的兽性**。古典时代,疯子与其他人一块被禁闭起

---

① 福柯.古典时代疯狂史[M].林志明,译.北京:三联书店,2005:126-127.

来,但疯子在禁闭的世界中也有自己的特殊性。福柯说,对所有非理性体验的禁闭首先是为了避免丑闻。"禁闭显示了某种将非人的罪恶完全视为耻辱的良心",而且这种罪恶在某些方面是具有传染力的,只有遗忘才能制止它们,所以要将之禁闭起来,"所有与非理性沾边的罪恶,都应密藏起来"。①但唯独疯癫现象例外,它是要公开展示的,这是继承自中世纪的一个非常古老的习俗。福柯在此具体举例说明对疯癫现象的展览在当时已经成为一个重要的景观,并指出一直延续到 19 世纪初,疯人依然是一个被展示的怪物。②

　　"中世纪的人们通过疯癫的展示看到了上帝的存在,文艺复兴时期的人们从疯癫中看到了某种理性所达不到的终极性——可古典时代为什么也要展示疯人?"③福柯说,古典时代是一个理性的时代,一切非理性的东西都涉及丑闻。但人们把其他的非理性体验密藏起来,而唯独将疯癫展示出来,隔着铁栅栏让人观看,使之受到理性的监督,但却没有任何交流,这意味着"疯癫变成某种供观看的东西,不再是人自身包含的怪物,而是具有奇特生理机制的动物,是人类长期受其压制的兽性"。这也就是说,在古典时代,人们在疯癫中看到的是兽性,为此才将之展示出来。"对于古典主义来说,最彻底的疯癫乃是人与自己的兽性的直接关系,毫不涉及其他,也无药可救。"④疯癫在古典时代只是兽性的直接现实,是一种摆脱了束缚的兽性,因而任何医学的努力都对疯癫现象无能为力,

①　福柯. 疯癫与文明[M]. 刘北成,杨远婴,译. 北京:三联书店,2003:61 - 62.
②　福柯. 疯癫与文明[M]. 刘北成,杨远婴,译. 北京:三联书店,2003:63.
③　吴猛,和新风. 文化权力的终结:与福柯对话[M]. 成都:四川人民出版社,2003:72.
④　福柯. 疯癫与文明[M]. 刘北成,杨远婴,译. 北京:三联书店,2003:64,67.

对待它只有一个办法,那就是用纪律和残忍。所以,人们要把疯人禁闭起来,并时时在铁栅栏的护持下展示这些疯人,揭示其堕落的程度。

福柯援引了皮内尔提到的南方一个著名的修道院的事例,在那里对所有的疯人都要下达令其改邪归正的严格命令,如果这些命令得不到执行,就要对这些疯人实行种种制裁。比如他不按时吃饭和睡觉,第一次要给予警告,如屡犯就要鞭打等等。疯癫的人就要这样管理和处罚,不是把他们的兽性提升到人性的层次,而是使这些人回到他身上的纯粹的兽性上。"疯癫泄露了兽性的秘密:兽性就是它的真相,在某种程度上,它只能再回到兽性中。"①在古典时代,人们对疯癫的认识,就是夸大了其中的兽性的成分,并利用各种各样的方式将之揭示出来。疯癫即是人的野兽化身,是人类堕落到极点,是人的罪恶的明显记号,因而和疾病无关,是医学无法拯救的,只能靠这种禁闭,靠纪律和残忍来驯服。福柯在评价图克和皮内尔对疯人院进行改革的实践中指出,这里不是把那些有病的人治好,而是在制造驯服的人(这点我们后面还要提到),这就是古典时代人们所认识的疯癫的真相。

当然,理性与兽性的问题,是西方文化中一个由来已久的、长期争执不休的重要问题,这一点福柯也注意到了。他认为在西方文化中,长期以来一直以"理性的动物"来定义人,即人是理智的和有秩序的,这即把人确定在对自然的肯定方面。而与之相反,动物性"属于一种反自然,一种威胁着自然秩序、以其狂乱威胁着自然的积极理智的消极否定方面"。理性一直被人们认为是衡量人类获得自由和进步的一种尺度。这种观点一直到哲学人类学的出现

---

① 福柯.疯癫与文明[M].刘北成,杨远婴,译.北京:三联书店,2003:68.

才被改变。而古典时代正是一个理性的时代,也正是这种观念达到顶峰的时代。人们研究福柯的这种观点时总喜欢以萨德作为例证,其实我们看整个古典文化、古典文学,都表现着这样一个主题。比如法国著名古典主义作家高乃依和拉辛,他们的悲剧无疑都在表现着理性与情欲之间的矛盾冲突,都把情欲当作是一种反自然、反人类的,是会带来灾难甚至毁灭的力量,因而强调以理性去克制情欲,直至消灭情欲。基督教曾以耶稣被钉死在十字架上的非理性而征服了世界,然而到了古典时代,这种十字架的疯癫也同样遭到了质疑,"基督教的非理性被基督徒自己放逐到理性的边缘,因为理性已被等同于肉身显灵的上帝的智慧","基督教的理性摆脱了长期以来作为自身组成部分的疯癫,疯人则因抛弃理性,在其兽性发作中,获得了独一无二的证明力量",成为远离上帝、被驱逐出来的耻辱。① 由此可见,疯癫虽然与一般的非理性行为受到同样的禁闭对待,但却有了自己的一种独特的地位,因为它不是一般的非理性,而是人类生命在兽性领域的界限。

　　3. **疯癫的成因**。福柯认为,任何疯癫都是因为某种力量导致了一种谵妄而形成的。他指出,默布罗克分析疯癫具有两个层次:第一个层次是显而易见的,一种荒谬的想象和不健全的理性;第二个层次则存在着一个严谨的结构和一种无懈可击的话语。"在混乱而明显的谵妄下面有一种秘密谵妄的秩序","更深入一步看,这种谵妄语言是疯癫的结构方式,是肉体或灵魂的一切疯癫表现的决定性要素,因此也是疯癫的根本真理"。② 这就意味着只有那个深层结构才是疯癫的真正本质,而表层的东西只是疯癫的不同表

---

　　①　福柯. 疯癫与文明[M]. 刘北成,杨远婴,译. 北京:三联书店,2003:72.
　　②　福柯. 疯癫与文明[M]. 刘北成,杨远婴,译. 北京:三联书店,2003:88.

现而已,或者说是只具有表层的疯癫形式,并不能确定为真正的疯癫。这个疯癫的深层话语结构,就是一种理性的谵妄。"古典主义的疯癫的最简单最一般的定义就是谵妄。"①福柯解释谵妄,认为这个词是从犁沟一词衍生而来的,本意是指偏离了犁沟,所以在这里,它的意义就是说偏离了正确的理性轨道。

福柯进一步分析,在古典时期,第一,疯癫中存在着两种谵妄,一种是忧郁症所特有的症状,这个意义上的谵妄不是所有的疯癫病症都存在的,这是疯癫的一种表征;而另一种谵妄则是深层的,不明显表现出来却可以分析出来。第二,"这种隐蔽的谵妄存于心智的一切变动之中,甚至存在于我们认为最不可能的地方",即凡是做出有悖于常理的举动,都可以视为谵妄。第三,在一切疯癫的具体表征之下隐含的,都是一种谵妄的话语存在。第四,疯癫表达自己性质的所有演变都基于语言,所以说"语言是疯癫的首要的和最终的结构,是疯癫的构成形式"。② 在这里福柯明确提出了疯癫具有一种特殊的语言结构,或者叫作话语结构,这种话语结构才是疯癫的真正本质所在,虽然疯癫现象有多种多样,其表征也千差万别,但在深层都有这样一种话语结构。这个话语结构就是一种理性的谵妄,正是这种谵妄使人的灵与肉分离,但绝不是说灵魂和肉体彻底分开,而是灵魂和肉体的一部分与其他部分分离开了。在这种分离之中,一方面他们的思维依然遵循着理性的推理,或者说他们还在运用着理性思考的工具,但另一方面他们却又沉浸在一种非理性的幻觉之中。说得更明确一些,就是他们的理性带有某种偏执,并且坚信自己的偏执而不改变。

---

① 福柯.疯癫与文明[M].刘北成,杨远婴,译.北京:三联书店,2003:91.
② 福柯.疯癫与文明[M].刘北成,杨远婴,译.北京:三联书店,2003:90-91.

　　福柯分析了疯癫与梦境之间的关系,许多人都曾经认为疯癫和梦境是类似的东西,但是福柯通过大量的资料研究,尤其是前人的研究成果指出:梦虽导致混乱,但它是虚幻的,不是错误;而疯癫却是一种错误或是谬误。他援引了《百科全书》的定义:"偏离理性'却又坚定地相信自己在追随着理性'",说明疯癫是"从人与真理的关系被搅得模糊不清的地方开始的"。①"盲目",就是疯癫的主要特征,这也是古典时代人们对疯癫认识的核心概念。那么用什么来描述这种疯癫的体验呢? 福柯说只有一个词最贴切,那就是"非理性",这是一种理性的眩惑,它说明疯癫虽然也以理性的方式来看外部世界,但却什么也没有看到。理性是一种二元对立的思维,黑夜和白昼、善与恶、光明与黑暗是十分清晰明了的,正因为这样,理性才把自己上升到一种统治地位,并相信自己能把握一切,包括疯癫现象。但疯癫呢,虽然也能看到白昼,但这白昼在疯癫者眼中却什么都没有,什么都不是。他无法区分善与恶、无法区分黑暗与光明,他所面对的只是一种虚无。所以这种东西将要在古典时代被理性所把握,被理性所统治。福柯指出:古典时代疯癫的真相,以及"将疯癫放逐到一个中性的和划一的隔离世界的行为,既不标志着医学技术演变的停顿,也不标志着人道主义观念进步的停顿。它用下列事实来表明自己的准确意义:古典时期的疯癫不再是另一个世界的符号,它已成为非存在物的荒谬表现。说到底,禁闭的目的在于压制疯癫,从社会秩序中清除一种找不到自己位置的形象。禁闭的实质不是拔除一种危险。禁闭仅仅表明了疯癫在实质上是什么:是一种非存在物的表现;禁闭通过提供这种表现

---

① 福柯.疯癫与文明[M].刘北成,杨远婴,译.北京:三联书店,2003:94－95.

来压制疯癫,因为它使疯癫恢复了虚无真相"①。

第三节　疯癫的话语建构

福柯的这部书绝不是一部关于疯癫的医学史,这在前面已经多次提到了。严格来说,这是一部"疯癫"的话语建构史,不是疯癫概念的话语建构史,而是疯癫现象的话语建构史。其中包含的是作者对古典时期人们认识和对待疯癫现象的考察,以及疯癫现象超越了古典时期的转变。

1. 疯癫的形态。在古典时期,人们所认识的疯癫的形态主要有四种:躁狂症、忧郁症、歇斯底里和疑病症。对这四种形态的认识经过了一个建构过程,也就是说,这四种疯癫形态并不是在古典时期才第一次出现,并被人们认识到的,它们早就存在于人们的认识之中,只不过没有做这样明晰的分类,而且人们的认识也不完全相同。在古典时代,人们对疯癫形态的看法主要集中在两个方面:一是性质传递型疯癫,主要指忧郁症和躁狂症;二是情感道德型疯癫,主要指歇斯底里和疑病症。② 忧郁症曾被视为一种忧郁汁作祟,这种忧郁汁和秋天相连,它的性质阴冷干燥。但在 17 世纪上半叶展开了一场关于忧郁症的讨论,福柯概括结果如下:第一,物质的原因逐渐被性质的运动所取代;第二,在性质力学之外,人们更重视一种动力学,即注重分析每一种性质中隐含的力量;第三,各种性质之间也会发生变化,出现矛盾,成为与自身相反的东西;第四,偶然的事件、环境和生活条件都可以引起性质的变化。这意

---

① 福柯.疯癫与文明[M].刘北成,杨远婴,译.北京:三联书店,2003:105-106.
② 吴猛,和新风.文化权力的终结:与福柯对话[M].成都:四川人民出版社,2003:77.

味着人们开始在这种病症的物质基础之外,更注意其性质自身的神秘逻辑,这种逻辑要比简单的物质逻辑更为复杂,更能说明元气的无序运动和大脑的缺陷。而到了17世纪70年代以后,元气说被体液说所取代,"人们转而在人的液体和固体成分中探寻疾病的秘密",并区分了两种不同的忧郁症:其一是起源于固体的神经忧郁症;其二是液体型忧郁症。这种研究并不是来源于忠实的观察,而是重新编排了忧郁症的症状和表象模式,将忧郁症和某种谵妄联系在一起,元气的变化、体液的变化等等影响到身体,并影响到精神,于是"构成了一个象征性统一体。这个统一体与其说是思想、理论的产物,不如说是感觉的产物。是它给忧郁症打上了特征烙印"。①

人们对躁狂症的认识也是沿着这个方向发展的,注重物质性结构所具有的性质。只不过与忧郁症恰好相反而已。福柯援引威利斯的研究,将躁狂症和忧郁症加以对照,指出它们之间的三点区别:第一,忧郁症患者沉溺于"省思",而躁狂症患者则更倾向于想象;第二,忧郁症患者的头脑专注于一个对象,并不合理地夸大这个对象,躁狂症患者则是扭曲了所有的概念和思想;第三,忧郁症患者总是伴随有悲伤和恐惧,而躁狂症患者则表现出放肆和暴怒。这两种病症虽然同样是一种性质传递型的疯癫,方向相反,但所表现的价值都是没有根据的,"思想的完整性与真理之间的基本联系受到了干扰"②。

关于歇斯底里和疑病症的考察,福柯一开始就提出了疑问:第一,在多大程度上可以将这两种病症视为精神疾病或疯癫? 第二,

① 福柯.疯癫与文明[M].刘北成,杨远婴,译.北京:三联书店,2003:115,116.
② 福柯.疯癫与文明[M].刘北成,杨远婴,译.北京:三联书店,2003:117.

是否有根据把它们看成是真正具有对偶关系的一对病症？福柯具体考察了古典时期人们对这两种病症的研究状况,希望这种研究能够找到它们的性质成因。但这是极其困难的,因为其性质成因是不断变化的,随情境不同而不同。于是古典时期人们则从一个新的思路来认识它们,即从情感道德的角度来认识,将之看作是一种情感道德的松懈或出轨。这种思路具体表现为两个方向:第一,歇斯底里和疑病症作为一种无序运动,虽然和人的身体空间有关,但更重要的是与某种"道德密度"联系在一起,即这是由一种心灵的松懈所造成的;第二,这两种病症不仅与身体有关,更和神经系统有关,是由神经系统的紊乱所致,而神经系统的紊乱则是因为没有抵挡住过分炽烈的欲望而招致"肉体的报复"。①

2. **治疗疯癫的方法和理念**。说到关于疯癫的话语建构,就不能不提到对疯癫的治疗。虽然对疯癫的治疗在医院里并未推行,但在医院以外,"对疯癫的治疗在整个古典时期都在继续发展"②。在长期的治疗之中,首先起作用的是物理疗法,这和当时的医学理念有直接关系,如前所述,人们认为疯癫的根源在于体内各种气血运动的失序。这种疗法不是针对病人的心灵,而是医治整个病人,借鉴了肉体道德观念和道德疗法。这种治疗首先采用的是强固法,即扶持精神元气,帮助它来克服使其躁动的发酵因素。这种方法主要是使用一种物质来完成,人们选用了铁,因为它"既十分坚实又十分柔软,既有极强的刚性,又能使懂得如何使用它以达到自己目的者任意摆布它"③。其次是清洗法,即对人的体液和精神进

---

① 吴猛,和新风.文化权力的终结:与福柯对话[M].成都:四川人民出版社,2003:79.
② 福柯.疯癫与文明[M].刘北成,杨远婴,译.北京:三联书店,2003:148.
③ 福柯.疯癫与文明[M].刘北成,杨远婴,译.北京:三联书店,2003:149.

行一次彻底的清洗。最开始是对血液的清洗,即用输血来解决问题,但这很快就被人们抛弃了。后来人们则采用其他物质来对人的外伤进行处置,这些外伤包括有意制造的外伤,以及疮疖之类,或者是用苦药来给病人服用。再次是浸泡法,这种治疗方法一方面源于涤罪新生的礼仪,另一方面源于生理学观念,即这种浸泡可以改变液体和固体的基本性质,这也是疯癫史上最源远流长的疗法。水在人们的观念里是具有浸透力的,又具有冷却或加热作用,以及其他种种被人青睐的优点,所以这种方法自古以来就广为人们采用。最后的一种方法是运动调解法,即以适当的、有节制的运动来恢复人的思想、精神、肉体和心灵。

　　18 世纪中期开始,随着一些人意识到仅仅靠物理的疗法不能从根本上解决问题以来,一个时代结束了,即物理疗法和道德治疗还没有明确分开的时代结束了。"治疗不再由有意义的疾病统一体来决定,不再围绕着疾病的主要特性来统筹安排,而是分门别类地针对着构成疾病的不同因素来进行。因此治疗将由一系列局部的医治方法构成,其中,心理治疗和物理治疗并行不悖,相互补充,但绝不相互渗透。"①这说明并非从此时开始就完全摒弃了前面所说的物理疗法,而是将心理治疗从中分化出去,即表明人们对疯癫问题有了新的认识,不再只局限于气血、体液等人身体的物理变化上,而是注意到人心理的某种缺陷,灵与肉的象征统一体开始崩溃了。福柯说:"在整个古典时期,有两类并行不悖的医治疯癫的技术系统。一类是基于某种关于品质特性的隐含机制,认为疯癫在本质上是激情,即某种属于灵肉二者的混合物。另一类则(是)基于理性自我争辩的话语论述运动,认为疯癫是谬误,是语言和意象

---

　　①　福柯. 疯癫与文明[M]. 刘北成,杨远婴,译. 北京:三联书店,2003:164.

的双重虚幻,是谵妄。"①如果说前面的物理疗法主要是针对第一类疯癫症状的话,那么针对第二类疯癫,人们就要采取新的疗法。

心理治疗首先是唤醒法,即"使谵妄者摆脱这种似睡非睡的半昏迷状态,使之从白日梦及其意象中真正清醒过来"②。其次是戏剧表演法,这是一种与唤醒法完全相反的做法,前者是以理性来对付谵妄,而这种方法则是在想象空间中发挥作用,即通过塑造某种意象来使人摆脱谵妄。再次是返璞归真法,即一种压制戏剧性,以一种理智并节制的环境使人回归到自然状态。这种疗法被福柯称为"最佳疗法",因为它完全拒绝任何治疗。一方面是通过自然来使疯癫者返璞归真,另一方面是使疯癫者返璞归真到自然之中。这三种方法表面上看起来是物理手段,但实际上是话语治疗术,即为那些谵妄者重新建立一种理性话语。福柯认为促使人们对疯癫认识转变的,是一种恐慌。福柯说在 18 世纪中期的几年间,突然产生了一种大恐惧,"这种恐惧是从医学角度产生的,但主要是因一种道德神话而得以传播"③。人们在到处议论着从各种禁闭所里流传出来的一种疾病,就是那些囚车和戴镣的犯人经过市区时,把这种病传染开来,这种神秘的疾病将会危及整个城市。人们产生这种想法和有关禁闭的两个意象联系在一起:其一,许多禁闭所过去都是麻风病院;另一个意象即禁闭的东西与邪恶有关。麻风病的传染性与被禁闭的邪恶交织在一起,于是人们就想象出一种兼具肉体腐烂和道德腐败的力量如何开始传播。④

---

① 福柯.疯癫与文明[M].刘北成,杨远婴,译.北京:三联书店,2003:169.
② 福柯.疯癫与文明[M].刘北成,杨远婴,译.北京:三联书店,2003:169.
③ 福柯.疯癫与文明[M].刘北成,杨远婴,译.北京:三联书店,2003:187-188.
④ 吴猛,和新风.文化权力的终结:与福柯对话[M].成都:四川人民出版社,2003:83.

此时在想象的世界里,非理性与古老的疾病幽灵相结合,于是在人们还没有真正认识非理性是什么,或者它在何种程度上是一种病态的时候,它就不断靠近疾病,通过恐惧的幻觉相互交流,并和腐败、污染结合起来。福柯在这里分析指出,非理性世界和医学世界之间的综合,并非如我们所想象的那样,是一种医学的自然进步,医生们发现了非理性现象,恰恰相反,医生是在一种被动的情形下介入到非理性世界的。医生是被当作卫士召进高墙,以保护其他人免受禁闭院墙所渗出的威胁,正是在这样一种被动的情形下他们进入了非理性的领域。

这一场恐慌,以及由此产生的一个幻觉世界,使得人们对疯癫和非理性的认识发生了彻底的改变,在有关疯癫的话语建构上起了重要的作用。过去人们认识疯癫和非理性,还主要停留在人的某种自然本性的欠缺上,或者说是人的肉体及心灵的内在因素的变化上,所以前文所述对疯癫的治疗也集中在对人的肉体以及心灵的物理疗法和心灵疗法上。但从这场恐慌开始,疯癫与非理性不仅是一个疾病的概念,也是一个道德概念,甚至转变为某种社会政治的概念,和邪恶的本质联系在一起了。"这种现象只是在18世纪末才出现,并构成西方想像(象)力的一个最重大转变:通过本能欲望的无限放纵,非理性转变为心灵的谵妄、欲望的疯癫,以及爱与死的疯狂对话",非理性"重新出现时,它不再是这个世界的一种意象,也不再是一个形象,而是一种语言和一种欲望"。① 而尤为重要的是,疯癫与非理性也开始分离。非理性作为一种"理性的眩惑",过去是与疯癫的意象紧密地结合在一起的,由此人们才把疯癫和人的自然本性的东西联系在一起,但是福柯分析对疯癫的恐

---

① 福柯.疯癫与文明[M].刘北成、杨远婴,译.北京:三联书店,2003:194.

惧已经完全脱离了人们对非理性的迷恋,而进入到一个社会学的领域,并与对现代性的分析联系在一起了。"一方面,非理性由此继续前进,借助荷尔德林、奈瓦尔和尼采而愈益向时间的根源深入,非理性因此而成为这个世界的不合时宜的'切分音';另一方面,对疯癫的认识则力求把时间更准确地置于自然和历史的发展中。正是在这一时期之后,非理性的时间和疯癫的时间就具有了两个相反的向量:一个是无条件的回归,绝对的下沉;另一个则相反,是按照历史时序而发展。"①

3. **疯癫与现代社会**。福柯把疯癫现象放在人类社会历史的范畴之中,开始了他卓有创见的批判。那些能够造成疯癫疾病的社会根源,不是野蛮、落后和所谓的社会不完善,恰恰相反,正是所谓的社会的不断完善使得人日益脆弱。从某种意义上来说,疯癫即是现代性的后遗症。福柯从三个方面分析了这种疯癫与现代社会之间的关系:

第一,疯癫与自由。关于自由的颂歌是数不胜数的,作为现代性的一个基本维度,自由被人们赞颂着,但是福柯却看到了自由的累赘。他是通过分析英国人没有任何理由就自杀来提出这个问题的,他认为财富、社会发展、各种制度似乎是疯癫的决定因素。疯癫在英国发病率高,"不过是对那里盛行的自由和普遍享受的富足的惩罚。心灵的放纵比权力和专制更危险"②。其次,英国是一个商业发达的国家,"商业自由使人的思想永远不能接近真理,使人的本性必然陷于矛盾,使人的时间脱离四季的变化,使人的欲望屈从于利益的法则"③。可见自由不仅仅只有正面价值,虽然有"不自

---

① 福柯. 疯癫与文明 [M]. 刘北成,杨远婴,译. 北京:三联书店,2003:196.
② 福柯. 疯癫与文明 [M]. 刘北成,杨远婴,译. 北京:三联书店,2003:197.
③ 福柯. 疯癫与文明 [M]. 刘北成,杨远婴,译. 北京:三联书店,2003:198.

由毋宁死”的佳话曾被传诵一时,但它也有自身的负面价值,并成为疯癫的根源之一。

第二,疯癫、宗教与时代。宗教可以提供一种虚幻的谵妄境界,它是满足和压制情感的一种环境。过于严厉的道德要求、过于强烈的对来世和拯救的热望,常常会导致人陷入精神错乱之中。反之,如果宗教放松控制,仅仅维持良心忏悔、精神苦行的理想方式,它就会直接导致疯癫。福柯在这里又以具体事例有力地证明了这一点。如果说中世纪是一个宗教严厉的时代,那么古典时代就是一个宗教宽松放纵的时代,这种不连贯的宗教环境,以及宗教对现在的肯定,使人们的心灵完全处于焦虑不安之中。

第三,疯癫、文明和感受力。文明带来的是进步,但也带来了有利于疯癫发展的环境。文明的标志是知识的作用被强化了,脑力劳动要远远多于体力劳动,使人们陷于书斋生活,陷于抽象思辨。而现代社会知识在激增,它的代价也随之增大,知识在人们的周围形成了一种抽象关系的环境,从而日益使人脱离感官,脱离现实世界。在现代社会里,人的感受力也同样使人脱离感官,因为人们的感受力再不是直接与大自然相连,受大自然运动的控制,而是被各种习惯、各种社会生活的要求控制着。还有文学和戏剧的发达,这些都是会给人们的心灵带来强烈的震撼,使人迷恋其中,但却远离现实的东西,而在文学艺术中人们所迷恋的一切,在现实中是不存在的,这同样会使人沉迷、焦虑。

福柯在“大恐惧”一章最后总结说:

“在18世纪,人们围绕着对疯癫及其传播的危险的意识,通过缓慢而零碎的方式,逐渐形成一套新的概念体系。在16世纪,疯癫被安置在非理性的画面上。在这种画面上,疯癫掩盖着某种模糊的道德意义和根源。它的神秘性使它与原罪发生了联系。奇怪的是,虽然人们从中感受到咄咄逼人的兽性,但并没有因此使疯癫变得无辜。在 18 世纪下半叶,疯癫不再被视为使人更接近于某种原始的堕落或某种模糊存在的兽性的东西。相反,它被置于人在考虑自身、考虑他的世界以及考虑大自然所直接提供的一切东西时所划定的距离。在人与自己的情感、与时间、与他者的关系都发生了变化的环境里,疯癫有可能发生了,因为在人的生活及发展中一切都是与自然本性的一种决裂。疯癫不再属于自然秩序,也不属于原始堕落,而是属于一种新秩序。在这种新秩序中,人们开始有一种对历史的预感。而且在这种新秩序中,通过一种模糊的生成关系,形成了医生所说的 alienation〔精神错乱〕和哲学家所说的 alicnation〔异化〕。不论人处于二者中任何一种状态,都会败坏自己的真正本性。但是,自 19 世纪黑格尔之后,这二者之间很快就毫无相似之处了。"①

4. **疯癫成为禁闭的唯一理由。** 疯癫话语的建构还来自于另一个方向,即疯癫与乞丐、流浪汉及政治犯之间的区分,而这种区分也必定是发生在那样一个特定的历史时代。福柯在"新的划分"一章中指出,整个 19 世纪,历史学家们都被同一种愤怒的情绪支配,人们到处看到和听到的是"相同的义愤,相同的谴责:'居然没有人因把精神病人投入监狱而脸红。'"②。这种呼声应该说从 18 世纪即已经开始,只是 18 世纪人们关注的是犯人应该有比把他们与精神失常者关在一起更好的命运;而在 19 世纪,人们的义愤却是疯人受到的待遇并不比犯人或政治犯更好些。于是疯人开始逐渐被

---

① 福柯. 疯癫与文明[M]. 刘北成,杨远婴,译. 北京:三联书店,2003:203.
② 福柯. 疯癫与文明[M]. 刘北成,杨远婴,译. 北京:三联书店,2003:206.

分离出来,划分出几种基本类型。

这种愤怒的呼声最早来自于那些被禁闭的人,是他们最先对此提出抗议的。因为疯癫被看成是囚徒们恐惧的幽灵,是他们蒙受耻辱的象征,是他们的理性被消灭、被压抑的形象。疯人体现了禁闭的残酷真相,是禁闭中最恶劣的消极工具。"如果一个人被迫生活在这个谵妄世界中,被横行无阻的非理性所裹挟,那么在这种环境里他怎能不加入这个世界的活标本的行列中呢?"①18 世纪对禁闭的批判,并非要揭示禁闭的丑恶或不人道,而是对代价的思考,即这些犯人应该去劳动,去从事那些对自由劳动者有害的工作等等,而禁闭所里只应该留下疯子。他们的批判其实是使疯癫比以前更紧密地与禁闭联系在一起。这是一种双重联系:"一方面是使疯癫成为禁闭权力的象征及其在禁闭世界中的荒诞而又使人无法摆脱的代表,另一方面是使疯癫成为各种禁闭措施的典型对象。于是,疯癫既是压迫的主体,又是压迫的对象,既是压迫的象征,又是压迫的目标,既是这种压迫的不分青红皂白的盲目性的象征,又是证明这种压迫中的一切既合理又必要的辩护。"②总之一句话,疯癫成为禁闭的唯一理由。米什莱对此做出了准确的概况:首先,禁闭引起精神错乱;其次,暴政中最没道理、最可耻、最伤风败俗的东西是由禁闭场所和一个疯人体现的;最后,就是为了一个疯子,也必须保留禁闭制度。

这种批判,使得禁闭场所的中心出现了裂痕,疯癫则以一种不同于其他被禁闭者的形象出现,他的存在就是对他者的不公正,疯癫具有了自己的独特的性质。尤其是后来的两件事对疯癫从其他

① 福柯.疯癫与文明[M].刘北成,杨远婴,译.北京:三联书店,2003:210.
② 福柯.疯癫与文明[M].刘北成,杨远婴,译.北京:三联书店,2003:211-212.

被禁闭者中分化出来起了重要作用。一个是对于贫困的重新认识，另一个是《人权宣言》的发表。过去失业者、乞丐和流浪汉都是和疯癫禁闭在一起的，被人们当作游手好闲的象征，但在资本主义生产方式中人们发现，这根本是风马牛不相及的。每一次的经济危机，都会造成大量的失业者和无家可归者，他们并非懒惰，但却无可奈何。而且贫困是必要的：第一，贫困使财富的积累成为可能，没有穷人就不会有富人；第二，穷人可以使国家集中财富，尽力去经营并逐渐富强起来；第三，贫困为资本主义大工业生产提供廉价的劳动力。于是人们在一个新的角度和新的基础上来解释贫困，并认识到过去把穷人禁闭起来是一个极大的错误，应该让全部的人都进入到生产的循环中。此时禁闭遭到批判是因为它影响了劳动力市场的运作，以及建立各种禁闭场所需要一笔庞大的财政支出。在这样一种批判之风兴盛之时，疯癫其实已经获得了自己的某种特殊性，并被当作一类特殊的对象来对待。但他们并没有实际地离开禁闭场所，而是几乎独自占领了这些禁闭场所。这就是福柯所说的疯癫获得了自由，但他们在禁闭场所的高墙之内该怎么办，却成了那些立法者的巨大困惑。

自《人权宣言》发布后，特别是1790年制定的一系列法令规定，非经法律程序不得逮捕和关押任何人，而已经被关押或禁闭的，除已被判刑者、被捕候审者、被控有重大罪行者以及疯癫者，都应一律释放。于是在禁闭场中只剩下了疯癫者和犯人。但一方面，疯癫会使那些与他们共同被禁闭的人受到污染，甚至受到非人的待遇；另一方面，对于疯人又有了新的规定，比如痴呆者被禁闭的，要由检察官起诉，法官进行调查，医生做出评估，或者释放，或者送到专门的医院治疗。表面上看问题似乎得到了解决，但实际上根本就没有那些可以容纳这些疯癫者的医院，所以在相当长一段时间内,人们对疯癫不知所措。从以上福柯所提出的对禁闭情形的调查来看,疯癫之所以成为一种特殊的对象,获得了自身的特殊性,后来被安置在疯人院里,并不是什么医学进步和人道主义的结果,而只是碰巧与之相遇而已,或者说是后来人们牵强地拉到一起的,而实际的情况实在是一种非人道。这点在福柯分析《精神病院的诞生》中表现得更加明显。

5. 疯人院的统治形式。在"新的划分"一章的结尾,福柯感叹道:"在'人道'受到重新估价的时候,决定疯癫应在其中所占的位置是多么困难! 在一个正在重建的社会领域里安置疯癫是多么困难!"[①]足见疯人院的诞生,实在是一种不得已而为之的措施。而且建立了疯人院,特别是后来在疯人院中进行了一系列改革,也并不能证明人道主义的胜利,福柯在"精神病院的诞生"一章中,以图克和皮内尔的实践来具体说明了这一点。在评价图克的工作时作者指出:我们必须重新估价图克工作的意义,有人说他解放了疯癫病人,创造了一种人道环境,实际上则大相径庭。他的所作所为,实际上是一系列运作,在这种运作之中不声不响地组织起了疯人院的世界、治疗方法和对疯癫的具体体验。图克的运作主要有这么几点:第一是强调宗教的作用。他认为疯人院应该成为一个实行道德和宗教隔离的工具,"通过隔离在疯癫周围重建一个尽可能类似公谊会教友社区的环境"[②],让宗教发挥自然本性和外界制约的双重作用,以此来抗拒理性丧失后疯癫的无节制的狂暴的力量。第二是恐惧原则。恐惧本来是一个古老的原则,据说对治疗疯癫非常有效。但图克不是采取那种外在的威吓的恐惧,而是将这种

---

① 福柯. 疯癫与文明[M]. 刘北成,杨远婴,译. 北京:三联书店,2003:222.
② 福柯. 疯癫与文明[M]. 刘北成,杨远婴,译. 北京:三联书店,2003:226.

恐惧深入到疯癫者的内心,变成他的一种责任。即让病人意识到自己成为某种惩罚的对象,成为一个赤裸裸的客体,由此意识到自己的罪过,并恢复自我意识,成为一个自由而又负责任的主体,从而恢复理性。① 第三是工作。工作是必要的,一方面工作可以将所有的疯癫者纳入某种秩序之中,另一方面也可以阻止病人的任何幻想活动。第四是理解疯癫者也有受人尊敬的需要。这一点主要贯彻在他的观察活动之中,图克不再采用传统的直接带有某种交互式的观察方式,而是代以更为隐秘的观察,表面上表现出对这些病人的尊重。比如举行种种社交活动,让病人都非常庄重地穿着礼服出席,活动中没有任何明显的举动,但暗中这却是观察这些病人的一种安排。第五是对肉体进行部分的强制。这种强制的目的是建立一种自我克制。但图克一般不是以单纯的否定的运作来实现这点,而是更多采取肯定的方式,建立一种奖惩系统来抑制疯癫。第六是监视和审判。这点与过去的做法也是大相径庭的,过去主要是采用物质力量来进行,而现在有一种新的东西诞生了,那就是权威。理性以全新的面貌出现在疯人院中,相比之下,疯癫者则是一个未成年的孩子,精力过剩,胡乱发泄;而有权威的医护人员则"是一个具体的成年人形象,换言之,是一个代表统治和榜样的具体形象"②。最后是把家庭关系引进疯人院中,使之发挥一种解除精神错乱的作用。

皮内尔的做法与图克不同,他不提倡任何宗教隔离,而是倡导一种和图克实践方向恰好相反的隔离。他认为疯人院必须摆脱宗教,摆脱它的各种形象。但他要"减少宗教的图像形式,而不是减

---

① 汪民安. 福柯的界线[M]. 北京:中国社会科学出版社,2002:15.
② 福柯. 疯癫与文明[M]. 刘北成,杨远婴,译. 北京:三联书店,2003:234.

少宗教的道德内容。宗教一经'过滤',就拥有消除精神错乱的力量"①。于是这里变成了一个没有宗教的宗教领域,一个纯粹的道德领域。他的全部工作就是要保证这里道德教育能够发挥作用。他采取的手段主要有三个:第一,缄默。即以别人的保持缄默来使获得释放的疯癫者感到孤独,从而使之意识到自己的过错。这种缄默是一种意义极为深远的做法,自文艺复兴以来,在理性和非理性之间一直有某种对话,古典时期的拘留也只是一种对语言的压制,但现在在理性和非理性之间,这种对话终止了,理性以自己的缄默来对待谵妄的语言。第二,镜像意识。这是以其他的疯癫者作为参照的方法,即通过指出其他疯癫者的谵妄而确认某个疯癫者的谵妄想法,但同时也在他人的确认之中消解神话,使之认识到自己的荒谬。第三,无休止的审判。通过这种镜像意识,疯人不断地审判自己,同时也受外界的种种审判。当然外界的审判不是来自于明确的道德良心的审判,而是来自于某种无形的常设法庭的审判,"使疯人认识到自己处于一个天网恢恢的审判世界"②。

　　在图克和皮内尔的疯人院中都表现出了另一种结构,这就是对医务人员的神化。这样就确立了医生与病人之间的一种新的联系,也确立了精神错乱与医学思想的新联系,并决定了整个现代疯癫体验。有人说是图克和皮内尔在疯人院中开始接受医学知识,或者说是引进了科学,但实际的情形是他们仅仅引进了一种人格,一种借用科学面具,或是说用科学来为自己辩护的人格,即是医生的绝对权威。"图克和皮内尔所建立的疯人院的生活造成了这种微妙结构诞生的条件。这种结构将变成疯癫的核心,成为象征着

---

① 福柯. 疯癫与文明[M]. 刘北成,杨远婴,译. 北京:三联书店,2003:237.
② 福柯. 疯癫与文明[M]. 刘北成,杨远婴,译. 北京:三联书店,2003:247.

资产阶级社会及其价值观的庞大结构的一个缩影,即以家长权威为中心的家庭与子女的关系,以直接司法为中心的越轨与惩罚的关系,以社会和道德秩序为中心的疯癫与无序的关系。医生正是从这些关系中汲取了医治能力。"①于是,精神病学获得了自己独立的地位,但也正是从图克和皮内尔开始,非理性已经彻底沉寂,变成了理性之外的、非正常的甚至有害的某种意识被排除了,从此理性就独步世界,具有了至高无上的权威和力量。

第四节　疯癫与文明

1. **回应德里达的诘难**。1963 年 3 月,德里达在索邦学院的一次哲学会上发表了一个演讲,后来该演讲在《形而上学与道德学》学刊上发表,题为《我思与疯狂史》,在此文中德里达展开了对福柯的批判。"福柯在写疯狂史中想要——此乃其全部价值所在也是该书的不可为之处——写的是一部疯狂本身的一种历史。……书的作者,疯狂自述。……而不是用理性语言,用精神病学语言对它进行描述。"这也就意味着要绕开那些作为历史工具,为我们捕捉疯狂的概念以及所有的理性语言。但"福柯想要绕开理性的企图从一开始就以两种很难调和的方式表现出来"。第一,拒绝理性的语言,而正像福柯所分析的那样,18 世纪疯癫与理性之间的对话中断了,疯癫本身,除了被精神病理学所描述之外,剩下的只有沉默。福柯说要建立一种沉默的考古学,然而沉默本身有历史吗? 第二,这种沉默的考古学语言的来源和身份是什么? 要搞清楚疯癫的所谓的真正的历史,我们把那些压抑以及排斥它的精神病理学所代

---

① 福柯. 疯癫与文明[M]. 刘北成,杨远婴,译. 北京:三联书店,2003:253.

表的理性和秩序的语言锁进保险箱就能解决问题吗？而且要找回
疯癫的无辜，而把禁闭它的那种秩序的力量送上法庭基本是不可
能的。做了这样的分析之后，德里达指出，书写沉默的考古学只有
两条路可走："要么对某种沉默一言不发，要么跟着疯子跑到他的
流亡之路上去。"①

　　德里达对福柯的《疯癫与文明》一书基本是否定的，在他的文
章里，他沿着两条思路来对福柯进行责难：其一是针对福柯所引笛
卡儿的一段话，他以权威的口吻指出理解的错误，这时的德里达俨
然是一个训诂高手，引经据典对福柯的所谓错误加以嘲讽和指责；
其二，德里达对福柯关于文艺复兴时期非理性观的叙述提出了质
疑，认为这与尼采论述古希腊对酒神精神崇拜如出一辙，"这些显
然具有神话色彩的历史方法"②，其历史－哲学的动机是什么？德
里达对福柯的诘难，体现了他们两人思想观念上的一个重要的差
别，即对历史叙事的理解不同。德里达认为，符号就是一种排除，
符号的全部意义都在于它可以与其他符号分隔开。符号以三种方
式压抑着差异：首先，符号总是假定它所指称的事物的共同性；其
次，符号总是遮蔽或排除了与它不同的其他符号；再次，符号也压
制了它与所嵌入的序列中其他符号间的时间差异。这就决定了他
对待叙事的态度，即任何意义结构都只能回到它的本源去考察，也
即一个意义结构只是本源存在的同一性所导致的结果。但福柯的
观点截然相反，他知道"叙事史是一个排除结构，因为它带有其他
故事的痕迹，带有未被讲述的故事、被排除了的故事以及被排除者
的故事的痕迹"。他并不"反对排除行为本身，而是反对排除某些

---

① 德里达. 书写与差异[M]. 张宁，译. 北京：三联书店，2001：56－59.
② 詹姆斯·米勒. 福柯的生死爱欲[M]. 高毅，译. 上海：上海人民出版社，2003：156.

人,或社会的某些方面,或反对无权者不能得到表现"。这是一种政治观点。所以"符号的意义只能参照符号所掩盖着的整个体系的关系才能得以解释——并使它上升为统摄整个话语的原则"。①这是他们分歧的根源所在。

　　明确了这一点,我们再来看福柯的《疯癫与文明》或《古典时代疯狂史》,其中许多东西就能理解了。福柯强调他的疯癫史,不是精神病理学史,而是疯癫自己在说话,是疯癫自述史,也就是说他要让疯癫摆脱理性的精神病理学强加给它的一套语言,自己站出来从自己独特的体验来发言。福柯在整部书中如此强调体验也正是这个意思,即表明这是疯癫自己的视角和自己的语言。这里的确存在着德里达所批评的问题,既然按福柯的考察,疯癫在古典时代,尤其到了18世纪以后就逐渐被理性和社会秩序排除掉,完全沉寂下来了,那么其还有自己的语言吗? 其次,任何一种理性的语言或者说理性的秩序,只能从理性内部来突破,必须以理性的语言去对待理性的语言。而福柯试图用理性之外的语言来突破理性的同一性会有作用吗? 针对前者,福柯是以体验来应付,在他的这部著作里反复地强调体验,他采用了大量的史料,试图恢复疯癫在历史中的体验,那种被流放、被压抑、被排斥的体验,那种尚未分化的体验,等等。当然这已不能说是一种疯癫的话语,因为恢复这种体验者,是以一种理性的、合逻辑的语言来表述的。尽管他尽力想恢复疯癫自身的语言,但那只是对其一种理性的表述和分析而已。尽管福柯不能完全恢复疯癫的语言,但他成功地转变了我们看问题的视角,即力求在理性的建立史之外来看理性的建立。

---

　　① 马克·柯里. 后现代叙事理论[M]. 宁一中,译. 北京:北京大学出版社,2003:88-95.

对待后者,福柯采取了悬置的策略。福柯并没有明确表达自己要批判什么,而且在他早期的著作之中也很少直接谈到什么启蒙与现代性之类的东西,而只是去恢复一些被社会正常秩序和理性看作非正常的事物,诸如疯癫、性行为、监禁等的历史。然而这种恢复本身,却已经包含了对启蒙理性的批判。从这点上说,不能不承认福柯的转变是意义重大的,有两个方面是我们不能忽视的:第一,他为我们打开了一扇窗户,让我们看到了许多过去鲜为人知的东西,同时也让我们对耳熟能详的有关启蒙与现代性的知识有了新的认识;第二,福柯的转变具有方法论的意义,即通过对那些被排除结构的恢复,来使我们对排除结构有新的认识,或者说起到对排除结构的批判的作用。正是在这个意义上,我们才能把福柯关于疯癫问题的论述和文明联系在一起,或者说和启蒙与现代性联系在一起。

2. 疯癫与理性统治。疯癫是一个社会文化现象,这是我们读完福柯的著作所产生的深刻的印象。康吉兰在读了《疯癫与文明》之后感叹,"认为癫狂是一种生物学上的已知事物,并以此观点来写一部精神病史,已经不可能了"[①]。按照福柯的分析,疯癫从来都具有"混乱与天启的模棱两可性质"[②],而且也历来都是社会正常秩序所排斥的对象,但愚人船的意象与放逐,只是区分了城堡内外,还没有完全使疯癫沉寂下去。或者说,那个时候,把疯癫当作理性的谵妄,其与理性之间还有某种对话的可能,它无论是在精神上,还是在物质上,还保有自己的空间。非理性作为理性的必要的补

---

① 詹姆斯·米勒. 福柯的生死爱欲[M]. 高毅,译. 上海:上海人民出版社,2003:150. 康吉兰就是前文提到的作为福柯论文审阅老师的巩居廉。

② 詹姆斯·米勒. 福柯的生死爱欲[M]. 高毅,译. 上海:上海人民出版社,2003:149.

充,或者作为某种天启的和神秘的精神来源,在社会文化中还保有自己的一席之地。但到了古典时代的后期,18世纪以后,随着在理性世界疯癫话语的建构,疯癫具有了自身独特的性质,并渐渐与犯罪、贫困区分开来,成为一种禁闭对象之后,理性则获得了独步世界的地位,非理性的声音终于被彻底压倒,甚至消灭了。

这个过程在理性的建构史中被看作是医学进步和人道的胜利,但福柯通过自己的翔实征引和分析得出了相反的结论。这点在福柯分析图克和皮内尔的实践上表现得非常明显。一般说法是他们给了疯癫者以自由和解放,是人道的、开明的首倡者。但福柯对他们的改革提出了异议,认为他们实际上是实行了一种新的、有害的社会控制形式,只不过那不是一种物质的控制手段,而是精神的、道德的禁锢。福柯认为,图克虽然解放了疯癫者,即不再给他们戴手铐脚镣,但却在病人中推行一种道德改革,"一面向他们灌输宗教教义,一面把他们置于不间断的监视之下",是以"'被禁闭了的责任苦恼',取代了'自由自在的癫狂恐怖'"。①而皮内尔只是采用的手法不同,他一方面解除了对病人的羁缚,另一方面通过不断向病人灌输悔罪感的训诫制度,来将之长期置于控制之中。

由此可见,疯癫被置于精神病院,当作一种精神疾病的治疗,在某种意义上说并不是一种进步,或者说并非使疯癫获得更人道的待遇。按照福柯的观点,戴着手铐脚镣的疯癫者才是自由的,因为对于那些被锁链拴着的疯子,谁都没法将他们从他的直觉真实中赶出来。但锁链被拿掉了,人却被置于一种道德监护之中,被迫去接受某种美德,于是他们失却自己的心灵自由。更何况,他们还

① 詹姆斯·米勒.福柯的生死爱欲[M].高毅,译.上海:上海人民出版社,2003:151.

要时时处处被那些作为理性代表的医生监管,成为他们的对象,并在他们的监视启发下"认识到自己的客观癫狂,使疯人对自己不能吸收合理的行为准则而悔恨"①。福柯的良心,对疯癫的这种同情,我们未必会赞同,但有一点是可以肯定的,用福柯的话说,理性既是一种解放的力量,同时也是一种压抑的形式。它是在经过了一系列的排除,或者是压制之后才获得了自己的统治权的。从理性对疯癫的态度上来看,理性的确是一种统治,而并非如传统看法,把启蒙理性仅当作一种解放的力量。

　　有人把福柯的《疯癫与文明》界定为是对理性主体的批判,其实仅限于理性主体,这个范围太狭隘了。福柯的用意是通过恢复疯癫的历史来看近代的启蒙和现代性是怎么建立起来的,目的是为了打破传统对启蒙与现代性的神话化,从而真正认识它、理解它并把握它,这点与19世纪中期以来的批判思潮是一致的。这种考察是卓有成效的,这让我们回到本节开始时提到的德里达对福柯的诘难,他对笛卡儿的理解问题,尤其是德里达认为福柯不该只抓住笛卡儿,而应该更进一步追溯到西方古代社会,那个时代就有疯癫现象。在笔者看来,这种诘难是不应该的。福柯虽然考察了疯癫的历史,但落脚点是近代人们对疯癫问题认识的根本性转变,或者说启蒙以来,人们是怎样把疯癫纳入到一个理性的轨道,套上了精神的和道德的枷锁,所以其讨论的重点从笛卡儿开始并没有什么过错。其次,不管福柯对笛卡儿的理解是否正确(其实后来福柯回应德里达时,已经证明自己对笛卡儿的理解是正确的),笛卡儿作为近代理性的代表,福柯以他为靶子,这是无可非议的。

---

① 莫伟民.主体的命运——福柯哲学思想研究[M].上海:上海三联书店,1996:56.

福柯视角的转变,也是一种学术范式的转变,应该说是非常有意义的,如果我们按照福柯的理论分析继续追问下去,就必然是对现代性社会的质疑,因为疯癫者成为现代社会的一种参照,成为现实中所谓的正常人的一种参照。这种参照使我们的质疑直逼一个主题,正像福柯在《疯癫与文明》一书开篇前言引用帕斯卡的话所说的,"人类必然会疯癫到这种地步,即不疯癫也只是另一种形式的疯癫"。随后,福柯又引用陀思妥耶夫斯基的话:"人们不能用禁闭自己的邻人来确认自己神志健全。"①是疯子们疯了,还是现代社会疯了?

当然福柯在这部著作中的论述和考察也是有问题的。第一,他忽视了对疯癫的界定。虽然他后来专门写了一篇文章,论述疯癫就是作品的缺席,但并没有认真地给疯癫做出一个清晰的界定,这使得这种对疯癫的考察缺乏合法性。第二,他虽然使用了非常翔实的材料,但经常以自己的主观臆断来确定这些材料的意义。第三,他所反复使用的体验这个概念,也同样没有清晰的界定。所以在著作的论述中,一忽他认为自己在代表疯癫的谵妄说话,一忽又是一种对谵妄的理性分析,偶有作者的立场不统一之处。第四,福柯对疯癫的态度。他的确是个非常有才华的学者,能够以这样一个独特的视角来研究理性和启蒙,但他对疯癫所表现出的那种向往以及因疯癫被置于道德城堡而产生的义愤,都似乎已经超出了一个学者的态度。所以德勒兹曾说,福柯"把历史研究当作'防止自己变疯的一种手段'"②。

① 福柯. 疯癫与文明[M]. 刘北成,杨远婴,译. 北京:三联书店,2003:1.
② 詹姆斯·米勒. 福柯的生死爱欲[M]. 高毅,译. 上海:上海人民出版社,2003:157.

第四章　主体的界限

　　福柯的《疯癫与文明》既得到了赞誉,同时也遭到了非议,而问题的关键就是福柯太离经叛道了。这种离经叛道来自于两个方面:一是他通过对疯癫历史的考古学,透视出启蒙理性建立的基础竟然是如此龌龊与不堪,竟然是建立在理性对非理性的禁闭与排斥上;二是他在方法上的转折,彻底粉碎了人们心中的学术规范,把早已被人们认同的概念、原理做了一番重新清理,而清理之后的结果却完全有悖于人们的期待。比如进步的观念、目的的观念、自由的观念、连续性的观念等等,几乎完全被他的话语摧毁了。这本奇异的著作,虽然使福柯获得了博士学位,也奠定了福柯的学术地位和威望,但也给他带来了一系列的责难,促使他不能不对此有所回应。当然,福柯并不是可以轻易放下自己的研究工作而陷入与别人的论战中的人,他的考古学研究还在继续,只是他不能不在自己的著作中对自己的方法进行辩护,不能不确定自己的研究基础为什么是有意义的,以及人们期待的学术范式为什么是有问题的。

　　詹姆斯·米勒说:"在《疯癫与文明》问世后的 10 年里,米歇尔·福柯开始有意识地把自己埋没掉……藏起自己的面孔而写作。"①这种说法只是看到了福柯做法的表象,并不是福柯真的要匿身隐退,不顾人们对他刚出版的这本著作的赞誉和批判了,而是他要开始认真地研究西方文化的基本符码,即语言本身。从1960年他接任克莱蒙大学的教席以来,直到1966年离任去突尼斯,他一直教授"普通心理学"这门课程。"这是一个很笼统的术语,福柯可以把自己爱讲的东西都加进去……像讲述精神分析那样,大讲特讲语言和语言学理论的历史。"②此后他在相当长的一段时间里研究一些文学家,如巴塔耶、罗伯·格里耶、雷蒙·鲁塞尔等等,写了一系列评论文章,并且在1963年出版了他这一生唯一的一部评论作家的专著《死亡与迷宫:雷蒙·鲁塞尔的世界》,而就在同一年,福柯还出版了他在1961年写成的《临床医学的诞生》一书。

这两本书一直被人们认为是紧密相连的,"引人注意的是:两本书是如何相互映衬,在动机上彼此呼应的。不仅如此,人们会看到,在这两本著作采取的不同方法性与理论性构想间可精确判定的断裂处,出现了福柯在《临床医学的诞生》的前言中提到的那种'能指的结构分析'。这一分析本身已经指向福柯在1972年《临床医学的诞生》修订版前言中讲到的'话语分析'"③。这种话语分析不仅仅是一种方法,更是一种思想,也是福柯话语理论的一部分,正是从这样一个切入点进入西方文化,福柯才能表现出他的彻底反叛,也表现出他的天才的革命性品格。无论是鲁塞尔的作品,还是在对临床医学的分析中,福柯这段时间关注的问题是死亡,他在

---

① 詹姆斯·米勒. 福柯的生死爱欲[M]. 高毅,译. 上海:上海人民出版社,2003:171.

② 迪迪埃·埃里蓬. 权力与反抗——米歇尔·福柯传[M]. 谢强,马月,译. 北京:北京大学出版社,1997:166.

③ 菲利普·萨拉森. 福柯[M]. 李红艳,译. 北京:中国人民大学出版社,2010:40.

《临床医学的诞生》一书开篇前言即说："这是一部关于空间、语言和死亡的著作。"①但他所要讨论的不是现实中我们看到的物质实体的死亡，而是死亡在语言中的建构。引用萨拉森的一段话能比较好地说明福柯研究鲁塞尔的意义，福柯"出色地辨认出了鲁塞尔的技巧，即将一种语言的本质特征当做创作的动力与唯一性原则。这就是说，将其当做'朴素的、为语言奠定基础的事态。这一事态指，留待指称的词汇少于留待指称的事物'。这就迫使语言做出无穷无尽的隐喻性变化和循环运动，创生出愈发新颖的形态。这就是语言的'空白'，语言的'太阳'，用鲁塞尔的话说，是'太阳空洞'"②。而在《临床医学的诞生》一书中，作者所谈的"死亡"是有双重意义的：其一，医学话语本身就是关于人的生与死的，所以对疾病的诊断本身就是语言对死亡的建构；其二，作者分析了医学的发展演变过程，发现这不是一个话语的累积增长过程，而恰恰是一种话语的断裂。就是在这断裂之处，福柯发现了一种语言，或者确切地说是一种话语的死亡。这一切工作都为后来福柯的新著《词与物》一书的问世做好了准备。

1966 年福柯出版了自己的另一部学术著作《词与物》，副标题是"人文科学考古学"。这既是福柯理性批判的继续，同时也是福柯为自己的学术研究方法辩护。提到福柯，就必然让人想到话语理论，作为后结构主义的旗手（当然福柯自己从来不承认自己是结构主义者或后结构主义者，但他的思想、他的研究的确为后结构主义奠定了基础），话语理论是福柯进行理性批判的重要武器。福柯全面地阐述他的话语理论是在 1969 年出版的《知识考古学》一书，

---

① 米歇尔·福柯.临床医学的诞生[M].刘北成,译.南京:译林出版社,2001:1.
② 菲利普·萨拉森.福柯[M].李红艳,译.北京:中国人民大学出版社,2010:43.

以及再后来在法兰西学院的演讲《话语的秩序》一文中,但在《词与物》中,福柯已经开始讨论他的话语理论的一些基本观念和主要框架了。"20世纪60年代中期,福柯实际上在从事一项研究,概况而言,这一研究确定了一定时期的思维结构,目的是为了将这一思维结构同另一时期相应的思想形态两相对照。他称这种研究方式为'考古学式的'……并解释道,他要研究某一个特定时期的思想的'缄默'秩序,这一秩序规范着像生物学、经济学或语言学这些个别领域中的实证性知识的形式,福柯用希腊术语称之为知识型(或认识阈),即某一时期的历史性、特定性认识逻辑,或普遍性知识秩序。"①

这本书使福柯声名鹊起,很快跻身于与萨特齐名的大哲学家行列。其实当我们读这本书时会感到这是一本佶屈聱牙、晦涩难懂的著作,但就是这部著作却令法国知识界欢欣鼓舞,1966年5月29日的《快报》,以"存在主义以来最伟大的革命!"为题,报道了这本书的出版。但这些书评也根本搞不懂这本书的核心思想是什么,只是关注到这本书提出的"人将要消失",就像海边沙地上的一张脸,会无影无踪。这的确是一个具有震撼力的命题,不能不引起人们的重视,于是此书初版3000册,很快售罄,6月第二次印刷数量更大,但也被抢购一空,8月份时,这本书被列入了畅销书的行列。"这本书,尽管冗长、晦涩,却迅速成为一种所谓'外在文化'的知识——即每一个思想正统的巴黎人都需要获得的知识(人们会就此相互询问:'你,读过这本书吗?')。在1966年的法国,一个人的社会、学术地位是由他引起的反响决定着的。"②

---

① 菲利普·萨拉森.福柯[M].李红艳,译.北京:中国人民大学出版社,2010:80.
② 詹姆斯·米勒.福柯的生死爱欲[M].高毅,译.上海:上海人民出版社,2003:197.

第一节　认识型的断裂

1.我们思想的局限。福柯在《词与物》一书出版后不久,曾在《批判》杂志上发表了一篇文章,题目为《来自局外的思想》,讨论布朗肖的著作,并提出了一个概念——"一种排除了主语的语言的突破",这可以看作是对他的《词与物》一书的注释。福柯就像是站在人类思想史的局外一样,完全躲开了他所认为的那些遏制人的思想的东西,对人类的知识历史进行整体的、"客观"的描述。[①] 其实所谓的站在局外、所谓的客观描述,只是福柯立场和方法转变的产物,即他在以前的著作里已经表述过的,他认为历史是断裂的,人类的知识史、思想史也是断裂的,绝非启蒙理性所设计的那样,社会在进步,知识在累积,并在累积中发生质变。这种启蒙理性观点有一个基本的假设,即历史连续性的假设。这个假设强调了知识发展的主体,其基本的语法结构是人探寻知识,这一切都是人的活动的结果。既然人探寻知识的渴望和追求从未停止过,所以从远古直到现在,知识的积累和发展也同样没有停止过,所以,每一代人都是站在前人的肩膀上来继续前进,每一代人都是在前代人所获得的知识基础上进一步提高。

福柯在前几部著作中已经批驳了这种观点,比如关于疯癫问题,它之所以成为医学的对象,福柯认为这绝不是医学的进步和人道主义态度所致,而且恰恰相反,实际上这是社会历史和文化的产物。也就是说历史是断裂的,知识的发展也是断裂的。他认为知

---

① 詹姆斯·米勒.福柯的生死爱欲[M].高毅,译.上海:上海人民出版社,2003:200-201.

识的积累并非取决于主体的活动,实际上知识自身有其体系、有其符码规则,它们受自身的必然性主宰,受某种规律的制约。在《词与物》一书中,福柯就是要提出这种观念,并阐述这种观念的理论根据。在该书前言中,福柯指出:"博尔赫斯作品的一(个)段落,是本书的诞生地。本书诞生于阅读这个段落时发出的笑声,这种笑声动摇了我的思想(我们的思想)所有熟悉的东西,这种思想具有我们的时代和我们的地理的特征。这种笑声动摇了我们习惯于用来控制种种事物的所有秩序井然的表面和所有的平面,并且将长时间地动摇并让我们担忧我们关于同与异的上千年的作(做)法。"①博尔赫斯作品的这个段落引用了中国某部百科全书中关于动物的分类,当然,这可能是博尔赫斯的杜撰。这个分类是如此不可思议,根据许多不同的分类标准,比如它的归属问题、它的个性、它的形象等等,这许多不同的分类标准被并列在同一个平面上。

虽然这是一个很不可思议的东西,但福柯认为它动摇了我们的信念,使我们意识到与我们地域不同、文化传统不同的另一种思想的存在。我们认为怪异的东西,在另一种思想中也许就是正常的;而我们认为正常的,在另一种思想中可能就是怪异的。这另一种思想的存在就是我们自己思想的限度。正是这种看起来极其怪异的分类方法,或者说正是这表明我们思想限度的另一种思想,为我们开启了通向另一个世界的大门,它将我们认为根本无法放置在一起的事物放在了一起,为在我们看来"不规则的事物"提供了停放的场地和基础。"于是,在我们居住的地球的另一端,似乎存在着一种文化,它完全致力于空间的有序,但是,它并不在任何使

---

① 福柯. 词与物——人文科学考古学[M]. 莫伟民,译. 上海:上海三联书店,2001:
1.

我们有可能命名、讲话和思考的场所中去分类大量的存在物。"①这种现象不能不让我们去深思，我们对事物的分类的原则和标准究竟是什么？又是怎样确立的？这世界是不是只有我们所熟知的这一套分类标准？或者说当我们看到了另一种思想的分类，我们是否有权利去嘲笑它，并将之斥为异类、荒唐？

2. **纯粹的秩序经验**。事实上，任何分类多是适当操作的结果，都是应用一个初步标准的结果。而这种操作，无非是为了对周围的事物形成某种秩序而已。秩序有两个方面的要素："秩序既是作为物的内在规律和确定了物相互间遭遇的方式的隐蔽网络而在物中被给定的，秩序又是只存在于由注视、检验和语言所创造的网络中；只是在这一网络的空格，秩序才深刻地宣明自己，似乎它早已在那里，默默等待着自己被陈述的时刻。"②前一个网络被福柯称作是文化的基本代码，即那些控制了语言、知觉框架、交流、技艺、价值、实践等级的代码，它为人们提供某种经验秩序；后者被福柯称作科学理论或哲学阐释，它在理论上为人们提供秩序的存在的根据以及人们确定秩序的原则与标准。而福柯说秩序似乎早已在那里，等待着陈述使自己得到彰显，"似乎"一词就已经说明了这两者之间并不是完全契合统一的，说明我们思想中对此契合统一的期待只是一个假象而已。他认为在这两者之间，还存在着另一个区域、一个中介，虽然它模糊、暗淡甚至不易分析，但这是一个更重要的区域。

　　"正是在这里，因不知不觉地偏离了其基本代码为其规定

---

① 福柯. 词与物——人文科学考古学·前言［M］. 莫伟民，译. 上海：上海三联书店，2001：7.

② 福柯. 词与物——人文科学考古学·前言［M］. 莫伟民，译. 上海：上海三联书店，2001：8.

的经验秩序,并开始与经验秩序相脱离,文化才使这些秩序丧失了它们的初始的透明性,文化才放弃了自己即时的但不可见的力量,充分放纵自己以确认:这些秩序也许不是唯一可能的或最好的秩序;于是这种文化发现自身面临着一个原始事实:在其自发的秩序下面,存在着其本身可以变得有序并且属于某种沉默的秩序的物,简言之,这个事实是说:存在着秩序。似乎为了在某种程度上把自身从其语言的、知觉的和实际的网络中解放出来,这种文化在它们上面叠加了另一种网络,后者中和了前者,并通过这种叠加,同时既揭露又排斥了前者。这样,凭借这一过程,这种文化就立即发现了秩序的原始状态。正是以这个秩序为名,语言、知觉和实践的代码才得到了批评,并且部分地失效了。有关物之序以及这种秩序所包含的阐释的一般理论,都将在这个被视作坚实基础的秩序上构建起来。"①

这个中间地带被福柯称作"纯粹的秩序经验"或"秩序存在方式的经验"。② 这一中介领域才是科学理论和哲学阐释所针对的最基本的和原始状态下的秩序,而且也只有在这个基础上,关于秩序的基本理论才能产生。于是我们的全部问题就落在了对这个领域的分析上:福柯所谓在地球的两边存在着这样两种不同的思想文化,导致对动物的分类会产生如此巨大的差异,不在于这两种思想的基本文化代码不同,而关键在于这一中介领域出现了差异;我们所说的思想的连续与断裂,也都表现在这个层面上。所以福柯说

---

① 福柯. 词与物——人文科学考古学·前言[M]. 莫伟民,译. 上海:上海三联书店,2001:8-9.
② 福柯. 词与物——人文科学考古学·前言[M]. 莫伟民,译. 上海:上海三联书店,2001:8-9.

他重点就是要分析这个秩序经验领域,要"阐明的是认识论领域,是认识型",在这里"应该显现的是知识空间内的那些构型,它们产生了各种各样的经验知识"。① 这个知识空间的某种构型,是独立于主体之外的、有自身的发展规律和必然性的东西,是它决定了知识在不同的时代和不同的地域中所表现的不同形式,甚至可以说也是它在某种程度上决定了知识主体以什么样的样态出现,也是它"把我们与古典思想分隔开来并构成我们的现代性的那个门槛。正是在这个门槛上,被称之为人的那个奇异的知识人物才首次出现,并打开了一个适合于人文科学的空间"②。这个中间领域,所谓的秩序经验就是福柯在该书中讨论的"认识型",这是一种在实际地认识事物之前就存在着的支配和制约着人们对事物认识的一套话语结构,正是这套话语结构才导致了前文所说的不同分类原则的产生。但福柯在这里并不是以地域为区划来讨论认识型的不同结构,而是把认识型始终放在西方社会历史的进程中来加以分析。这就使得福柯的研究摆脱了结构主义的束缚,它既不是观念史,也不是科学史,而只能是一种考古学。

　　3. **认识型**。所谓的"认识型",莫伟民认为,"指的是在某个时期存在于不同科学领域之间的所有关系。科学之间或各种部门科学中的不同话语之间的这些关系现象,就构成了福柯所说的一个时期的认识型"③,吴猛与和新风认为,"所谓'认识型',就是知识空间内的基本'构型',各种各样的经验知识正是以此为基础方可

① 福柯. 词与物——人文科学考古学·前言[M]. 莫伟民,译. 上海:上海三联书店,2001:10.

② 福柯. 词与物——人文科学考古学·前言[M]. 莫伟民,译. 上海:上海三联书店,2001:14.

③ 莫伟民. 词与物——人文科学考古学·译者引语[M]. 莫伟民,译. 上海:上海三联书店,2001:4.

形成"①。这些解释都抓住了福柯这个概念的主要内容,但说得不够周延。丹纳赫等人是这样解释的:"简言之,认识型是某种组织原则的产物。这种组织原则通过把事物分类并赋予它们意义和价值将事物相互联系起来,从而决定我们应该怎样理解事物,我们可以知道什么,及我们要说些什么。与此同时,这些原则在某种程度上是不被察觉的。我们不会想到它们,也不会提到它们。它们是我们确立一切的基础,所以我们或多或少把它们视做理所当然的。"②从这些定义看,这个认识型应该就是福柯所说的在基本代码所代表的经验秩序与科学理论或哲学阐释之间的中介地带的秩序经验。第一,这是以前的一切认识论理论都没有探讨的,还没有进入到科学语言层面的隐含的东西;第二,这是和时代、地域、文化传统等一系列因素纠结在一起的,对主体的认识活动产生根本性影响的因素;第三,人们面对着种种事物、纷繁的感觉经验,会怎样去组织,得出什么样的阐释,完全取决于这个认识型。所以我们在知识史上看到人们的认识有了重大突破,这不是知识累积、社会进步的结果,而是认识型的断裂造成的。

福柯通过对认识型的考古学研究得出结论:西方认识型经历了两次大的断裂,一次发生在 17 世纪,一次发生在 19 世纪初。这两次断裂,分隔开了西方社会文化的三个不同的认识型:17 世纪以前称作前古典时期认识型,也叫作文艺复兴时期认识型,基本特点是以相似性为构建知识的原则;17 世纪到 19 世纪初为古典时期认识型,是以同一和差异为构建知识的原则;19 世纪初以来谓之现代认识型,是以有机结构作为构建知识的原则。从表面上看,文艺复

---

① 吴猛,和新风. 文化权力的终结:与福柯对话[M]. 成都:四川人民出版社,2003:100.

② 丹纳赫,等. 理解福柯[M]. 刘瑾,译. 天津:百花文艺出版社,2002:20.

兴以来理性的发展从未中断过,人类对于自然、社会、语言等的认识有了巨大的变化,但"这并不是因为理性取得了任何进步:只是物的存在方式,以及那个在对物作分类时把物交付知识的秩序的存在方式,发生了深刻的变化"①。福柯还认为,自19世纪初以来,由于认识型的深刻变化,作为所有可能的秩序基础的表象理论消失了,语言也丧失了它的特权地位,一种深刻的历史意识进入到物的中心,人第一次进入到西方知识领域。有人把人看作是从苏格拉底以来最古老的研究,这种观点是幼稚的,"人只是一个近来的发明,一个尚未具有200年的人物,一个人类知识中的简单褶痕",而且可能"一旦人类知识发现了一种新的形式,人就会消失"。② 汪民安的一段话很好地说明了福柯写作此书的意图和他的思想:"福柯就是要用规则系统取代个人主体:个人主体的处境、功能、感知力以及实践可能性取决于支配和操纵他们的条件,总之,他'不是从说话的个体,不是从他们说话的形式结构,而是从话语的存在中起作用的规则出发',也即是说,是从话语实践出发,而不是从主体出发。在福柯看来,不是主体凌驾于话语之上,而是话语操纵着主体,构成了主体的诸种可能性前提。"③

　　福柯所讨论的这个问题,在以前许多思想家那里都有所论述,如康德提出的先验判断,以及后来人们谈到的关于人的认识结构的问题,都与此有关。从更广泛的意义上说,人们所说的认识主体具有一个什么样的知识背景,就决定了他对待事物将会得出一个

　　① 福柯.词与物——人文科学考古学·前言[M].莫伟民,译.上海:上海三联书店,2001:11.

　　② 福柯.词与物——人文科学考古学·前言[M].莫伟民,译.上海:上海三联书店,2001:13.

　　③ 汪民安.福柯的界线[M].北京:中国社会科学出版社,2002:70-71.

什么样的结论,说的也是这个意思。前文我们谈到的从哥白尼到开普勒,再到牛顿关于宇宙天体的认识,以及引力规律的发现,之所以会有如此大的差异,关键就在于他们的知识结构、观念体系、对科学知识的期待以及独特的接受屏幕(这里我们借用读者反应批评理论的一个术语)的差异造成的。人们已经认识到了这种差异,并在自己的理论中讨论了这种差异。第一,前人的这种认识多停留在个体的经验、他们所受的教育以及他们独特的个性心理上,对其运作的机制、和时代的关系、和影响这种差异形成的各种因素都没有确定的说法。福柯提出"认识型"的理论,把知识和话语、权力等因素联系在一起,揭示出了它们构成一个巨大的网络,共同影响着人们对事物的认识,以及在不同的历史时代背景下的运作规律。第二,前人虽然也强调不同的接受屏幕对我们理解和认识事物会造成某种差异,但他们理解整个知识的发展是连续的累积过程,这点和福柯的考古学思想大相径庭,因为福柯强调的就是知识、话语的不连续性和断裂性。

第二节　三种不同的认识型

1. **文艺复兴时期认识型**。17世纪以前被称作文艺复兴时期认识型,这种认识型是以相似性为特征的。相似性在知识中起着一种构建的作用,"引导着文本的注解与阐释","组织着符号的运作,使人类知晓许多可见和不可见的事物,并引导着表象事物的艺术"。① 相似性的语义学网络是比较丰富的,但重要的相似性类型

_____

① 福柯.词与物——人文科学考古学[M].莫伟民,译.上海:上海三联书店,2001:23.

不外乎四种:第一种是适合。① 适合表明物与物之间位置的邻近,它们的边界彼此接触,有的接合在一起,甚至一物的末端意味着另一物的开头。这种位置的邻近,表明适合指的是一种物与物之间在空间上相联系的相似性,所以说它并非属于物本身,而是属于物存在于其中的世界。在这种位置关系中,身体和灵魂,大海、天空和大地,植物与动物,人和他周围的一切事物都变得相似了。第二种是仿效。这是一种不受位置关系约束,可以在远处静静地起作用的相似性。在这里物与物之间不再相邻近,而是在相互远离的情况下,复制自己的循环。这像是一种镜像式的反映,它使散布在宇宙之间的事物能够彼此应答。人的脸与天空相仿,人的理智是上帝智慧的反映,等等。在这种镜像式的反映或复制之中,已经分不清哪个是原本,哪个是副本。但福柯强调,在这里存在着主动的一方和被动的一方的区别,不过这两者是可以转化的。这就使得相似性成为一种形式对另一种形式的争斗,在这种争斗之中,物与物之间不再是一条巨大的链条,而是形成一系列彼此映照和竞争的同心圆。第三种是类推(汪民安称作类比)。在这种相似性中,适合与仿效重叠在一起,这里既有类似仿效的"穿越空间的相似性神奇地相对抗",又有类似适合的"配合、联系和接合"。它所处理的并不是事物本身可见的实体的相似性,而是较为微妙的关系的相似性。通过这种类推,宇宙中的一切,所有的人与物都相互靠近,形成了一个四面八方纵横交错的网络。而这个网络不是混乱无序的,而是有焦点或者是有中心的,这个中心就是人。人在这个网络中,一方面被周围的事物包围着,另一方面又把种种相似性通过自身来加以递转,传递给整个世界。第四种是交感(汪民安谓之

---

① 汪民安.福柯的界线[M].北京:中国社会科学出版社,2002:76.

感应)。它没有确定的路径、假想的距离和规定的联系,它能够自由自在地在整个宇宙中发挥作用。交感追求着一种同一,具有巨大的同化力,它力求使物与物相互等同,把它们混合在一起,使它们的个体性消失。"交感在改变一切,但是,它是沿着同一性方向进行改变的,因此,假如它的力量平衡不了的话,它就会把世界归结为一个点,一个相似的点,同之暗淡形象:世界的所有部分都会接合在一起,相互联系,而没有断裂,没有距离,类似于那些金属链因交感而被一块磁石吸住悬在空中一样。"①正因为如此,与交感孪生而来的"恶感"可以阻止这种同一的过程。它顽固地把一切事物都包容进自己的差异中,让事物彼此隔离,防止它们同化,防止世界同一化。交感和恶感的对偶关系是最有力和最普遍的相似形式,"整个世界,适合的全部邻近,仿效的所有重复,类推的所有联系,都被受制于交感和恶感的这个空间所支撑、保持和重复,交感和恶感不停地使物接近和分开。通过这一作用,世界保持为同一;相似性继续成其为所是并彼此相似。相同物仍是相同物,被封闭在自己身上"②。

这种相似性是隐藏的和不可见的,如何彰显出来,让人们能够看到或了解这种相似性,就需要有可见的标记,即"记号"。记号的作用就是使我们能够注意到被标记的事物,从而去揭示事物与事物之间的相似性,相似性的知识就是建立在对记号的记录和辨认上,所以说相似性的世界就是一个有符号的世界。福柯将这个符号整体称作"话语",而其中每一个符号称作"词"。"此时的话语

---

① 福柯. 词与物——人文科学考古学[M]. 莫伟民,译. 上海:上海三联书店,2001:33.
② 福柯. 词与物——人文科学考古学[M]. 莫伟民,译. 上海:上海三联书店,2001:35.

和词的作用与后来人们所理解的作用大为不同,即它们不是'反映'的关系,它们本身就指出、暗示或重复了相似性,或者可以说,起符号作用的形式就是相似性本身。"①而人们应当做的就是去译解这些符号或者说这个符号体系。福柯把那些能使人们让符号讲话,并揭示其意义的全部认识和技巧称作释义学,把那些能使人们区分符号的场所、限定把符号构成为符号的一切,并知晓符号是如何以及依据什么而联系在一起的全部认识和技巧,称作符号学。文艺复兴时代的认识型以相似性为形式,把释义学和符号学重叠在一起了。"探寻意义,也就是阐明相似性。探寻符号的规律,也就是去发现相似的事物。"②但是作为世界基本构架形式的相似性,和阐明这种相似性的话语的相似性不可能完全同一,正是在它们之间存在着这个缺口,才使知识的无限发展成为可能。

以相似性为原则的认识型必然带来知识的过剩和贫乏:一是相似的事物在不断叠加,从而使知识似乎是一个堆状物;二是知识迫使自己只认相似和相同的事物,而将其他物与物之间的联系全都忽略不计。这种知识只是对于相似性的一种译解和阐释,并非是对世界的反映,或是揭示世界的真理。这就使得知识与魔术之间的界限被混淆了。作为相似性知识的一种记号的语言,和我们今天所说的语言不同,它不是对事物的反映,而是整个世界中的一部分,即以大自然中的一种物来对待,这里所说的语言主要指书写语言,它本身具有一种与自然的相似性,所以它就拥有了一种直接作用于物、吸引或排斥物的力量,所以,在这种语言的形式中,就包

①　吴猛,和新风.文化权力的终结:与福柯对话[M].成都:四川人民出版社,2003:103－104.

②　福柯.词与物——人文科学考古学[M].莫伟民,译.上海:上海三联书店,2001:41.

含着世界的真理。但语言并不等同于知识,"知识在于语言与语言的关系;在于恢复词与物的巨大的统一的平面;在于让一切东西讲话。……知识的本义并不是注视或证明;知识的本义是阐释"①。在这样一种认识型中,符号体系是三元的,即能指、所指、关联,也即事物的形式标记、这个标记所指称的内容以及将标记和事物连接起来的相似。相似既是符号的形式,也是符号的内容。这个三元结构是这种认识型的重要特征。

  2. **古典时期认识型**。17 世纪认识型出现了断裂,从文艺复兴时期认识型转变到了古典时期认识型。福柯是以非常形象化的方法提出这个论断的,一是他对委拉斯凯兹的一幅"宫中侍女"画的分析,二是他对《堂吉诃德》的分析。他认为,"《堂吉诃德》是第一部现代文学作品,因为我们在它里面看到了同一性与差异性的严酷理性不停地轻视符号和相似性",这说明,在知识空间中,西方世界已经发生了一个基本的断裂,"不再是相似性问题,而是同一性与差异性的问题"成了认识型的核心。② 福柯也意识到,提出思想史的间断性是不容易的,在人人都认为思想史是一个连续的过程时,我们是否有权提出任意两个端点之间的断裂? 或者说这个断裂是什么意思? 他指出:"间断性指这样一个事实,即:在几年之内,一个文化有时候不再像它以前所想的那样进行思考了,并开始以不同的方式思考其他事物。"③他认为 17 世纪就出现了这样的断裂,思想不再在相似性要素中运动,相似性不再是知识的形式,而

----

  ① 福柯. 词与物——人文科学考古学[M]. 莫伟民,译. 上海:上海三联书店,2001:55.

  ② 福柯. 词与物——人文科学考古学[M]. 莫伟民,译. 上海:上海三联书店,2001:65 – 66.

  ③ 福柯. 词与物——人文科学考古学[M]. 莫伟民,译. 上海:上海三联书店,2001:67.

是谬误的原因。

福柯认为最先对相似性进行批判的是培根，而从正面系统阐述古典时期认识型基本原则的是笛卡儿，是他确立了新的认识型的核心是同一性和差异性的原则。笛卡儿提出了比较的分析方法，他认为比较有两种，一是尺度的比较，二是秩序的比较。① 前者为了确立相等和不等的关系，把整体分解成部分；后者先确立部分，确立所能发现的最简单的因素，并依据最小的可能性程度来安排差异。这两种分析方法最终都是要建立起一种秩序，"只有建立了严格的秩序，世界的诸要素才能被计算、被定位、被理解"②。这种分析方法将带来知识领域的一个新的构型，它至少在以下几个方面发生了重大的更改：第一，分析取代了类推的等级；第二，从现在起，每个相似性都必须受到比较的证明；第三，相似性的作用是无限的，但却是不真实和不确实的判断，而比较分析是有限的，却可以达到真实与确实的判断；第四，知识的活动不再是去寻求某种亲缘性、吸引或秘密地共享的本性，而在于识别、确立事物的本性和必然性；第五，因为认识就是识别，所以最终的结果将是历史与科学相互分离、词与物的分离、语言与世界的分离。③

福柯认为，在古典时期认识型中，符号已经改变了它的意义。它割断了自己与自然之间的联系，不再是这个世界的某种神秘形式，也与它的标记物无关了。"古典主义依据三个可变量来限定符号"：首先是关系的起源，它不再是被认识物的记号，而是在认识活

---

① 吴猛,和新风.文化权力的终结：与福柯对话[M].成都：四川人民出版社,2003：113.
② 汪民安.福柯的界线[M].北京：中国社会科学出版社,2002：79.
③ 福柯.词与物——人文科学考古学[M].莫伟民,译.上海：上海三联书店,2001：71-74.

动中构成的。其次是关系的类型,"在古典主义,符号以其基本的散布而著称",它既表象着认识对象,同时又与之相脱离。符号的构成是不能脱离分析的,它既是分析的结果,又是分析的工具,"在古典时代,符号不再承担使世界接近世界自身并内在于它自己的形式这一任务,而是相反,它的任务是,把世界揭露出来,把世界并置在一个无限开放的表面上,并从这个表面出发,继续进行无穷的替换"。最后是关系的确实性,过去是以自然符号为根本形式,而在古典时代,则是以人工符号为根本形式。"在古典时代,使用符号并不像在前几个世纪那样,设法在符号下面发掘持续的并且永久保留下来的初始的话语文本;而是设法发现一种任意的语言,语言分析的最终词项以及语言的构成规律。"①即形成了一种人工的符号体系。

在古典时代,符号与物的分离是引起认识型转变的根本原因。在古典时代,"符号与其内容的关系并不被物本身中的秩序所确保。符号与其所指物的关系现在存在于这样一个空间中,在其中,不再有任何直接的形式把它们联结在一起:把它们结合在一起的是知识内部的一物的观念与另一物的观念之间建立起来的纽带"②。福柯引述《波-鲁瓦亚勒逻辑学》的话说,符号包含了两个观念,即作为表象的物的观念和被表象的物的观念。这意味着古典时代的符号体系,已经完全摆脱了以前认识型中的三元论,即能指、所指和关联,而变成了二元结构,即能指和所指。关联的缺失带来了一个问题,在能指与所指之间是怎样发生联系的呢? 福柯

---

① 福柯. 词与物——人文科学考古学[M]. 莫伟民,译. 上海:上海三联书店,2001:78-84.

② 福柯. 词与物——人文科学考古学[M]. 莫伟民,译. 上海:上海三联书店,2001:85.

认为古典时代的符号体系中,能指要自己宣明它与被指称物之间的关系,也就是说这种关系存在于能指自身内部,并被能指所表象,所以"符号就成了对于表象的表象",实际上也是"复制其自身的表象"。① 这样就产生了非常重要的影响和结果:第一,符号与表象,即整个思想共存;它们既处于表象内部,又贯穿表象的整个范围。第二,符号在表象领域的普遍扩张,排除了意味理论的可能性。因为每一个表象都指向指称它的符号,对于物的揭示,实际上就是对符号的思考,所以意义或意味就根本构不成一个问题了。当然我们也可以说,意味理论被符号体系覆盖,实际上就是这两者的重合。第三,符号的二元理论与表象论联系在一起,符号只是能指与所指之间的纯粹的和简单的关联,古典符号学理论就必须向自己提供一个"观念学"作为基础和哲学证明。

当古典时期认识型由同一性和差异性取代了相似性以后,相似性并不是就彻底消失了,只是发生了深刻的改变。它与符号之间的关系发生了逆转,过去符号是相似性的秘密记号,现在相似性要通过符号来进行认识。而且相似性不能独立成为认识的基础,它必须与想象结合起来并求助于想象才能得以体现。从 17 世纪以来,相似性被赶到了知识的边缘,它需要"与符号体系联系在一起……并且,正是对这些符号的阐释,才打开了具体认识领域"②。整个古典时期认识型造成了一种独特的经验性空间,并形成了一种由智力训练、分类学和发生学共同构筑成网络的知识状况。这种认识型的基础与秩序的关系是:当"人们论及给简单自然物以秩

---

①　吴猛,和新风.文化权力的终结:与福柯对话[M].成都:四川人民出版社,2003:118.

②　福柯.词与物——人文科学考古学[M].莫伟民,译.上海:上海三联书店,2001:95.

序时,人们求助于智力训练",这是以代数学为普遍方法,对简单表象加以整理的结果;"当人们论及给复杂自然物以秩序时,人们必须构造一个分类学",这是要确立一个符号体系对其加以整理的结果;而要对这种秩序建构进行反思时,"考察认识的起源是必要的",这就有了发生学。①

这种古典时期认识型,已经设法重构有关生命科学、自然的科学或人的科学,构筑一种知识体系,但是,"他们只是忘记了人、生命和自然都不是能自发地和消极地使知识感兴趣的领域"②。这意味着古典时代人的缺席。汪民安有一段话说得非常好:"能指和所指,表征者和被表征者直接以一种透明的方式连接起来,符号和能指完全被动地遵从事物和世界的秩序,世界的秩序与人无关,人不是造物主,他只是一个澄清者,他只是澄清物,澄清秩序,澄清先在的物和世界的秩序,这种澄清是被动的、遵循式的、消极的,人……无需进行主动的表征,这就是表征行为本身在古典时代消失的原因。在能指和所指之间,在表征者和被表征者之间,没有人和主体的位置。"③接下来福柯对古典时期的普遍语法、自然史和财富分析三个学科进行更深入的分析,来具体阐述古典时期认识型的特征和内容。

3. 现代认识型。在 18 世纪最后几年,即 1795 年左右,古典时期认识型开始受到挑战,并逐渐被取消,"思想脱离先前栖居的地区——普通语法、自然史、财富——并任凭不到 20 年前在认识的

---

① 福柯. 词与物——人文科学考古学[M]. 莫伟民,译. 上海:上海三联书店,2001:96-97.

② 福柯. 词与物——人文科学考古学[M]. 莫伟民,译. 上海:上海三联书店,2001:96.

③ 汪民安. 福柯的界线[M]. 北京:中国社会科学出版社,2002:82.

灿烂区域被设定和确证的一切跌入谬误、幻想、非知识"①。这是一种认识型的突变,在以上福柯所分析的三个知识门类中,具体地说是这三种知识构型的变化,即在语言分析中语言取代了话语,在自然史中功能取代了特性,在经济分析中生产取代了财富。这些变化表明:"一般的知识空间不再是同一与差异的空间、非数量秩序的空间、一般特性化的空间、一般分类学的空间、非可测的智力训练的空间,而是由生物结构组成的空间,即其总体确保一个功能的诸要素间的内在关系的空间;它将表明这些生物结构是不连续的,它们并不由此形成一张关于未分裂的同时性的图表,而是某些结构处在相同的层面上,而其他的结构则构成了系列或线状序列。"②这即是说,同一与差异的永恒不变的结构框架被打破了,世界不再被看作只是由同一性与差异性相连接的孤立元素构成的,而是由一个有机的结构、一个诸要素之间内在联系构成的,整体表现为一种功能的世界;在这个知识构型中,时间取代空间成为核心问题。而时间问题在古典时代是不在场的。③ 于是历史意识得到了重视,认识型从"大写的秩序"向"大写的历史"转变。④

　　福柯把这种认识型的转变描述成两个阶段。第一个阶段是在18世纪的最后几年里,以亚当·斯密的经济学研究、德·朱西厄或维克·达齐尔的生物学研究和琼斯或安魁梯尔-迪佩龙的语言学研究为标志,他们的研究还不能说已经脱离了古典时代的知识构

　　① 福柯.词与物——人文科学考古学[M].莫伟民,译.上海:上海三联书店,2001:283-284.
　　② 福柯.词与物——人文科学考古学[M].莫伟民,译.上海:上海三联书店,2001:284.
　　③ 王治河.福柯[M].长沙:湖南教育出版社,1999:60.
　　④ 吴猛,和新风.文化权力的终结:与福柯对话[M].成都:四川人民出版社,2003:154.

型,但他们的研究却使得确实性构型发生了变化,"诸表象要素相互关联地发生作用的方式,诸表象要素发挥其指示和连接这双重作用的方式,诸表象要素通过比照作用能够确立起秩序的方式"①发生了变化。亚当·斯密引入了劳动的度量,即将交换价值与劳动的量,一个不可缩减的、不可逾越和绝对的度量单元联系在一起,而使之不再与欲望和需求相连,将时间意识引入了经济学,并造成了经济学研究的中断。当然在他的著作中,财富依然是一种表象因素,这是古典时期认识型的基础因素,但它表象的对象不再是欲望对象,而是劳动,"是时间和辛劳被转化、隐藏和遗忘"②。

在自然史领域,虽然分类原则还是为了确定特性,但分类的技巧发生了变化,而这个变化必然带来整个自然史研究的断裂。这种分类已不再只是注意事物外在的表象,或者说不再以它们所展示的外在表象为基础,而是在可见性的表象之下,发现了一种组织结构。这个组织结构首先是以特性等级的形式呈现出来的;其次,在这个组织结构中,特性是与功能联系在一起的;再次,在自然存在的有序性中必不可少地引入了生命的概念;最后,特性的分类将有可能脱离符号和术语的分类为其规定的逻辑空间,而拥有属于自己的功能空间。在语言分析的领域也同样发生了类似的变化,如果说古典时代的语言分析,比较侧重于对语言符号所表象的事物的重视,或者说符号的意义,以及规定符号运用规则的语法体系,都服从于语言所表象的事物,并根据其对事物的表象组织起来的话,那么现在这种变化就是语言似乎形成了一种独立的、纯粹的

---

① 福柯. 词与物——人文科学考古学[M]. 莫伟民,译. 上海:上海三联书店,2001:289.

② 福柯. 词与物——人文科学考古学[M]. 莫伟民,译. 上海:上海三联书店,2001:293.

体系,有了自己的不受表象事物所约束的语法,而且语言对事物的表象要受这种语法规则的制约,也就是"存在着语言的一个内在'机制',它不仅决定了每一个语言的个体性,而且还决定了每一个语言同其他语言之间的相似性:正是这个机制,作为同一与差异的持有者,作为邻近性的符号,作为相似关系的标记,才将成为历史的支撑。对这个机制而言,历史性将能够进入言语本身的深处"①。

在这三个领域中出现的新现象表明:"一方面巨大的变化已经开始发生,表象帝国开始受到它无法辨识的某些外在因素的袭扰,另一方面人们仍然致力于发现同一与差异的普遍秩序,尽管使用着完全不同的工具。"②这种矛盾将会导致一种反思的开始,福柯认为德斯蒂·德·特拉西的观念学和康德的批判哲学正是这样的反思形式。他们的反思所遵循的方向虽然有差别,甚至大相径庭,但却表现了一些共同的特征:第一,由于一种新的区分的产生,出现了基于逻辑和数学之上的先天科学、纯形式科学、演绎科学的领域和后天科学、经验科学领域的区分,导致了我们对认识论的关切,即在另一层面去发现古典时代认识型所忽视或说是丢失的统一性,如对先验主体或先验客体的重视。这也意味着我们将要在表象和经验之外去寻找构成各门科学的共同基础。第二,打破了古典时代一个有关最终统一的认识体的设想。过去,因为各个知识领域都与普遍的"智力训练"有基本的恒常的关系,所以就形成了一个统一的认识体。现在,由于知识领域按其构成方式分为分析的和综合的,而综合知识领域就其综合性如何得来也有先验主体

---

① 福柯.词与物——人文科学考古学[M].莫伟民,译.上海:上海三联书店,2001:309.

② 吴猛,和新风.文化权力的终结:与福柯对话[M].成都:四川人民出版社,2003:158.

和先验客体之分,所以,各种知识领域的统一体被打破了。这两点应该算是这个过渡时期认识型的基本特征。

　　19世纪进入了第二个阶段,也即真正的现代认识型被确立的阶段。这既是第一个阶段知识领域发生了突变的必然结果,但同时又不能仅看作是普通语法变成了语文学、自然史变成了生物学、财富分析变成了政治经济学这个事实。因为这种变化,不仅仅是认识对象的拓展和知识领域的分化,关键在于所有这些认识方式已经纠正了古典时期认识方法的缺陷,使得各个学科更加接近其对象,其概念更加合理化并选择了更好的形式化模式。"简言之,是因为它们已经通过一种理性本身的自我分析摆脱了其史前史"①,发生变化的,或说经受了无可挽回的变化的就是知识自身,作为知识主体与认识对象之间预先的和共有的存在方式,而不能仅仅看作是研究方法的改变,或看成是古典时期知识的自然延伸。"同一和差异的图表将被撕裂并彻底抛弃,取而代之的将是起源、因果性和历史。不再是空间,而是时间将居于知识的核心地位。"②"表征的知识型崩溃,分类的知识空间倒塌,知识空间现在不再在水平面上展开……它现在在垂直面展开,水平面的分类命名现在成为纵向垂直面的附属形式,它们只有在知识空间的垂直面内才具有意义,'这样,欧洲文化为自己创造了一个深度……'"③,这才是现代认识型的真正开始。而现代认识型的标志性代表人物是大卫·李嘉图、乔治·居维埃和弗兰茨·葆朴。

---

　　① 福柯.词与物——人文科学考古学[M].莫伟民,译.上海:上海三联书店,2001:328.

　　② 吴猛,和新风.文化权力的终结:与福柯对话[M].成都:四川人民出版社,2003:161.

　　③ 汪民安.福柯的界线[M].北京:中国社会科学出版社,2002:88.汪民安在书中将"居维埃"翻译成"居维叶"。

大卫·李嘉图和亚当·斯密一样,强调劳动可以测量交换流通商品,取代交换和表象成为商品的基础,于是将劳动生产确定为政治经济学的基础。但李嘉图认为,劳动的质量之所以能决定事物的价值,并非如斯密所认为的可以将之看作是其他商品都通用的单元,而是作为生产活动的劳动是一切价值的来源。因而,价值不再是像古典时期那样表现为一种符号,而是劳动的产品和果实。"它有一个实质性而非表征性的深度内容,它由深层的基础性的生产行为所决定。"①如此,则导致了三个重要的后果:第一,一个具有完全崭新形式的因果系列,一个巨大的、线性的和一致的系列,生产系列产生了。"任何劳动都具有一个结果,这个结果以一种或另一种形式而被应用于新劳动,这个新劳动的成本就是由这个结果确定的;并且这个新劳动又进入了一个价值的形成之中,等等。"②这样,一个连续的历史时间的意识被引入了政治经济学。第二,古典时期产生匮乏,是源于人头脑中的需求和需求的表象,因而经济学是借相关某种心理学来发展自己的。李嘉图认为,真正的匮乏是一种原初的匮乏,一种具有有限性的人要摆脱自然的限制与束缚,甚至摆脱死亡时所产生的需求。于是,"需求、欲望就退出了主观领域",因而,"19世纪经济学将诉诸于一种作为有关人的自然限定性话语的人类学"。③ 第三,就经济学所体现的前景而言,"大写的历史最终将变得平静。人的限定性将得到确定——一劳永逸

① 汪民安.福柯的界线[M].北京:中国社会科学出版社,2002:89.
② 福柯.词与物——人文科学考古学[M].莫伟民,译.上海:上海三联书店,2001:332.
③ 福柯.词与物——人文科学考古学[M].莫伟民,译.上海:上海三联书店,2001:334-335.

地,即对一个无限的时间而言将被确定"①。这里,李嘉图其实是提出了一个人类学的悖论,即人的有限性和历史的无限延续之间的悖论,"人的自然有限性本来是使自己置入时间、使自己具有历史性的根本原因,但也正是由于这种有限性,时间将在某一刻凝固从而成为空间的时间"②。

自然史的研究中也同样表现着这种断裂,标志性人物是居维埃。居维埃对生命的分类不再依据外在的秩序和图表的形式来进行,不再看重生命的表面器官,而是根据生命深层的隐秘的要素,即它的内部联系来进行分类,他更看重的是器官的功能。首先,器官之间的组合是由其功能的配合决定的;其次,器官之间不再是互相支配的关系,而是按照功能的重要程度被划分为不同的等级。功能的基础地位在居维埃的理论中被确立起来,因而使古典时期的统一性和差异性的图表被彻底颠覆了。我们把这种不可感知的功能作为研究的出发点,可以得到两个结果:结果之一,是抛弃了在表象系统中秩序空间的自然概念,得到的是生命本身,这是生物学得以存在的条件;结果之二,是抛弃了古典的空间连续性的原则,而强调生物为了生存必须应对周遭的环境,应对使它得以生存的一切。这表明居维埃的理论是真正具有历史性的,他试图从自然或生物本身的历史来看待生命。在语言分析中也存在着同样的变化。在古典时代,词的意义和全部价值都在于它对事物具有的那种一致的表象功能,但现在,这种表象性已经不再构成词的存在本身和基本构架。词开始隶属于语法体系,语法体系成为语言中

① 福柯.词与物——人文科学考古学[M].莫伟民,译.上海:上海三联书店,2001:336.
② 吴猛,和新风.文化权力的终结:与福柯对话[M].成都:四川人民出版社,2003:164.

基本的、首要的和决定性的因素,并主导整个语言系统,也包括决定和制约词本身。这就导致了四个后果:第一,语言之间相互区分的方式发生了根本的变化,不是分析表象,而是整个语法体系决定了不同语言之间的区分;第二,语音逐渐摆脱了记录它们的字母,成为独立的系统,现在我们不能只强调书面语,而应该把语音系统也当作一种具有内部规划和规则的语言来看待;第三,一种只与语言自身各要素间的组合方式有关的词干理论被确立起来;第四,语言之间的亲缘关系不再以表象方式来确定,而是在进行语法体系的直接比较中来确定。由此可见,语言由于摆脱了表象系统的束缚,从而获得了自身的历史性,它也像其他的存在物一样,成为一个认识对象,形成一个属于自己的客观性领域。

第三节　人的诞生与消亡

1. **人的概念是一种话语建构**。"在 18 世纪末以前,人并不存在。生命力、劳动多产或语言的历史深度也不存在。他是完全新近的创造物,知识造物主用自己的双手把他制造出来还不足 200 年。"①对人的问题的关注,应该说是福柯全部思想的核心,虽然他并不常常谈人的问题。这也是他对启蒙理性进行批判的核心,他对疯癫史的考察、对临床医学的考察、对人文科学史的考察以及他对监禁的考察和对性经验史的考察,最终要说明的就是启蒙是怎样把人像机器一样拆装、分解,最后合成的。所以说福柯所谈的人,是有着一个确定的意义的概念,而不是我们所谈的人道主义思

---

① 福柯. 词与物——人文科学考古学[M]. 莫伟民,译. 上海:上海三联书店,2001:402.

想中的人的概念。西方学术思想中常常谈到人的问题,尤其是近代理性是把"人"当作一个先验的实体概念来认识的,即作为主体的人,是一个理性与感性、灵与肉的完整统一体。从普罗泰戈拉提出的人是万物的尺度,到康德所说的人为自然立法,再到萨特所谓的人是自我设计的存在物,莫不如此。福柯看到了这一点,但他认为这种人类自我中心主义的思想,只是渴望将人变成上帝的标志,是对人神化的结果。① 福柯对人进行了一番考古探查,目的就是要彻底否定那个被人们认为是天经地义的、由传统人道主义思想所界定的、作为实体的"人"的概念,而把这个作为主体的人看作是一个构成的概念、一种话语的建构物。

从这种话语建构的人的概念出发,福柯认为,在古典时代科学也在谈及人,但自然科学探讨人,是把他当作种属来探讨的,是放在一个表象的图表中,作为事物中的一类来讨论的;普通语法和经济学"使用了需求、欲望或记忆和想象这样的概念,但是,并不存在关于人本身的认识论意识",以前的任何一个时代,都没有给人性更多的注意,"我们可以回答说:人性的每一个概念,以及它起作用的方式,都排除了人之古典科学的所有可能性"。② 所以,人只能在现代诞生。福柯探寻人的诞生的踪迹,不是产生在 19 世纪初,而是来自于 19 世纪后期的尼采,尼采在《道德谱系学》中提出了一个问题:当我们说善神和恶神时,问题并不是我们知晓了善恶,而是要知道谁被表示了,更精确地说,是要知道谁在讲话。尼采把自己的问题"谁在讲话"一直坚持到底,而这个问题就已经预设了一个

---

① 王治河. 福柯[M]. 长沙:湖南教育出版社,1999:126.
② 福柯. 词与物——人文科学考古学[M]. 莫伟民,译. 上海:上海三联书店,2001:402.

讲话或提问的主体。[①] 这个主体的产生,是古典时期认识型崩溃的产物,词和符号不再只是世界的表征,而是具有了自身的独立性,于是,这个世界由谁来揭示? 这就是人。人"接管了符号表征的任务,他成为世界的认知者、理解者、揭露者,他是世界知识的认知主体"[②]。另一方面,当生物学、政治经济学和语言学发展成熟起来以后,为更好地认识人提供了条件,人被纳入到科学的框架之内,成为一个可以被认识、被确定的知识对象,这为我们更好地揭示人的属性提供了基础。可见,这个"人"的概念,不是一般生物学上的意义,也不是一般社会学上的意义,而是指作为语言的拥有者和使用者的概念,是既作为知识的客体又作为知识的主体的概念。这个人不可能存在于古典时期,而只能产生于语言与表象系统相脱离、语言形成自身的完整的形式系统的现代认识型中。这个时候,语言已经与人的命运、存在的问题相关了。

2. **人的诞生与限定性主体**。人的诞生,主要通过四种途径:即限定性分析、经验与先验分析、我思与非思分析、起源的分析。首先,19 世纪之后的生物学,"居维埃和他的同时代人要求生命本身应该在其存在的深处限定生物的可能性条件";政治经济学,"李嘉图要求劳动提供交换、利润和生产的可能性条件";语言学,"第一批语文学家也在语言的历史深处寻找话语的可能性和语法的可能性"。[③] 这些学科都揭示出了人的限定性。人受制于劳动、生命和语言,我们只有通过他的词、他的机体、他制造的客体,才能靠近

---

① 　福柯. 词与物——人文科学考古学[M]. 莫伟民,译. 上海:上海三联书店,2001:398 – 399.

② 　汪民安. 福柯的界线[M]. 北京:中国社会科学出版社,2002:94.

③ 　福柯. 词与物——人文科学考古学[M]. 莫伟民,译. 上海:上海三联书店,2001:407.

他。这也就是说,人有他确定的肉体空间,有他确定的经济生存空间及劳动生产能力,有他确定的语言的时间性,正是这种限定使得人与他者区分开来。而当人与他者区分开来,于是人就获得了自己的一种确定性,有了确定的存在方式。这就是福柯所说的人的诞生,而这种人的诞生是与现代性紧密相连的,福柯说:"在现象的层面上,当人开始存在于自己的机体内、存在于自己的头颅壳内、存在于自己的四肢骨架内以及存在于他的生理学之整副筋骨内时;当他开始存在于劳动的中心时;当他把自己的思想置于语言的褶层时;现代性开始了……更为基本的是,当限定性在一个无休止的自我指涉中被思考时,我们的文化就跨越了一个界限:从这个界限出发,我们辨认出我们的现代性……现代文化能思考人,因为它是从自身出发来思考有限。在这些条件中,人们可以懂得:古典思想以及所有先于它的思想形式都能谈论身心、人类、他在宇宙中的狭小位置、测定他的认识或他的自由的所有界限,可是,它们当中没有一个曾能认识像在现代知识中所设定的人。文艺复兴'人本主义'和古典'理性主义'都能恰当地在世界之序中给予人一个特许位置,但它们都不能思考人。"①

人既是经验性的存在,因而就有经验的有限性;但同时人又是一种先验的存在,他可以构建自身、构建世界并对自己进行先验的反思。这是人的一种两面性,或者称作一种两难处境,也是人的诞生和现代性的开始。福柯说:"我们的现代性的门槛并不处于人们想把客观方法应用于人的研究的那个时候,而是处在人们所说的

---

① 福柯. 词与物——人文科学考古学[M]. 莫伟民,译. 上海:上海三联书店,2001:414.

人这个经验－先验对子被构建之日。"①在古典时期也已经注意到了人的经验性的分析,但那个时候主要集中在把经验置于一个秩序的空间中用图表来加以整理,现在我们更加注重的不是这种经验内容,而是这种经验认识的条件,也即是某种先验性。他认为,在19世纪这种经验－先验分析有两种:一是对身体空间内部的分析,研究知觉、感官机制、运动神经等知识的可能性条件。总之,这是研究人的生理结构内部,研究他的生理学、解剖学的条件,这些是知识的认识论基础。二是对人的社会历史分析,这种分析企图弄清知识的历史、社会、经济等等条件。这种分析表明,"人的认知总是在历史中形成,在人与人的关系中形成,在社会语境中形成"②。前一种分析被福柯称作是"实证主义"的类型,以孔德为代表;后一种分析被福柯称作是"末世学"的类型,以马克思为代表。这两种分析类型是相互需要、相互补充的,"经验就其有内容而言,必定有一个使之存在的现实空间;而就其在历史上得以存在的形式来讲,它又必定以一个文化时间为前提。只有将二者结合在一起,才能充分揭示认识的先验条件"③。

我思与非思是人存在的另一个悖谬,或者说是另一个两面性。"我思"意味着一种自我意识和自我反思,建立在对经验性知识认识的基础上;而"非思"则意味着一个人之外的那广阔的没有被知识的光芒照亮的隐秘部分。人是我思的产物,没有我思就不会有我们对人的意识。但同时我们也看到,没有一种一劳永逸的我思

① 福柯.词与物——人文科学考古学[M].莫伟民,译.上海:上海三联书店,2001:415.
② 汪民安.福柯的界线[M].北京:中国社会科学出版社,2002:96.
③ 吴猛,和新风.文化权力的终结:与福柯对话[M].成都:四川人民出版社,2003:176.

153

可以把人穷尽。历史上我们曾说人是理性的动物、人是社会性的动物、人是能自我创造的动物等等，没有哪一种说法可以完全穷尽关于人的一切，因为"人是这样一种存在方式，即总是开放的、从未一劳永逸地被界定但被无限浏览这样一个维度能在人身上建立起来，这个维度是从人在我思中并不加以反思的自身的一部分伸展到人据以重新领悟这个部分的思想活动；反过来，这个维度又从这个纯粹的领悟进到经验充塞，进到这些内容的混乱的高升，进到那些避开自身的经验的突悬，进到在非思的沙质疆域中被给出的东西的整个沉默镜域"①。这也就是说，人不断通过思来认识自身，而人的思又总是被人的存在所超越，因而将我思不断引向非思。这种变化包含了四种转换：从真理的追寻到存在的追寻，从自然到人，从认识的可能性到原始不解的可能性，从哲学对自然科学的依赖到哲学对超越已知领域的占领。② 福柯指出现代我思与康德、笛卡儿的思是不同的，这是一种不断与非思相联系并向非思敞开着的我思，而不是以某种固定的论断闭合起来，也并非最终导向我在，而是开启了事关存在的整个系列的询问。它必然产生两个结果：一是导致了胡塞尔的现象学的产生；二是在探寻人自身时表现出了一种走出自身的追求。人要打破人所是，追寻人所不是，也就是要追寻他者。

　　人的最后一个矛盾悖谬与起源有关。起源于现代思想中的人和遥远的历史性是相关的，他的生命的开端、劳动的开端、语言的开端，都在那一个遥远的过去开始展开了。但是现代性意义上的

　　① 福柯. 词与物——人文科学考古学[M]. 莫伟民，译. 上海：上海三联书店，2001：420.

　　② 吴猛，和新风. 文化权力的终结：与福柯对话[M]. 成都：四川人民出版社，2003：177.

人,其起源与表象系统无关,因而不能出现在空间图表里,而且这个人是认识主体与认识客体相统一的,与作为认识结果的生命、劳动和语言的起源也是不相同的,所以人的起源绝对不是开端。福柯认为,现代性意义上的人的起源,"就是一开始使人与人自身以外的东西相连(联)结;正是这个连(联)结的实施者在人的经验中引入了比人要古老得多但人所不能加以控制的内容和形式;正是这个实施者,在把人与多重的、相互交织和通常相互不可还原的年代学联系起来时,才把人分散在时间中并使人布满于事物的绵延中间"①。这意味着人的起源是不固定的、散布的,也意味着人的起源其实是在一个人并不存在的地方。这也就是说人根本没有自己的起源,没有一个固定的诞生地的起源,没有一个同一性的起源。但现代思想不甘于此,它要不断地返回起源、返回到与自然和生命的时间,与历史、文化积淀的过去相连接的可能性。可是,每当我们返回到过去,人们又总是发现,这并非是人的本源,或者换句话说,人的起源在我们的不断追溯之中逐渐退却。

　　"无论如何,有一件事是确实的:人并不是已向人类知识提出的最古老和最恒常的问题。让我们援引一个相对短暂的年代学和一个有限的地理区域——16世纪以来的欧洲文化——我们就能确信:人是其中的一个近期的构思。并不是在人和人的秘密周围,知识才在黑暗中游荡了好长时间。实际上,在影响物之知识及其秩序、影响有关同一性、差异性、特性、等值、词之知识的所有突变中——简言之,在相同之深远的历史的所有插曲中——只有一个于一个半世纪以前开始而

---

　　①　福柯.词与物——人文科学考古学[M].莫伟民,译.上海:上海三联书店,2001:432.

也许正趋于结束的突变,才让人这个形象显露出来。并且,这个显露并非一个古老的焦虑的释放,并不是向千年关切之明晰意识的过渡,并不是进入长期来停留在信念和哲学内的某物之客观性之中:它是知识之基本排列发生变化的结果。诚如我们的思想之考古学所轻易地表明的,人是近期的发明。并且正接近其终点。"①

3. 作为主体的人的终结。 福柯这里所谈的人,既不是一个具体的、活生生的个体,也不是那个自古以来被一代代的哲人们呼唤的,具有自我意识和自我反思能力的,被看作是超越于自然界的物种。福柯明确地将之产生时间确定在 18 世纪末,说明这是有着具体所指和明确意义的一个概念。而关于这个人的概念,我们似乎不能仅从《词与物》这部著作中去理解,而是应该将之和福柯的《疯癫与文明》、《临床医学的诞生》、《规训与惩罚》、《性经验史》等书联系起来看。前面我们说过,福柯对启蒙理性批判的核心即是人的问题,所以以上几本书在其所论证的繁杂的问题背后,隐藏的同样是一个人的问题,即自启蒙理性以来所建立起来的人的观念,或说是经启蒙运动拆散、分解、重建的人的概念。福柯认为这是人道主义思想核心的人的概念,也是近代人类学中心主义中的人的概念。

福柯认为这种近代人类学知识论是有始有终的,其始于康德,即康德的三大批判。康德在他的三大批判中提出了三个问题:我能知道什么? 我必须做什么? 我可以希望什么? 并把这三个问题合并为一个问题,即"人是什么?"这个问题贯穿了整个 19 世纪。

---

① 福柯. 词与物——人文科学考古学[M]. 莫伟民,译. 上海:上海三联书店,2001:505-506.

这个问题本身源自于对人的限定性的分析,当生物学、政治经济学和语言学阐明了人的限定性的时候,人也就有了一种确定性,有了他确定的存在方式、存在空间以及存在的历史。于是这种人类学中心论就做出了某种预设,即存在着一个永恒的、自主的、不断建构着的主体,这个主体是经验与先验的统一、我思与非思的统一、历史与现实的统一。这个人源自于远古人们对自身的追问,源自于希腊特尔斐神庙石柱上所写的一句话:"认识你自己。"总之,这是一个具有肉体和精神的同一性、理性与感性的同一性、有限与无限的同一性的独立的整体、完整的世界。

福柯通过他的考古学分析,彻底否定了人类学中心论这个预设。历史是断裂的,理性是通过对非理性的排除从而独步天下的,经验科学与先验的反思之间是无法调和的,经过启蒙运动所建立起来的人,实际上只是一部被重新组装起来的机器,曾经被看作是同一的主体,不过是一堆碎片而已。福柯认为这种人类学本体论的结束与尼采有关,当尼采提出了究竟是谁在说话的时候,就已经向这个人类学本体论的"人"的概念发起了进攻。当他说上帝死了的时候,就意味着他已经把人和上帝同时杀死了,于是他提出了超人哲学,既超越了人的有限性,也超越了那种虚假的人的同一性。福柯认为,正是这个分类学意义上的"人之终结",才是"哲学之决断的返回"。"在我们今天,我们只有在由人的消失所产生的空档内才能思考。因为这个空档并不挖掘缺陷;它并不规定一个将被填满的空隙。它正是一个空间的展开:在这个空间中,它最终再次能思考。"①

---

① 福柯. 词与物——人文科学考古学[M]. 莫伟民,译. 上海:上海三联书店,2001:446.

第五章 监狱的诞生与现代性

福柯的《规训与惩罚》一书出版于1975年,按照作者自己的说法,这是"我的第一本书"①,表明这部著作在福柯的整个研究之中,以及在福柯的思想中的地位非同一般。在写这部书之前,福柯曾经做了两件事,一是组织和参与 GIP 的工作,这是一个由法官、律师、医生、记者和心理学家组成的"监狱报导小组",通过对罪犯、被释放的犯人以及犯人的家属的走访、问卷调查来关注法国监狱的状况,并促进其人道的改革。但多少年以后,德勒兹说,"GIP 是一种思想试验","米歇尔总是把思想的过程看作一种试验;这是他承继自尼采的一个观点。既然如此,GIP 的用意就不是拿监狱来做试验,而是将监狱理解为这样一种地方,那里的犯人们在经历一种体验,而这种体验也是知识分子(或者至少是福柯所设想的那种知识分子)应该加以思考的"。②

福柯的思想试验应该说是集中在两个方面:其一是通过监狱来了解权力的运行机制;其二是了解在权力的运行机制中知识所起的特殊的作用。或者用后来福柯的话说就是揭示出权力—知识

---

① 詹姆斯·米勒.福柯的生死爱欲[M].高毅,译.上海:上海人民出版社,2003:290.

② 詹姆斯·米勒.福柯的生死爱欲[M].高毅,译.上海:上海人民出版社,2003:259.

的运行机制。他在《知识分子与权力》的谈话中指出："监狱的迷人之处,就在于权力在这里从不隐藏或掩饰自己。它以一种被推行得淋漓尽致的暴政的形式呈现在人们面前。它玩世不恭,同时又很清廉,并且完全'正当'——因为它的实施完全合乎道义。结果,它那凶残的暴政表现为善良对邪恶、秩序对混乱的沉静统治。"①而在《超越善恶》的谈话中又说:"GIP 实行干预的最终目的,并不是把探视犯人的时间延长至 30 分钟,或在牢房里安上抽水马桶,而是对无辜和有罪之间社会和道德的区分提出质疑。"②如果这种质疑是成功的,那么 GIP 就将把有关善与恶、罪与非罪的概念彻底颠覆。

福柯做的另一件事就是积极参与了 1968 年以来的左派运动。1968 年五月风暴爆发之时,福柯正在突尼斯。他多次参与并支持学生运动,保护那些遭政府通缉的学生,为那些被逮捕的学生奔走呼号。他是 1968 年秋季回到法国的,因为他无法改变突尼斯政府对待学生的态度,所以决定"只要政治犯不被释放,他就决不再踏进这个国家"③。福柯回国以后,接受了万森④大学哲学系教授的职位,同时也卷进了这所大学的一场动乱之中。1969 年 1 月 23 日,万森大学这所新建的大学刚刚开学几天就发生了学生罢课,而法国政府则采用了高压政策。正是这一天,"1969 年 1 月 23 日这一天晚上,福柯开始参与左派活动。他在中年又参与左派活动,因

① 詹姆斯·米勒. 福柯的生死爱欲[M]. 高毅,译. 上海:上海人民出版社,2003:255.

② 詹姆斯·米勒. 福柯的生死爱欲[M]. 高毅,译. 上海:上海人民出版社,2003:265.

③ 迪迪埃·埃里蓬. 权力与反抗——米歇尔·福柯传[M]. 谢强,马月,译. 北京:北京大学出版社,1997:213.

④ 在詹姆斯·米勒的《福柯的生死爱欲》中译为樊森纳。

为左派已形成自己的历史、传统和形象。他是为了与左派并肩战斗或相交才参与的,而不是无保留地参加。不过,事实是他参与了左派活动,并在 70 年代左派活动中留下了许多足迹"①。

这两件事情,对于福柯写作《规训与惩罚》都是非常重要的。第一,福柯在进行 GIP 工作时,那种独特的思想试验已经为这本书确定了一个基本的指导思想,或者说是为这本书确定了一个方向,那就是避开别人动辄讨论什么司法制度的人道主义改革的陈词滥调,透过司法惩罚制度来揭示权力 – 知识的运作机制;第二,这两项活动都表明福柯不仅仅是一个长于思考的思想家,他更是一个身体力行的实践家。他在写作这本书之前一直沉浸在一种行动的热情之中,而对这种行动的成败得失的思考,也就自然形成了这本书的另一个内容的限定。我们知道,福柯关于权力比较系统的研究是在他的下一部著作即三卷本的《性经验史》中。《规训与惩罚》一书虽然也触及了权力问题,但这里更多接触的是在司法审判和惩罚机制乃至于规训社会中权力的具体化问题,或者说是一种运作中的具有特定的表现形态的权力观念,而不是关于权力普遍性的形而上的思考。② 这些似乎和福柯这段时间所做的事情有一定的关系。

在这部书的一开头,福柯就列举了 1757 年达米安因谋刺国王而遭到的处罚,作者以极其冷静的态度来叙述这个酷刑,用了三页的篇幅,详尽地写出了他所遭受的折磨。与之相对的则是列昂·富歇为巴黎少年犯监管所制定的规章,那是一个详细的时间表,里面规定了起床时间、吃饭时间、工作时间、学习时间、就寝时间等

---

① 迪迪埃·埃里蓬. 权力与反抗——米歇尔·福柯传[M]. 谢强,马月,译. 北京:北京大学出版社,1997:221.

② 汪民安. 福柯的界线[M]. 北京:中国社会科学出版社,2002:219 – 221.

等。"我们已经看到了一次公开处决和一份作息时间表。它们惩罚的不是同一种罪行或同一种犯人。但是它们各自代表了一种惩罚方式。"①作者就是这样开始了自己的论述,讲到了惩罚方式的变化,施于肉体的酷刑在逐渐消失,作为一种公众景观的带有仪式性质的惩罚方式,愈益被更人道的曾为许多改革家交口称赞的惩罚方式取代。

福柯并不赞成把这个过程归于人性的胜利、人道的胜利。而且纵观全书,仿佛福柯也并不认为惩罚方式的改变是一个进步。他在这里看到的是一种"权力的微观物理学",或者是一种权力的技术学的问题,以及由此所引发的相关人文科学知识的形成。他指出,这种惩罚方式改变后,"惩罚将愈益成为刑事程序中最隐蔽的部分。这样便产生了几个后果:它脱离了人们日常感受的领域,进入抽象意识的领域;它的效力被视为源于它的必然性,而不是源于可见的强烈程度;受惩罚的确定性,而不是公开惩罚的可怕场面,应该能够阻止犯罪;惩罚的示范力学改变了惩罚机制。结果之一是,司法不再因与其实践相连的暴力而承担社会责任"②。

这种惩罚方式的转变,意味着带有仪式性质的示众场面的消失和痛苦的消除,也即标志着对肉体控制的放松。③"如果说最严厉的刑罚不再施加于肉体,那么它施加到什么上了呢? ……那就必然是灵魂。曾经降临在肉体的死亡应该被代之以深入灵魂、思想、意志和欲求的惩罚。"④从对肉体的惩罚到将惩罚施加于灵魂之上,不仅改变了权力的运作机制,同时也改变了关于罪与非罪的界

① 福柯.规训与惩罚[M].刘北成,杨远婴,译.北京:三联书店,2003:7.
② 福柯.规训与惩罚[M].刘北成,杨远婴,译.北京:三联书店,2003:9-10.
③ 福柯.规训与惩罚[M].刘北成,杨远婴,译.北京:三联书店,2003:10.
④ 福柯.规训与惩罚[M].刘北成,杨远婴,译.北京:三联书店,2003:17.

限,以及司法定罪的观念。"毫无疑问,犯罪的定义、罪行的等级、赦免的限度、实际所容忍的和法律所许可的界限,所有这些在过去两百年间都发生了相当大的变化。"①过去许多被当作犯罪的现象现在已经不再是罪,过去的一些重罪现在也只是一般的犯罪,但过去许多被许可的非法行为现在却已经成为应受惩罚的犯罪行为。这说明在这种惩罚方式的改变中,人们对罪与非罪的认识发生了巨大的变化。

首先是司法判罪的对象发生了变化。"'犯罪'这个刑罚实践的对象则发生了深刻的变化",过去判决只是针对犯法的个人,惩罚的是这个人的肉体,并通过这种示众场面以警诫世人。但是现在,我们不仅针对犯法的人和他的行为来进行判决,我们同时也针对"人的情欲、本能、变态、疾病、失控、环境或遗传的后果。侵犯行为受到惩罚,但侵略性格也同时受到惩罚"。因为我们要审判的不仅仅是犯罪人,更重要的是审判和判决这些犯罪者的灵魂。而要判决罪犯的灵魂,在整个审判的过程中就要加进许多司法以外的东西,如对犯人的精神状况的评估、对其在进行犯法行为时的心态的评估等等,并对其灵魂的状况采取除刑罚之外的其他措施。"这些措施的目的不是惩罚犯法行为,而是监督这个人,消除其危险心态或改造其犯罪倾向,甚至在罪犯转变以后,仍然维持这些措施。"②这样,这种司法判决和惩罚方式的改变带来的一个结果,就是把犯罪重新纳入到了科学知识的对象领域,并彻底改变了罪与罚的古老观念,从而进入了一种新的司法惩罚运作程序,也是一种新的权力操作层面,即司法惩罚"不仅控制犯罪,而且控制个人,不

---

① 福柯. 规训与惩罚[M]. 刘北成,杨远婴,译. 北京:三联书店,2003:18.
② 福柯. 规训与惩罚[M]. 刘北成,杨远婴,译. 北京:三联书店,2003:18-19.

仅控制他们的行为,而且控制他们现在的、将来的、可能的状况"①。

　　其次审判已经不单纯是一种司法审判,"在司法审判中悄悄地掺进了其他的评估,从而深刻地改变了司法判决的规则"②。过去的司法审判就意味着确定犯罪人和他的犯罪事实,并确定对他实施合法的惩罚,因而审判官需要掌握有关罪行的知识、有关罪犯的知识和有关法律的知识。但现在的审判,第一,不能只简单地确定犯罪行为,还要追问这种行为的性质是什么,属于哪种现象,是一时糊涂还是精神病反应。第二,对罪犯的确定也不能只是简单确定是谁干的,还要追查犯罪的原因、犯罪的根源,是本能? 是潜意识? 还是环境或者遗传造成的? 第三,对于合法的惩罚的认定,也不能简单地根据法律条文来确定,还要追问什么措施最恰当,对他的未来发展应采取什么样的措施,怎样使他改恶从善,重新做人。③于是审判就不仅仅是法官的事情,或者说不是法官在独自审判,"整个刑事诉讼程序和执行判决过程充斥着一系列的辅助权威"④。例如,精神病和心理分析专家、执行判决的官员、教育工作者、监狱服务人员等等,他们要来对犯罪人和犯罪事实及惩罚措施进行综合评估。于是罪与罚这个简单的司法判决过程,也变成了一个给人下定义,进行综合评价的认识过程。

　　福柯认为,我们应该抛弃在权力关系暂不发生作用的地方知识才能存在的想象,"我们应该承认,权力制造知识;权力和知识是直接相互连带的;不相应地建构一种知识领域就不可能有权力关

①　福柯.规训与惩罚[M].刘北成,杨远婴,译.北京:三联书店,2003:20.
②　福柯.规训与惩罚[M].刘北成,杨远婴,译.北京:三联书店,2003:20.
③　福柯.规训与惩罚[M].刘北成,杨远婴,译.北京:三联书店,2003:20.
④　福柯.规训与惩罚[M].刘北成,杨远婴,译.北京:三联书店,2003:22.

系,不同时预设和建构权力关系就不会有任何知识"①。所以他的谱系学就是要在历史发展的进程中去分析权力－知识关系的运作,"认识主体、认识对象和认识模态应该被视为权力－知识的这些基本连带关系及其历史变化的众多效应"②。在此,他尤其重视被他称为微观物理学的权力形态。他虽然没有对他所谓的微型权力给出非常明晰的定义,但却对体现在司法惩罚机制中作用于肉体的权力做了某些假设:第一,这种权力不是一种所有权,它的支配效应不在于占有,而应被视为一种策略,在这里人们应该能够破译出一个永远处于紧张状态和活动之中的关系网络。第二,这种权力在干预和惩罚无权者时得到传播,并在这些无权者反抗时对其施加压力,所以,这种权力关系已经深入到社会深层。第三,这种权力不是单数的,而应该是一个复数形式,因为它不是线性的压迫、反抗的模式,而是发生在无数的冲撞点上。③

这里福柯提出了一种特殊的权力－知识关系,而这种关系也就是福柯分析司法实践的发展演变历史的理论基点,并由此来看待从酷刑到更加人道的司法惩罚方式的改变:"这种现实的非肉体的灵魂不是一种实体,而是一种因素。它体现了某种权力的效应,某种知识的指涉,某种机制。借助这种机制,权力关系造就了一种知识体系,知识则扩大和强化了这种权力的效应。围绕着这种'现实－指涉',人们建构了各种概念,划分了各种分析领域:心理、主观、人格、意识等等。围绕着它,还形成了具有科学性的技术和话

① 福柯.规训与惩罚[M].刘北成,杨远婴,译.北京:三联书店,2003:29.
② 福柯.规训与惩罚[M].刘北成,杨远婴,译.北京:三联书店,2003:30.
③ 福柯.规训与惩罚[M].刘北成,杨远婴,译.北京:三联书店,2003:28.关于权力的问题我们在下文将做专门分析。

语以及人道主义的道德主张。"①为此,他提出这部著作的研究遵循以下四个基本规则:

第一,本研究并不局限于镇压和惩罚方面,而是从其可能产生的积极效应中,把惩罚看作一种复杂的社会功能。

第二,并不单纯把惩罚方式看成是立法的后果和社会结构的表征,而是将之看成是一种权力技术,视为一种政治策略。

第三,从刑法史和人文科学史的相互重合中来寻找它们的共同母体:"认识－司法"的结构过程。

第四,尝试基于某种有关肉体的权力技术学来研究惩罚方式的变化,从中读解权力关系和对象关系的一部共同的历史。②

由此可见,一部《规训与惩罚》,并不只是一部反映司法惩罚方式改变的法律著作,而更是一部哲学、社会学著作。这里所讨论的问题,考察的历史现象,分析权力—知识关系,提出的种种见解、理论主张,都是和自启蒙以来现代性社会的形成息息相关的。

第一节　酷刑的计量经济学与绝对王权

在法国大革命以前,各种刑罚之中肉体惩罚所占的比重很大,或者可以说肉刑是主要的刑罚方式。但绝不可以说在这个肉刑惩罚的时代,就是一个权力－知识关系运作的真空时代,因为在肉刑的背后同样具有权力－知识的运作。按照德勒兹的说法,任何一个时代的司法惩罚机制都有一种"图式"(diagramme),图式体现着一种时空多样性,"它展示了建构权力的力量关系"。历史上有多

①　福柯.规训与惩罚[M].刘北成,杨远婴,译.北京:三联书店,2003:32.
②　福柯.规训与惩罚[M].刘北成,杨远婴,译.北京:三联书店,2003:24－25.

少个场域就有多少种图式,"古代君权社会,它也不欠缺图式"①,所有的社会都有一种或数种属于它的图式,每一个图式都体现了权力 – 知识的运作形式和效力。所以肉刑惩罚阶段也不例外。福柯对古代肉刑惩罚形式的分析就着重要揭示这种图式。

那么什么是"肉刑"？福柯借《百科全书》词条中的解释指出,肉刑即是"引起某种令人恐惧的痛苦的肉体惩罚"。"这是人的想像(象)力所创造的一种令人费解的极其野蛮和残酷的现象。"但接下来作者认为,这种酷刑虽然令人费解,却并不是随心所欲的,并不是非正常的、无法无天的极端残暴的表现,因为这是一种技术。他认为惩罚要成为酷刑必须符合三个条件:首先,"它必须制造出某种程度的痛苦,这种痛苦必须能够被精确地度量,至少能被计算、比较和划分等级"。而且死刑"不仅剥夺了人的生存权,而且它也是经过计算的痛苦等级的顶点",因而也是一种酷刑形式。尤其是极刑,这是一种延续人的生命痛苦的艺术,它在人的生命停止之前,制造"最精细剧烈的痛苦"。其次,酷刑必得是一种仪式,或是某种仪式的一部分,因为它要满足两个要求:第一是要有清晰明了的对象,即受刑者;第二是要为受刑者打上耻辱的标记,比如在其身体上留下疤痕,或通过酷刑的场面给人造成某种恐怖,从而让人永久地记住。最后,这种酷刑形式应该被看成是一种伸张正义的仪式,是一种正义的凯旋形式。②

1. **酷刑的量化艺术与真相**。酷刑并非只是用最残暴、最野蛮的方式来对待犯人,它是"以一整套制造痛苦的量化艺术为基础

---

① 德勒兹.一位新的地图绘制学者[A].德勒兹.德勒兹论福柯[M].杨凯麟,译.南京:江苏教育出版社,2006:35 – 38.

② 福柯.规训与惩罚[M].刘北成,杨远婴,译.北京:三联书店,2003:35 – 38.

的"①。它要将罪犯的行为、他的肉体痛苦形式、他所犯罪过的程度等等联系在一起,然后按照一整套的司法惩罚规则来确定惩罚。而这一切都是要经过精确的计算,最后由法庭来决定的。福柯把这种依罪量刑的司法审判工作称作计量经济学,这是要经过长期学习和训练才能掌握的一项技术性工作。福柯在这部分里用了大量的篇幅来讨论古代君权社会司法程序的具体过程,并对之进行了细致的分析,从他的分析中来看,有几个方面是非常值得重视的。

第一,需要确定司法惩罚的对象。这一点我们在前面已经谈过了,即受刑者的肉体被纳入到了法律仪式之中。这一点也许是非常重要的,司法惩罚的对象是受刑者的肉体还是灵魂,这是古今惩罚方式和惩罚机制的一个重要的分界点。而且只有在我们确定了古代君权社会司法惩罚的对象是肉体而不是灵魂后,我们才能把握这种惩罚形式的特点,才能理解那种特殊的司法审判制度和处罚的仪式行为是何以得到完满的统一的。

第二,这种法律仪式行为要向人们揭示犯罪真相,即确定罪与非罪的界限。福柯对于这一点分析得比较详尽,他指出,整个司法审判过程就是一个揭示真相的过程。从开始的法庭调查到罪犯的自我招供,看似简单随意的过程,但实际上却要经过一系列复杂而细致的程序,并有明确的规定性。

首先在调查的过程中,除了英国之外的其他欧洲国家都是在罪犯不知情的状况下秘密进行的;证据的使用也有着明晰而严密的规定,"真实、直接或正当的证据与间接、推断和制造的证据"②

---

① 福柯. 规训与惩罚[M]. 刘北成,杨远婴,译. 北京:三联书店,2003:37.
② 福柯. 规训与惩罚[M]. 刘北成,杨远婴,译. 北京:三联书店,2003:39.

是有明确区分的,还有必不可少的充足证据、接近或半充足证据和间接的、完全由意见构成的副证等等。而且在证据的操作上也是有精密的程序的,一是掌握了充足的证据或半充足证据可以做什么样的判决,二是按照精确的算术法则对那些不充足证据进行组合等等。总之,这种被福柯称为"受决疑术调节的算术,其功能是确定如何建构一个法律证据"①。

其次是罪犯的招供,这常常成为审判官和法庭与罪犯之间的一场较量,甚至是决战。因为只有当罪犯自我认罪时,才意味着犯罪的真相的彻底揭露;否则,你判一个犯人有罪,而犯人自己却大喊冤屈,总会让人产生一些想法。而且这也是显示法律胜利的一种最好的途径,因为犯人终于被法律征服了,承认了自己的罪过,甚至在这种承认自己罪过的过程中开始了自我惩罚和自我悔过。而与罪犯的自我招供联系在一起的就是司法拷问。正因为犯人的招供是最重要的证据形式,所以在司法审判中,法庭是可以通过拷问的形式来获取这一证据的。当然这种拷问也不是无法无天、任意胡为的,它也是整个司法惩罚中的一部分。福柯特别指出,在古代君权社会中,司法拷问具有三个重要的特征:第一,司法拷问"除了表面上有一种对事实真相的坚决而急切的寻求外,还隐含着一种有节制的神裁法机制:用肉体考验来确定事实真相",那就是说"在拷问中,痛苦、较量和真理是联系在一起的"。②这些都对受刑者的身体起作用,如果你承受不住,你招供了,你就是一个罪犯。但你如果承受住了这种拷问的考验,那么也同样证明你的无罪。第二,在古代君权社会,刑事诉讼论证"不是遵循非真即假的二元

① 福柯. 规训与惩罚[M]. 刘北成,杨远婴,译. 北京:三联书店,2003:39 – 40.
② 福柯. 规训与惩罚[M]. 刘北成,杨远婴,译. 北京:三联书店,2003:45.

体系,而是遵循逐渐升级的原则"。也就是说,司法拷问不仅仅是获取事实真相的手段,同时也是一种惩罚形式,惩罚的过程从司法调查的时候就已经开始了,而且是随着事实真相的不断被揭示出来而逐渐升级的,一直到最后的公开仪式行为,调查和惩罚已经融合为一了。第三,由于这种特殊的司法程序原理,无论是司法调查还是对受刑者的惩罚,都指向其肉体,于是我们看到"产生事实真相的仪式与实施惩罚的仪式同步进行。被拷问的肉体既是施加惩罚的对象,又是强行获取事实真相的地方"①。正是在这个法律仪式的特殊对象上,展示事实真相的调查和惩罚犯罪的仪式行为合二为一了,所以我们在前文中才强调确定了这个司法惩罚对象是最重要的。

在这个从司法拷问到公开处决的完整的过程中,罪犯的肉体在不断地产生和复制着真相。福柯说,18世纪,人们通过以下几种方式使得这种公开处罚成为犯罪真相的直接显现:(1)使犯罪者成为自己罪行的宣告者。采用游街示众等方式,来向人们展示罪犯的罪行和司法正义。(2)沿用或者是复活了宗教中的某种忏悔的场面。让罪犯自己当众承认自己所犯下的罪过并忏悔,甚至是在公开处罚即将进行的那一刻,他又交代出了新的罪行,或提出了新的情况。(3)将公开受刑与罪行本身联系起来。如在罪犯犯罪的地点对他执行处决,在处决犯人时戏剧性地重现他的犯罪过程,并以对他的处决方式来表明其犯罪的性质等等。(4)行刑的缓慢过程、突如其来的戏剧性时刻、犯人的哀嚎和痛苦可以成为司法仪式结束的最后证据,这也是司法拷问过程的一个延续。

　　2.酷刑与绝对君权。在酷刑背后存在的是一种特殊的权力形

---

① 　福柯.规训与惩罚[M].刘北成,杨远婴,译.北京:三联书店,2003:46.

式,即绝对君权。"'司法酷刑'这个词并不涵盖一切肉体惩罚。它是一种有差别的痛苦制造方式,一种标明受刑者和体现惩罚权力的有组织的仪式……在'过分的'酷刑中,包含着一整套的权力经济学。"①这里所体现的权力是一种绝对君权,一种绝对排他的权力。这种权力与后来深入到社会各个领域与各个层面的、由大众所掌握的民主权利不同,是由绝对君权和垄断性知识构成的。我们在司法审判中看到,有关证据的构成、审判的隐秘方式都是这种绝对权力和垄断知识的表现。此外,君主还可以终止惩罚。当罪犯被带到刑场,即将被处决时,君主的一纸赦令同样可以赦免对他的处罚。这意味着即使在处决的时刻,君权依然存在,同时也意味着虽然是由法庭代表君主来主持正义,"但他并没有转让这种权力。他仍完整地保持着这种权力。他可以任意撤销判决或加重判决"②。

绝对君权主要表现在两个方面:首先,这种公开处决是一种展示君权的政治仪式。在古典时期,君权是至高无上的权力,法律的制定从某种意义上说就是维护君权的统治,同样任何法律的制定也必须得到君主的认可,所以从法律的制定到执行,其中都体现着绝对君权的意志。"毫无疑问,'君权在惩治犯罪方面的行使,是主持司法正义的基本组成部分'。"这个时期的法律规定,只要是跨过了法律为人们规定的界限,就是犯罪,而不管是否造成了什么危害,或者是否危及现存的统治秩序。如果有人跨越了界限,则意味着最高权力受到了侵犯,也即绝对君权受到了侵犯。这种侵犯首先是对君权人格的冒犯,"因为法律体现了君主的意志"。其次这

---

① 福柯. 规训与惩罚[M]. 刘北成,杨远婴,译. 北京:三联书店,2003:38.
② 福柯. 规训与惩罚[M]. 刘北成,杨远婴,译. 北京:三联书店,2003:58.

是对君主人身的冒犯,"因为法律的效力体现了君主的力量",于是
君主就必定要对这种蔑视自己权威的行为进行报复。"在最普通
的刑罚中,在最微不足道的法律形式的细节中,占据支配地位的是
活跃的报复力量。"①因此,惩罚就不简单地是对某种伤害的补偿,
或者根本就不能用补偿来衡量。绝对君权在这里一方面要求对他
的王国所受的侵害做出补偿;另一方面,要求对他的个人所受的侵
害进行报复。

其次,公开处决具有一种司法－政治功能,"是重建一时受到
伤害的君权的仪式"②。这是一种权力失而复得的仪式,因而就要
表现得比较壮观。犯罪者违反了法律,也就等于对君权提出了挑
战,冒犯了君主本人。于是君主就要通过法律来对这种行为进行
报复,并重建自己的权威。而这种重建权威的过程,就不能和那种
对伤害提出补偿的行为相比,必得表现出君权的至高无上,必得表
现君权及其威力与胆敢违法者之间力量的对比悬殊,必得强调法
律所代表的君权的强大无比,并具体展示如何把犯法者打上烙印,
对其殴打甚至摧毁。所以,惩罚的仪式就必定是一种"恐怖"活动,
"即用罪犯的肉体来使所有的人意识到君主的无限存在。公开处
决并不是重建正义,而是重振权力"③。所以说17、18世纪的公开
处决和全部恐怖场面,并不是前一个时代的挥之不去的残余。"它
的残忍性、展示性、暴力性,力量悬殊的演示,精细的仪式,总之,它
的全部机制都蕴藏在刑法制度的政治功能中。"④

由此我们可以理解这种惩罚活动的两个特点:首先是盛大的

---

① 福柯.规训与惩罚[M].刘北成,杨远婴,译.北京:三联书店,2003:52.
② 福柯.规训与惩罚[M].刘北成,杨远婴,译.北京:三联书店,2003:53.
③ 福柯.规训与惩罚[M].刘北成,杨远婴,译.北京:三联书店,2003:53.
④ 福柯.规训与惩罚[M].刘北成,杨远婴,译.北京:三联书店,2003:53－54.

仪式特点。在法律判决书上就已经明确地规定了游街、在什么地方停留一下、公开认罪、下跪、悔过等等一系列细节;而且从法庭到刑场,警察开道,后面是受刑者,再后面是司法工作人员,再后面是法庭书记官;在刑罚执行的时候,除了司法者和受刑者之外,还要有许多武装人员。总之,这个场面是一个大张旗鼓的仪式场面。这个场面是为了庆祝法律的胜利,也是一种力量的展示,"它是君主的令人望而生畏的物质力量在此所伸张的司法正义。公开的酷刑和处决的仪式,使所有的人都看到,使君主能实施法律的那种权力关系"①。其次,公开处决也是展现武装的一种法律仪式。君主必得在此表现自己既是司法的首领,同时又是武装首领的双重身份,并由此表现自己的绝对权力与犯罪者之间力量的悬殊对比,并炫耀一种君权的胜利。所以在每一个公开处决和酷刑场面,都要在行刑台周围布置一个完整的军事机器:骑兵巡逻队、弓箭手、禁卫军、步兵等。这既有维持现场秩序的任务,但更重要的是展示国王绝对君权力量的仪式成分。

3.**酷刑的自我消解**。这种司法惩罚机制,作为一种真理－权力关系,自身存在着无法消除的弊病。首先从司法审判的过程中看,供词具有双重歧义性:一方面,人们试图将之纳入到一般的证据算术学之中,"强调它不过是许多证据中的一种",另一方面,因为这带有犯罪者自我认罪甚至悔过的成分,有人强调它"比其他任何证据都重要";一方面,既然这种证据比其他证据重要,所以"只要能获得供词,可以使用任何强制手段",另一方面,为了保证供词的真实性,犯人自供"必须是'自愿的'","必须是在有法定资格的

---

① 福柯.规训与惩罚[M].刘北成,杨远婴,译.北京:三联书店,2003:54.

法庭上做出的","必须是在完全清醒的状态下做出的"。① 这种双重歧义性则使得司法惩罚制度的合法性和合理性受到了质疑。而且从这种供词的歧义性又引出了司法拷问的歧义性:一方面,被告在被正式讯问之前要宣誓,即对自己所说的话的真实性做出承诺;另一方面,在讯问中又要实行司法拷问。而这种拷问在某种意义上就已经成为审判官和被告之间的一种决斗:如果审判官能够使得被告自己招供,则审判官获得了胜利;如果虽经严刑讯问,被告挺住了这种加诸自身的肉体考验,是否就可以证明被告无罪呢?

其次在行刑时,同样是一种较量甚至一种决斗的形式:这既是代表着国王权力的行刑者和犯人之间的一种较量,同时也是司法体制与公众之间的一种较量。行刑者如果能按照规定的刑罚顺利地实施对犯人的惩罚,则他会如一个胜利者一样,将自己的成果展示给观众,"如果他能一下子砍断犯人的头颅,他就会'拿着头颅向人们展示,将其放在场地中,然后向鼓掌称赞他的技术的人们挥手致意'";而如果他失败了,他不能按照判决所规定的刑罚顺利实施,"他就要受到惩罚"。② 有时刽子手把犯人搞得过分痛苦,就会引起围观的公众的愤怒、谴责甚至殴打。观看行刑的观众从来也不能只看作是被动地按照要求来体会绝对君权的力量,他们常常会做出意想不到的反应。比如对那些痛恨的罪犯,他们的报复心也被激发出来,他们会投掷石块等痛击罪犯,来发泄他们的愤怒;对那种过分的酷刑,他们也会表现出对刽子手的痛恨,甚至对法官的痛恨,因而会有骚乱行为发生。特别是,当受刑者在酷刑面前表现出视死如归的气概或对酷刑的蔑视,他们还会得到公众的赞誉。

① 福柯. 规训与惩罚[M]. 刘北成,杨远婴,译. 北京:三联书店,2003:42-43.
② 福柯. 规训与惩罚[M]. 刘北成,杨远婴,译. 北京:三联书店,2003:56.

本来酷刑仪式的实施是为了警诫公众,但"他们则可能表现出对惩罚权力的拒斥,有时会出现暴乱"①。酷刑和公开处决的场面变成了一场公众狂欢,于是,"法律被颠覆,权威受嘲弄,罪犯变成英雄,荣辱颠倒"②。福柯在这里利用文献比较详细地记述了历史上曾经出现的几次因惩罚的残酷而发生的公众暴乱事件。

这种酷刑的消失,一般被历史学家和法学家们称为启蒙时代人道主义的胜利,福柯并没有完全否认这一点,他指出,"即将来临的启蒙运动将要谴责公开的酷刑和处决是一种'残暴'","'残暴'观念是最能表示旧刑罚实践中公开处决的经济学观念之一"。③ 首先,残暴是重大犯罪的一个特征,而对其肉体施以酷刑,目的在于将其犯罪真相暴露在光天化日之下。其次犯罪的残暴,得到的是君主的报复———一种矫枉过正的比犯罪的残暴更加残暴的酷刑,因而在这里,"君主与罪恶的密切联系","罪与罚通过残暴联系和结合起来",这就是绝对君权条件下必然的一种司法实践活动。④这种惩罚机制必然受到那些改革家的批判。但是福柯认为,惩罚仪式中出现的公众的狂欢甚至暴动所带来的政治隐忧,更是一种不容忽视的因素,"在废弃公开处决的仪式这一问题(上),无论人们对犯人的恻隐之心起了何种作用,国家权力对这些多义性仪式效果的政治耽(担)忧,无疑也是一个因素"⑤。

尤其是当这种惩罚形式进入到知识表述,或者说进入到话语层面,它的这种模棱两可的多义性更加明显。福柯分析了两种与

---

① 福柯. 规训与惩罚[M]. 刘北成,杨远婴,译. 北京:三联书店,2003:65.
② 福柯. 规训与惩罚[M]. 刘北成,杨远婴,译. 北京:三联书店,2003:66.
③ 福柯. 规训与惩罚[M]. 刘北成,杨远婴,译. 北京:三联书店,2003:61.
④ 福柯. 规训与惩罚[M]. 刘北成,杨远婴,译. 北京:三联书店,2003:62.
⑤ 福柯. 规训与惩罚[M]. 刘北成,杨远婴,译. 北京:三联书店,2003:71.

之相关的话语形式,其一是"绞刑架前的演讲",那些被处决的犯人在临死之前再一次有了说话的机会,他们不是大声喊冤,而是宣布自己有罪、宣布处罚是公正的,由于其罪行的广泛传播和对他们事后悔罪的认可,他们仿佛成了英雄。这个情况比较复杂,如他们从事的是反抗法律,反对富人、权势者、官吏、警察等活动,这种活动很容易得到公众的认同,虽然违反了法律,但他们也会被人们当作英雄。还有他们在临死之前的诚心悔过,请求世人和上帝的原谅,那么他们就仿佛经历了一次涤罪过程,于是"以独特的方式,像圣徒一般死去",这同样会博得公众的尊敬。最后英勇不屈是获得荣誉的另一种方式,如果一个罪犯"在酷刑之下毫不屈服,他就证明了自己具有任何权力都无法征服的力量",他也就征服了公众的心。于是,常常会出现这样的情形,"一个罪犯死后能够成为一种圣人,他的事迹成为美谈,他的坟墓受到敬仰"。①

　　另一种话语形式是当这些警世文字被禁止时出现的犯罪文学,这些东西已不完全依赖于历史事实,而是有了大量的虚构的成分。福柯指出这些犯罪文学,"表面上,这是对犯罪的美与崇高的发现。而实际上,这是在肯定,崇高者也有犯罪权利,犯罪甚至成为真正崇高者的独占特权"。于是至高无上的、永远正确的权力和为了保护自己的尊严而进行的残酷的报复行为,就失去了它的合法性。公开的惩罚和处决,这种盛大的仪式行为也就不再引起人们的兴趣,而相反的,人们的"兴趣已经从展示事实和公开忏悔转移到逐步破案的过程,从处决转移到侦察,从体力较量转移到罪犯与侦察员之间的斗智"。②犯罪文学的产生,可以说也是对古典时

---

① 福柯.规训与惩罚[M].刘北成,杨远婴,译.北京:三联书店,2003:72－73.
② 福柯.规训与惩罚[M].刘北成,杨远婴,译.北京:三联书店,2003:75.

期的这种惩罚的仪式行为的重重一击。

第二节 从符号技术到政治肉体

惩罚形式的改变,应该说是从人道呼声开始的,但却不能说就是这种人道呼声的结果。虽然人道呼声的确对当时的司法惩罚制度予以了抨击。这种出于义愤的人道改革呼喊,提出即使对待最卑劣的罪犯,他的身上也有一样东西是应该被尊重的,这就是他的"人性"。但这个被发现的"人"在司法上起作用是在 19 世纪以后,那个时候"罪犯身上发现的'人'将成为刑法干预的目标,改造的对象以及一系列'犯罪科学'和奇特的'教养'实践的领域。但是,在启蒙时代,将人与野蛮的公开处决对立起来,并不是实证知识的主题,而是一种法律限制,是惩罚权力的合法性界限"①。此时,这个"人"只是一种对权力的限制,"不要动我"标志着君主报复的终结。

1. **司法惩罚制度的改革**。人道的要求与限制司法惩罚的"尺度",这是两个不同的因素,怎么才能把这两个因素结合起来,或者说怎样才能使现实的司法惩罚形式的改变和人道改革的呼声合成为同一个进程、同一股潮流,这是人们关注的问题。"18 世纪的人揭示了这种体制的危机,为了解决这个危机,提出了一个基本法则,即惩罚必须以'人道'作为'尺度',但没有对这一原则规定明确的含义。这一法则被认为是不可超越的。因此,我们必须描述这种扑朔迷离的'仁慈'的起源和早期状况。"②按照福柯的分析,18世纪惩罚制度的放宽是一个双重运动,其一是犯罪的暴烈程度减

---

① 福柯. 规训与惩罚[M]. 刘北成,杨远婴,译. 北京:三联书店,2003:82.
② 福柯. 规训与惩罚[M]. 刘北成,杨远婴,译. 北京:三联书店,2003:83.

弱,其二是司法惩罚也不那么激烈了,而代之以更多的干预为代价。从犯罪的角度来说:第一,凶杀和人身侵害大幅减少,而侵害财产案日益增多,比如偷窃和诈骗;第二,贫困阶级的偶尔过失被有限的熟练犯罪取代;第三,群众性的犯罪行为被边际的带有职业化特点的诡计多端的犯罪取代;第四,大型犯罪集团在逐渐消失,分散为小集团犯罪。福柯说:"实际上,从流血的犯罪转向诈骗犯罪,是完整复杂的机制的一部分,这个机制包括生产的发展,财富的增加,财产关系在司法和道德方面获得越来越高的评价,更严格的监视手段,居民的划分愈益精细,寻找和获得信息的技术愈益有效。因此,非法活动中的变化是与惩罚活动的扩展和改进相互关联的。"①这说明,犯罪形式和惩罚方式的变化是一个过程中的两个方面,这两个方面紧密结合在一起形成了一种总体变化,这种变化的内在根源并非是由某种观念促成的,而是由权力关系的改变促成的,或者说是现实经济政治的发展变化使得罪与非罪的界限发生了变化,因而也必然带来权力策略的改变。在这种变化之中统观全书,福柯的观点就是权力有了明晰的限度。

对这一点的认识是福柯比别人深刻的地方,因为很多人都把这些简单地看成是人道改革的成果。在这里,福柯看到了一种现实的变化与改革家的主张偶然同步的情形。他指出,惩罚形式的改变,"是竭力调整塑造每个人的日常生活的权力机制的努力,是那种监督人们的日常行为、身份、活动以及表面上无足轻重的姿态的机制的调整与改进,是应付居民的各种复杂实体和力量的另一种策略"②。这种策略的改变与其说是为了某种更为"人道"的选

---

① 福柯. 规训与惩罚[M]. 刘北成,杨远婴,译. 北京:三联书店,2003:86.
② 福柯. 规训与惩罚[M]. 刘北成,杨远婴,译. 北京:三联书店,2003:86.

177

择,或是对犯人的人性的尊重,毋宁说是司法制度变得更加精细化了,对暴力犯罪的起点提高了,但对经济犯罪更不宽容了。各种控制和司法干预变得更加超前和繁复了。正是在对权力的限制上,司法惩罚形式的改变才和改革家们的批判进程联系到了一起。

改革者的批判首先针对酷刑,认为就权力而言,"公开处决暴露了它的专横、暴虐、报复心以及'用惩罚取乐的残忍',因此它在颠覆权力";就受刑者和民众而言,只能让人们学会"血债只能用血来还",因而酷刑惩罚是可耻的。君主统治的暴政与民众的叛乱,这两者互为因果,都超出了正常使用权力的界限,因而,这种公开的酷刑带来的是双重的危险,必须废除。他们还认为,"刑事司法不应该报复,而只应该给予惩罚"。①

改革家的批判没有提出具体的惩罚原则,而是集中对现有的权力机制的无规则状态进行批判。如1790年3月杜雷在制宪会议上挑起关于重新组织司法权力的辩论中,提出司法权力在法国变质的途径有三个:一是化公为私,法官的职位可以出售并成为世袭的,具有了商业价值;二是主持正义做出判决的权力和创造法律本身的权力相混淆,即立法权和司法权不分;三是一系列特权的存在,使得法律的实施不能一以贯之。② 这个时候改革者的批评,几乎都是针对这种司法体制中的权力运作形式的。综合起来,改革家们主要指出了这样几个弊端:第一,"权力集中于若干点上,造成了冲突和断裂"③;第二,君主的至高无上的权力主宰着司法惩罚制度。惩罚的权力似乎是君主个人的权力,君主代表着司法的正义之源。他把自己的权力赋予了那些由他任命的法官,而他自己又

① 福柯.规训与惩罚[M].刘北成,杨远婴,译.北京:三联书店,2003:81–82.
② 福柯.规训与惩罚[M].刘北成,杨远婴,译.北京:三联书店,2003:87.
③ 福柯.规训与惩罚[M].刘北成,杨远婴,译.北京:三联书店,2003:88–89.

178

不断地干涉法官的司法审判和判决,因而就必然产生了君主权力与法官之间的矛盾。他不断地设置各种新的职位,同时又造成了司法人员之间的矛盾,因而打乱了正常的司法程序。由此则造成了司法集软弱与暴虐于一身:既耀武扬威又漏洞百出。

从这种对古典时期司法惩罚制度中权力运作的批判看,这些倡导改革者从来不是一个目标明确、利益集中、观念超前的"将自己视为专制之敌和人类之友的开明人士或哲学家",在这个"重新分配惩罚权力及其效果的全面规划"中,集聚着各方面的利益关系。而且这种改革也不是从法律机制的外面酝酿的,而大部分准备工作恰恰是由这个机制内部的那些司法官员完成的,正是他们勾画出了这种改革的基本原则:"审判权力不应受君权直接活动的影响,不应具有任何立法权利,应该超脱于财产关系,只具有审判功能,但应能充分行使本身的权力。总之,审判权不应再取决于具有数不胜数的,相互脱节、有时相互矛盾的特权的君权,而应取决于具有连续效果的公共权力。"①这种基本原则带来了司法改革中的一种权力运作的新的策略,这个新策略主要表现在两个方面:第一是司法惩罚的对象,使对非法活动的惩罚和镇压变成一种有规则的功能,并与社会同步发展;第二是司法惩罚要更有效、更有普遍性和更有必要性。总之是使得"惩罚权力更深地嵌入社会本身"②。

2. 非法活动纳入刑罚体制。"非法活动"概念的提出,对所谓的罪与罚问题是一个颠覆。什么是非法活动? 按照福柯的分析,在任何一个时代,总有一些非法活动存在并得到法律的宽容,可以

---

① 福柯.规训与惩罚[M].刘北成,杨远婴,译.北京:三联书店,2003:90.
② 福柯.规训与惩罚[M].刘北成,杨远婴,译.北京:三联书店,2003:91.

有法不依,有令不从。这种现象在旧制度下表现得尤其突出,并有了自己的系统性和结构。有时它是借助于某些个人或集团的特权,获得了一种合法的形式而有了豁免权;有时则是因采取了群众性普遍的有令不从的形式;有时它是针对某个逐渐失效的但突然生效的法律条文;还有时是政府的默许;等等。即使那些生活在最底层的平民百姓没有任何特权,但在法律与习俗之间依然能够获得自己的那块得到宽容的空间。具体地说,每一个阶层都有属于自己阶层的独特而必要的非法活动,相互之间常常处于一种矛盾之中。

福柯认为,这种非法活动和犯罪之间有时是很难区分的。有许多非法行为,其实本身就是犯罪,只是没有引起注意而已。或者说在一种社会经济和政治制度下,没有被当作犯罪行为,抑或是没有引起人们的注意,得到了某种程度的宽容,但到了另一个时代,大概就会被人们注意,并当作犯罪行为来加以处罚。人们对待这种非法行为的态度也是很复杂的,"一方面,罪犯,尤其是走私犯或逃避领主苛捐杂税的农民,获得人们自发的同情,他的暴力行为被视为直接继承了原有的斗争传统。另一方面,当一个人在民众所认可的某种非法活动中犯下伤害民众的罪行时,如一个乞丐进行抢劫和凶杀,他很容易引起特殊的义愤,因为他的行为改变了方向,危及了作为民众生存条件之一的,本来就不受保护的非法活动"①。这一切就导致了法律在对待广泛的非法活动时,有时将之视为犯罪而加以惩罚,有时则视其为可以容忍和宽赦的行为,或者在一时代某种非法行为被允许,而在另一时代则被视为犯罪这样一种无序状态。所以说,各个阶层的非法活动的相互影响,"是社

---

① 福柯.规训与惩罚[M].刘北成,杨远婴,译.北京:三联书店,2003:92-93.

会的政治和经济生活的组成部分"①。

但到了18世纪,由于社会财富的突然增加和人口的膨胀,人们的非法活动主要目标已不是争权夺利,而是以攫取财物为主,"偷窃大有取代走私和武装抗税之势"②,于是非法活动则不再是那么受欢迎的了。其次,当大部分非法活动涉及资产阶级的财产权时,他们也不再支持这种非法活动了。特别是商业和工业获得了巨大的发展时期,港口的发展、大货栈的出现、大工业的形成,"企业主拥有大量的原料、工具和产品,很难加以监督"③的时候,则必然要求用暴力来杜绝非法活动。这意味着非法活动的结构随着资本主义的发展发生了变化,财产的非法占有与权力的非法行使发生了分离,这体现了一种阶级的对立。一方面,下层民众最能接受的就是财产的非法占有,即转换了所有权;另一方面,资产阶级则要为自己保持权力的非法行使。一方面,他要求对那种财产的非法占有行为由普通的法庭审理并做出常规的惩罚;另一方面,对自己的非法行使权力行为,如偷税漏税等要由专门的机构来审理,并归结为罚款。因此,控制这种非法活动,重新制定法律,改变过去对待这些非法行为忽宽忽严的无序状况,对之统一加以处罚的新刑罚制度就是非常必要的。从某种意义上说,这种司法改革的最根本的东西,实际上就是把某种过去被容忍的非法活动纳入到犯罪惩罚的范围中来,或者说是对非法活动实行有效并有序的控制和管理。所以说,"任何一种刑法制度都应被看作是一种有区别地管理非法活动的机制,而不是旨在彻底消灭非法活动的机制"④。

---

① 福柯.规训与惩罚[M].刘北成,杨远婴,译.北京:三联书店,2003:93.
② 福柯.规训与惩罚[M].刘北成,杨远婴,译.北京:三联书店,2003:94.
③ 福柯.规训与惩罚[M].刘北成,杨远婴,译.北京:三联书店,2003:95.
④ 福柯.规训与惩罚[M].刘北成,杨远婴,译.北京:三联书店,2003:99.

　　如果把"非法活动"纳入到司法惩罚体制中来,司法惩罚的对象改变了,范围也改变了,于是其规则也必然要随之改变。从理论的意义上讲,在一个契约社会中,犯法意味着破坏了契约,犯法者就成了全社会的敌人,因而要接受整个社会对他的惩罚。而他自己也是接受了这一契约的,所以他自己也参与到这种惩罚之中。这就是说,"刑事惩罚是一种普遍化的功能,它随着社会共同体的功能及其各因素的功能一起扩展"①。于是关于惩罚的程度和惩罚权力的合理使用就成了一个新的问题。当"惩罚权已经从君主的报复转为保卫社会"②时,对犯罪人实施惩罚的是整个社会,双方之间的力量对比更加悬殊了,因而刑罚的界限就更加没有边际,更加可怕了。所以对这种权力的限制就必然会引起人们的重视,而在这里我们又一次看到司法改革与改革家的人道呼声的合流。

　　关于惩罚的适度原则"首先是作为一种心灵话语表达出来的",即改革家们以第一人称形式提出,即使是对待那些社会共同体的敌人,惩罚也应该是"人道的"。然而所谓人道的原则出于何处? 既不能在罪犯的情感中找,也不能在社会契约原则中寻找,"那就只能是在制定法律和不会犯罪的有理性的人的情感中"寻找,于是,这条原则最终演化成了一条理性准则和一种在实践中需要经过调节计算的量化标准。惩罚的人道的呼声又变成了一种惩罚的技术 – 政治学,变成了一种权力策略的选择。③

　　那么以理性原则为指导,究竟如何来计算对犯罪行为的惩罚呢? 首先,惩罚是在能修复社会受到的伤害时才有价值,而这种伤害就整个社会共同体来说,最为严重的是其造成的混乱、出现的丑

①　福柯. 规训与惩罚[M]. 刘北成,杨远婴,译. 北京:三联书店,2003:99.
②　福柯. 规训与惩罚[M]. 刘北成,杨远婴,译. 北京:三联书店,2003:100.
③　福柯. 规训与惩罚[M]. 刘北成,杨远婴,译. 北京:三联书店,2003:100 – 101.

闻和为人们提供的榜样,若不惩罚就会让别人重复,于是,惩罚必须以犯罪造成的后果为主要考虑对象。因而,不从罪行的角度考虑,而是从防止其重演的角度来考虑,成了刑罚计算的主要依据。也就是说:"人们需要考虑的不是过去的罪行,而是未来的混乱。人们所要达到的效果应该是使作恶者不可能再有重犯自己罪行的愿望,而且也不再有仿效者。因此,惩罚应该是一种制造效果的艺术。"①其次,惩罚在任何时候都有一种防止犯罪的功能。过去这种功能就是通过仪式来表现的,但现在则是通过为罪行寻找恰当的惩罚比例来实现的。惩罚不再是一种展示仪式,而"是一种表示障碍的符号。这种惩罚符号的技术倾向于颠覆整个现世性的刑事活动领域"②,这种符号技术可以赋予惩罚权力一种经济有效的手段,并可以运用于全世界,那就是把一切行为变成符码,用来控制和管理广泛的非法活动领域。

3. **权力的符号技术**。于是,新的权力技术学,或者说新的权力 - 知识运作形式带来了理性、人道的合流。这种惩罚的表象符码化结束了对肉体的酷刑,并将惩罚的方向由肉体转向了灵魂;而司法惩罚的精确化则带来了一种理性对待、管理非法活动的新秩序。这一切都发生在 18 世纪,一个普遍的启蒙的时代,因而很容易让人们感觉到,这是启蒙运动的结果。

新的司法惩罚体制遵循的几个原则更让人们感到理性与人道的关联:

第一,惩罚的最少原则。即以惩罚与罪犯在其犯罪中所获利益的近似相等为原则,而不是像过去的酷刑时期惩罚一定要比犯

---

①　福柯. 规训与惩罚[M]. 刘北成,杨远婴,译. 北京:三联书店,2003:103.

②　福柯. 规训与惩罚[M]. 刘北成,杨远婴,译. 北京:三联书店,2003:104.

罪更强烈。第二,充分想象原则。即处于刑罚核心的不是罪犯的肉体,而是一种观念、一种表象。此时即使需要对罪犯的肉体进行处罚,也是被用来作为表象的对象而不是痛苦的对象。第三,侧面效果原则。即刑罚应该对没有犯罪的人造成最强烈的效果,使之能以此为戒。第四,绝对确定原则。即在罪犯的犯罪行为和所获得利益观念与对之处罚和产生效果的观念之间,建立起一种固定的、普遍的联系,这种联系被视为是必要的和牢不可破的。这样让人们一想到某种犯罪行为,就能联系起这种罪行所对应的惩罚,使得"任何犯罪都将暴露在光天化日之下并受到十分确定的惩罚"①。第五,共同真理原则。即遵照适用于一切真理的普遍标准来对罪犯定罪和确定刑罚标准。这需要抛弃酷刑、抛弃原有的司法证据准则,法官应该使用通行的方法,运用一切人皆有的理性,确立完整的真理论证。第六,详尽规定原则。即对所有的犯罪类型要毫无遗漏地加以分门别类,并将各种因素、影响考虑进去,从而形成一种对每一个个案都能按照具体情形加以认定和量刑的局面,甚至形成一种可以对不同的个案区别对待,给予恰到好处的处罚与判决的完善的刑律与法典。

这种惩罚权力经济学相对于古典的酷刑时代有两个显著的标志:其一是权力作用点的变化,不再作用于肉体而是作用于人的精神,或者说是作用于灵魂,这就废除了古典时期酷刑和公开处决的那种肉体的痛苦和仪式化;其二是将罪犯和犯罪行为对象化了。罪犯破坏了契约,因而成为全社会的敌人,对其惩罚符合全体社会成员的利益。度量惩罚权力的效果,"规定了对一切现实的或潜在的罪犯进行干预的策略:设置防范领域,权衡利弊,传播表象和符

---

① 福柯.规训与惩罚[M].刘北成,杨远婴,译.北京:三联书店,2003:107.

号,规定判断和证据的领域,根据极其精细的变量调整刑罚"①。这就使惩罚从某种个人权力受损的报复,转变为对整个社会契约和秩序的维护。但这种惩罚的表象技术学,是"一种操纵相互冲突的能量的艺术,一种用联想把意像(象)联系起来的艺术,是锻造经久不变的稳定联系的艺术"②,因而就需要确立起犯罪和惩罚的不同表象,确立两种不同的力量之间的对比,并把这两种力量的差异和对比按照一种统一的标准,建构起一个权力关系运作的障碍－符号体系,使人们能够非常清楚地了解哪种犯罪行为会接受什么样的惩罚。因而我们透过这种惩罚形式在表面上与人道的司法改革及理性要求的相似,看到的依然是一种权力－知识的运作关系。甚至可以说,这种表面的人道和理性的原则,原来是内在的权力技术学运作而产生的结果。

福柯接下来话题一转,指出如果要保障这种体系的运作,必须满足以下几个条件:第一,它们的运作应该不带有任何任意性。即要在犯罪与惩罚之间建立起尽可能直接的、确定的联系,使得那些企图犯罪的人能立即就意识到会受到什么样的惩罚,并因对惩罚的恐惧而脱离犯罪的诱惑。第二,这种符号系统应该努力减少人们对犯罪诱惑的欲望,增强人们对刑罚可怕的想象,使刑罚及伤害的表象压倒犯罪欲望的表象。第三,应该使用一种时间调节方法。以剥夺自由的时间来惩罚罪犯,并根据罪犯悔过的程度来适当加重或减轻处罚。第四,刑罚应该是一种关于符号、利益和时间的机制。惩罚的对象是犯人,但惩罚的目标却是针对潜在的犯罪。所以,这种逐步铭刻在犯人观念中的障碍－符号应该得到广泛的传

① 福柯.规训与惩罚[M].刘北成,杨远婴,译.北京:三联书店,2003:112.
② 福柯.规训与惩罚[M].刘北成,杨远婴,译.北京:三联书店,2003:117.

播,应该让所有人都接受,应该成为人与人之间彼此限制和阻止犯罪的话语。第五,由惩罚的警诫作用而产生了一套颇有讲究的宣传经济学,即以这种形象易懂的教训、仪式化的符码灌输,而使惩罚"成为一个学校而不是一个节日,成为一本永远打开的书而不是一种仪式"①。第六,要使惩罚有助于改变在社会中流行的关于犯罪的传统话语,即消除罪犯曾有的那种荣耀,以及人们对他的赞扬。从而使得人们接受这种普遍法律的观念,把罪犯当作全社会的敌人来看待,把犯罪当作一种悲剧来看待。

应该说,由于司法惩罚制度的变化,以及其与启蒙运动的改革者人道呼声的合流,使得司法刑罚制度不仅作为一种现实的惩罚形式,而且也成为一个话语事件,从而引起人们的重视,于是作为可述的刑罚与可视的刑罚被区别开来,人们在可述的范围之内来讨论刑罚机制的运作,以及其中权力 – 知识关系的运作。德勒兹指出,福柯在《知识考古学》中对言说与非言说的实际建构做了明确区分,但只是局限于用否定方式指出另一种非言说的建构形式,而《规训与惩罚》一书则更进了一步,在探讨监狱这个既是一种环境建构,同时又是一种内容形式的事物时,以肯定的形式找到了它的可述形式和可视形式。② 由此我们看到在这种微观权力技术学的领域所产生的话语效果,我们不能不对人文科学知识的产生和发展演变产生深刻的质疑,对启蒙时代的许多理念形态产生的通行说法产生怀疑,因为这些宏大叙事,这些曾令人激动不已、充满渴望和向往的理性人道原则,并不一定都是由人类自我解放的激情造就出来的,而有多少实际上是这种我们看不到然而又时时处

---

① 福柯. 规训与惩罚[M]. 刘北成,杨远婴,译. 北京:三联书店,2003:125.
② 德勒兹. 德勒兹论福柯[M]. 杨凯麟,译. 南京:江苏教育出版社,2006:32,34.

处存在的微型权力运作的消极后果。

　　4. 新的刑罚形式的出现。监狱的制度出现得比较早,当时只是作为一种刑罚形式。作为一种可述形式的监狱制度,曾遭到许多改革者的反对和抨击,尤其是把监狱作为一种万能的惩罚形式,更是让这些改革家无法接受,因为第一,它不能与犯罪行为相对应,不管什么罪过,都以监禁的时间来加以调节;第二,这种刑罚很难监督,很可能犯人在这里将会被看守随意摆布;第三,它不能产生对公众的效果,罪犯在这里无所事事,会养成不好的恶习;第四,开销比较大;等等。虽然遭到了许多公开的批评,可在很短的时间之内,拘留和监禁就成了普遍的司法惩罚的形式。1810 年的刑法中,这种惩罚形式就已经"以各种形式占据了介于死刑和罚款之间的几乎整个惩罚领域",新法律接受的刑法体系"表现为各种形式的监禁"。① 拿破仑帝国时期,则将这种惩罚形式按"完整的、刑法的、行政的和地域的等级付诸实施",于是,一个宏大的监狱体系被设计出来了,其实施的级别限制严格地与中央集权行政管理的各种级别相对应。"一种全然不同的实体,一种全然不同的权力物理学,一种全然不同的干预人体的方式出现了。"②用当时一些对此惩罚形式颇为惊讶的人的话说:"如果我背叛了祖国,我将被送进监狱,如果我杀死了我的父亲,我将被送进监狱。也就是说,对于任何可以想像(象)得到的罪行都用同一种方法来惩罚。"③

　　不用细述福柯在此列举的监狱如何普遍被刑法制度采用,以及那些改革者对这种制度的惊讶和批判,按照福柯的说法,之所以这种刑罚制度能够被普遍采用,是因为在古典时代即已出现了一

①　福柯. 规训与惩罚[M]. 刘北成,杨远婴,译. 北京:三联书店,2003:129.
②　福柯. 规训与惩罚[M]. 刘北成,杨远婴,译. 北京:三联书店,2003:130.
③　福柯. 规训与惩罚[M]. 刘北成,杨远婴,译. 北京:三联书店,2003:131.

些监禁制度的成功范例,克服了"陈旧的法律准则和专制的监禁功能所构成的双重障碍"。其中最古老的范例是为乞丐和少年犯设立的阿姆斯特丹教养院,这里遵循三个主要原则:首先,"刑罚的期限至少在某种范围内能够由教养所根据犯人的表现来决定";其次,"劳动是强制性的,并作为一种普遍的手段……犯人完成工作可得到工资";最后,用严格的时间、禁律和义务规定一整套的劝善惩恶的方法,"日复一日地控制着犯人"。福柯认为这个教养院可以作为一个原型,是16世纪通过活动来教育和改造人的理论和18世纪后半期教养方法的连接,而且其三个方面的原则也都得到了肯定,并按照各自的方向得到了延伸和发展。①

根特监禁所提供了另外一种范例,在这里对那些好逸恶劳的人实行了强制性的劳动教养,并付给他们报酬。这样可以重新唤起那些懒惰的人工作的兴趣,使之重新进入到一个勤劳胜于懒惰的利益系统。这种强制性的劳动有四个好处:其一是减少公诉,减轻国家的负担;其二是不用再从税款中支付那些被流浪汉毁坏林木主人的赔偿;其三是能够造就出一大批新工人;其四是使穷人在必要的慈善事业中真正受益。这里充分地向人展示着"不劳动者不得食"的箴言,这里使那些被监禁者的道德得到了纠正、使他们习惯于工作,并因积攒了一些钱而渴望获释,而且还使他们学会了一门手艺。于是这个地方就成了改造犯人并利用被改造的犯人重建经济人的场所。②

英国的范例是在劳动原则之外,加入了隔离的原则。汉韦提出"隔离是一种'可怕的休克',它既能使犯人免受坏影响,又能使

---

① 福柯.规训与惩罚[M].刘北成,杨远婴,译.北京:三联书店,2003:135 – 136.
② 福柯.规训与惩罚[M].刘北成,杨远婴,译.北京:三联书店,2003:137.

之反省自己,在自己内心深处重新发现良心的呼唤……它不仅重建了'经济人'特有的利益情结,而且也整顿了道德主体的责任",监狱将"建成一个使人恢复已丧失的主体地位的个人改造场所"。这些理论被霍华德和布莱克斯通在1779年付诸实施,并且在美国独立战争之后制定新的法律时被接受,于是,"监禁及改造人的心灵和行为的目标便进入了民法体系"。[①] 在这些原则的指导下,有了美国费城监狱的范例,特别是有了沃尔纳街监狱的范例,在后者之中又有了一些新的与众不同的特点,主要是行为的控制和改造与对每个人的认识关联起来。每一个新犯人到来时,关于他的犯罪行为、犯罪的环境、他的各种被检查的状况以及他在判决前后的表现,就有一份完整的报告被同时送达。同时这个人在整个监禁期间,他的所有表现也都被逐日地记录下来,"监狱变成了一个持续观察所,能够分辨各种恶习或弱点"[②],于是,每一个犯人可根据其禀性分门别类,并分别采取不同的改造措施或加重与减轻刑罚。因而监狱就不仅是一个权力运作机构,也成为一个重要的认识机构在运作了。

这种教养所式的惩罚与改革者所倡导的惩罚有许多共同点:首先,在时间方向上是共同的,它们都面向未来,即其宗旨都不在于惩罚已有的罪行,而是防止这种罪行的重演;其次,实施惩罚不是为了消除罪行,而是为了改造罪犯;最后,主张因人而异的刑罚。两者也表现出了一些不同,但这种不同"存在于刑罚技术学中,而不在其理论原则中,存在于刑罚与肉体和灵魂的关系中,而不在它被纳入法律体系的方式中"。具体地说,改革者所倡导的刑罚是作

---

① 福柯. 规训与惩罚[M]. 刘北成,杨远婴,译. 北京:三联书店,2003:138.
② 福柯. 规训与惩罚[M]. 刘北成,杨远婴,译. 北京:三联书店,2003:139 – 142.

用于一种表象,要惩罚的是灵魂,通过一整套的表象符号体系来警诫世人。但教养所的惩罚却是作用于人的肉体,通过强制性措施,使之在活动中得到改造。"总之,分歧在于,是建立一个惩罚之城还是建立一个强制制度?"前者是通过向人们不断地灌输符码而运作;而后者是惩罚权力的浓缩体现,是一种深思熟虑的对犯人的肉体和时间的责任观念。"监狱的出现标志着惩罚权力的制度化。"①

至此,福柯建立起了三种不同的惩罚形式的谱系:酷刑、符号–技术学和监狱。他认为在 18 世纪,人们可能直接面对这三种不同的惩罚制度,酷刑是君权的象征,是绝对君权的物质表现,是一种报复仪式;改革家主张惩罚应作用于一系列被编码的表象,并使之广泛传播;而监狱制度的设想,则是对人强制的技术,通过在人的行为习惯中留下痕迹,来施展对肉体的训练。这三个系列有不同的因素,福柯列举如下:

酷刑	改革家倡导的刑罚	监狱制度
君主及其威力	社会共同体	管理机构
标志	符号	痕迹
仪式	表象	操作
被消灭的敌人	处于恢复资格过程中的权力主体	受到直接强制的个人
受折磨的肉体	具有被操纵的表象的灵魂	被训练的肉体

这是三种不同的惩罚权力运作的方式,是三种不同的权力技术学。但福柯在结束这部分的论述时提出,何以第三种惩罚方式最终被全社会采纳了呢?

---

① 福柯.规训与惩罚[M].刘北成,杨远婴,译.北京:三联书店,2003:142–146.

第六章 规训社会与全景敞视主义

通过前面不厌其烦地列举了福柯关于三种惩罚形式演变的论述,我们看到司法惩罚的对象经过了一个从肉体到精神或灵魂,再从精神到肉体的过程。但是我们不能说这是一个简单的循环,因为古典时期的酷刑和现代监狱制度,虽然对象都是针对人的肉体,但却根本不同。如果说古代的肉体酷刑,目的是为了摧毁和消灭那些敢于向绝对王权挑战的罪犯的肉体的话,那么,现代监狱制度针对人的肉体进行的惩罚,意义却远为重大得多。"这种肉体不再是遭君主权力反复折磨和施加痛苦的肉体,这种肉体是被操纵、训练、创造和发明的肉体,它是被驯服的肉体,它被一种精心计算的强制力所控制,它成为权力的对象和目标。"[1]监狱制度就是现代规训社会的一个缩影。

第一节 "驯顺的肉体"与规训社会

1.**新的发现:身体政治学**。福柯在"驯顺的肉体"这章里,开篇即讨论一个 17 世纪的理想士兵形象,并指出到了 18 世纪,这样的士兵是可以创造出来的,"用一堆不成形的泥、一个不合格的人

---

① 汪民安.福柯的界线[M].北京:中国社会科学出版社,2002:193.

体",有"一种精心计算的强制力慢慢通过人体的各个部位,控制着人体,使之变得柔韧敏捷。这种强制不知不觉地变成习惯性动作",一个合格的士兵就被创造出来了。① 这是一个发现,而且是一个重大的发现,这个发现在古典时期已经开始被人们注意到了,但直到 18 世纪才为人们所利用。这个发现的意义就在于,把人体置于权力的对象和目标之中。按照福柯的分析,"人是机器"这个问题,过去只是被人们在解剖学 – 形而上学中书写着,那是笛卡儿的领域,是医师和哲学家的领域;而另外一个领域,应该是在技术 – 政治领域,这是在现代社会中军营、学校、医院等机构实践着的,但还没有被人真正写出来,也许福柯的《规训与惩罚》就是第一本系统地写这个方面内容的书。当然福柯也承认在拉美特利的《人是机器》一书中,也包含了这两方面内容的结合,"该书将可解剖的肉体与可操纵的肉体结合起来。肉体是驯顺的,可以被驾驭、使用、改造和改善"②。但拉美特利注意到的是有机体的可资利用和改造的方面,还没有注意到肉体可以成为政治玩偶与权力摆布的对象。

18 世纪作为权力的目标和对象的驯顺性肉体设计有三个突出的特征:第一是它的控制范围。人体不再被看作一个不可分割的整体,而是可以被拆散、分解,被分别加以处理的机器,可以"从机制上 – 运动、姿势、态度、速度 – 来掌握它"。因而支配人体活动的权力是一种精细的"微分权力"。第二是控制的对象。被控制和改造的不是或不再是"行为的能指因素或人体语言",而是人体的机制、运动效能、运动的内在组织。我们控制的不是和人体有关的符

① 福柯.规训与惩罚[M].刘北成,杨远婴,译.北京:三联书店,2003:153.
② 福柯.规训与惩罚[M].刘北成,杨远婴,译.北京:三联书店,2003:154.

号,而是作用于身体以及由人体生发出的力量。也就是说,操练可以将人的某方面的力量集中起来,使之能够更好地发挥,就像造就一个军人那样。第三是控制的模式。这是通过一种不间断的、持续的强制来控制人体,关注的是整个训练的过程,并且根据"严密地划分时间、空间和活动的编码来进行的"。这种方法可以称作"纪律"。① 这样就使人体进入了一个探究它、打碎它并重新编排的权力运行机制之中,从而使得人体的力量脱离了肉体,"一方面,它把体能变成了一种'才能'、'能力',并竭力增强它。另一方面,它颠倒了体能的产生过程,把后者变成一种严格的征服关系……规训强制在肉体中建立了能力增强与支配加剧之间的聚敛联系"②。

　　这种被福柯称作"微观物理学"的新的权力,按其说法,并不是一下子突然出现的,而是由从古典时代就开始的许多不那么明显、不那么重要的进程汇聚起来,变成了"一种一般方法的蓝图"。福柯认为,它最早源于中等教育,其后又进入到小学教育,再到军队,最后到工厂等等。在这些地方早就已经开始了在细枝末节和小事上对人的规训实践,这些小事是不能被忽视的,因为正是从这些细枝末节和小事上,权力找到了自己的支点,从而实现了规训的功能。"在学校、兵营、医院和工厂的环境中,这种细致的规则、挑剔的检查、对生活和人身的吹毛求疵的监督,很快将会产生一种世俗化的内容,一种关于这种神秘的无穷小和无穷大计算的经济的或技术的合理性。"③正是在这种联系中,我们看到了司法惩罚制度更迭的深层根源,虽然我们可以在启蒙理想中对这种所谓的人道的司法改革找到印证,但实际上,权力关系的运作才是使之发生变化

① 福柯.规训与惩罚[M].刘北成,杨远婴,译.北京:三联书店,2003:155.
② 福柯.规训与惩罚[M].刘北成,杨远婴,译.北京:三联书店,2003:156.
③ 福柯.规训与惩罚[M].刘北成,杨远婴,译.北京:三联书店,2003:159.

的真正根源。另一方面,我们也是在这种联系之中看到,监狱制度的形成已经不仅仅是一种对罪犯所犯罪行的惩罚,而是融入到了整个社会的规训体制之内,和学校、兵营、医院、工厂等一起,发挥着它的特殊的功能。

这种功能可以说是一种身体政治学,福柯在自己的思想体系之中,对人的身体有一种特别的关注,这一点是对尼采思想的继承,因为尼采在《权力意志》中曾将人的身体提到了哲学的显著地位,从而对意识哲学进行批判。但尼采是把身体看成权力意志本身,"是一种自我反复扩充的能量",而福柯则只是把身体看成外在权力的一个"被动而驯服的对象"。① 因而福柯所探讨的是在权力的作用之下,人的身体的可利用性和驯服性,因可利用而驯服,或是因驯服而可利用。于是这种现代的规训,就通过一系列的手段和方法把人的身体拆散、打碎并重新组装,从而实现对人体的各种因素、姿势、行为等的全面而有效的操控,使其成为一种训练有素的、驯顺的肉体,并成为一种有效的生产工具,成为一种生产力。这一切的目的就是"为了控制和使用人",从古典时代的种种对细枝末节和小事的重视,到后来形成了一整套的规训技术,人变成了一种在权力关系的运作中被塑造的产物,正是在这点上,福柯指出:"毫无疑问,正是从这些细枝末节中产生了现代人道主义意义上的人。"②这一点我们在后面还要讨论,这里我们先来看看福柯是怎样来定位这种规训技术的。

2. **规训的技术**。福柯说:"规训从它所控制的肉体中创造出四种个体,更确切地说是一种具有四种特点的个体:单元性(由空间

---

① 汪民安.福柯的界线[M].北京:中国社会科学出版社,2002:175.
② 福柯.规训与惩罚[M].刘北成,杨远婴,译.北京:三联书店,2003:160.

分配方法所造成),有机性(通过对活动的编码),创生性(通过时间的积累),组合性(通过力量的组合)。而且,它还使用四种技术:制定图表;规定活动;实施操练;为了达到力量的组合而安排'战术'。"①于是作者在这部分里就分别以分配艺术、对活动的控制、创生的筹划、力量的编排四个小标题来阐述这种规训的技术。

我们先看空间分配的艺术,这里应该大致辨析一下福柯的所谓空间的概念。福柯1967年在建筑研究会上做了一个题为《另类空间》的演讲,指出空间概念经过了一个历史发展沿革,中世纪的空间概念核心是定位,即空间"是一个被分成等级的场所的集合",如教堂、圣地和非宗教场所等;从伽利略开始,空间概念更被关注的是它的广延性,因为"一个事物的地点仅仅是在它运动中的一点";今天空间概念的核心是"位置"(Emplacement,这个词在尚杰的文章中被翻译为"场所",笔者以为更贴切),即"我们的空间是在位置关系的形式下获得的",我们都处于一个权力‐知识的网络之中,因而在这个纷繁复杂的关系网络之中确定位置就显得至关重要。这种处于复杂关系网络中并相互影响的空间形式,被福柯称作"异托邦"。在描述它的几个特征时,福柯重在强调它在现代社会中与权力运作之间的关系,以及它对社会、文化的相互作用和影响,并指出这既是一个相对闭合的空间,同时又是一个开放的空间。福柯讨论规训问题时所提到的学校、兵营、医院、监狱、工厂则都是符合上述特征的、特定的异托邦空间形式。②　由此可见,这个空间概念在某种意义上说,是福柯整个研究的基础。《另类空间》一文翻译者王喆说:"这种另类空间的概念实际上支配了福柯的全

---

① 　福柯.规训与惩罚[M].刘北成,杨远婴,译.北京:三联书店,2003:188.
② 　福柯.另类空间[J].王喆,译.世界哲学,2006(6):52‐53.

部学说。"①尚杰在《空间的哲学:福柯的"异托邦"概念》一文中也指出:"无论怎样,福柯说,追溯使当代人焦虑的根源时,更多的不在于时间而在于空间,在于人们对组成空间的诸种要素进行重新分配,而时间只是这种关系分配中的一个要素。"②

福柯认为现代规训技术的空间分配艺术,第一是纪律需要一个相对封闭的空间。在这样一个与众不同的、自我封闭的场所中,纪律才能发挥出它的作用,对人进行规训。比如军营、工厂,都要将人集中起来,这样既便于训练,又便于充分发挥人的最大能量并避免和消除各种不利因素。第二,以一种更灵活、更细致的方式来利用空间。这里遵循的是分割定位原则,即对每一个人都分配确定的位置,每一个位置都有一个确定的人,要消除那些含混不清的分配和不受控制的人员流失,从而最好地发挥监视和监督的职能。"这是一种旨在了解、驾驭和使用的程序"③,时时刻刻监视着每一个人的表现,给予评估和裁决。第三,对空间加以分类和分割。如罗什福尔海军医院,先是对财物的重视,对其分类管理,后是对来自不同单位的士兵分别监视和管理,最后是对不同的病人分病房来管理,形成不同的医疗空间。如大工厂,"个人化分割原则变得更加复杂"④,要按照各种生产机制的不同要求来对车间和工人进行分工和分割,将人员分配在既能隔离又能组合的空间之中。第四,在规训体制中,每一个因素都是以它在一个系列中的位置,及与其他因素的间隔来规定的,因而各种因素之间是可以互换的。

① 王喆. 福柯《另类空间》翻译提要[J]. 世界哲学,2006(6):52.
② 尚杰. 空间的哲学:福柯的"异托邦"概念. [J]. 同济大学学报,2005,16(3):21.
③ 福柯. 规训与惩罚[M]. 刘北成,杨远婴,译. 北京:三联书店,2003:162.
④ 福柯. 规训与惩罚[M]. 刘北成,杨远婴,译. 北京:三联书店,2003:164.

就像学校里的学生,他要在每周、每月、每年,根据其年龄差异和学习成绩以及平时表现,处于某一个特定的等级之中,而下周、下月、下年又移动到另外的一个系列中。这种空间等级的类型不同,"有些空间是表示知识或能力的等级的'理念'空间,有些是表示价值或成绩的物质的大学或教室空间",从而形成一个空间系列的组织,取代传统体制。"它通过逐个定位使得有可能实现对每个人的监督并能使全体人员同时工作",同时也能显示出学生的一系列不同特点。①

这种空间分配艺术,对密室、场所、座次的安排,既有固定的位置,又允许自由地循环流动,使之始终处于一种关系网络之中,这正是福柯所说的"异托邦"的形式体现。而其作为规训技术的第一个表现,在此我们看到,"纪律的第一个重大运作就是制定'活物表',把无益或有害的乌合之众变成有秩序的多元体"②。制定表格是 18 世纪从政治、科学到经济技术一系列操作必然面临的一个重大问题,也是全面规训人,使之具有确定的空间和场所的重大问题。而在这一系列相辅相成的运作之中,两个因素在其中起到了重大作用,这就是分配和解析、监督和理解。由此可见,表格既是一种权力技术,又是一种知识规则。

其次是对活动的控制和编码。第一,定制时间表,这一项由修道会提供的严格模式,很快传播到学校、医院、工厂等地。它有三个主要的方法:规定节奏、安排活动、调节重复周期。"精确、专注以及有条不紊,是有纪律的时间的基本优点"③,虽然这不是现代规训技术独有的东西。第二是动作的时间性规定。这一条看起来

---

① 福柯. 规训与惩罚[M]. 刘北成,杨远婴,译. 北京:三联书店,2003:166－167.
② 福柯. 规训与惩罚[M]. 刘北成,杨远婴,译. 北京:三联书店,2003:167.
③ 福柯. 规训与惩罚[M]. 刘北成,杨远婴,译. 北京:三联书店,2003:171.

与前面的有些类似,但其实截然不同。前者是针对一个人的整体行为规定时间,比如几点做什么、几点不能做什么等等,而这里是把人的行为分割成具体的动作,并对每一个动作制定出具体的时间来。就像军队中训练士兵,正步走被分解成连续的动作序列,每一步骤都有具体的时间和量度等,这样一幅有关行为的解剖－计时图就被勾画出来了。于是动作被分解成不同的因素的集合,人的行为就被彻底拆散并经过操练后重新组装了。第三,肉体与姿势相关联。要造成一种姿势与全身各部位之间的最佳联系,即使得全身的各部位都能来支撑一个动作、一个姿势,这样就形成了最佳效率。所以说一个训练有素的身体,是效率和速度的保障。第四,纪律规定了肉体与其所操纵的对象之间的具体关系,使之联结起来。"在肉体与其对象之间的整个接触表面,权力被引进,使二者啮合得更紧。权力造就了一种肉体－武器、肉体－工具、肉体－机器复合。"①第五,纪律"通过一种更细致的内在安排,人们就能逼近一个使人保持最高速和最大效率的理想极限"②。

经过这一系列的支配技术的训练,一种新的客体对象形成了。这个对象不再是一个自然的肉体,一个运动物理学的概念,而是一个有机体的概念,一个既包含了自然的肉体,同时又是一个力的载体和时间的载体。这个对象呈现在权力面前,成为权力的目标,同时也呈现在知识的面前,成为其对象。这个对象是一个被操纵的肉体,是一个训练有素的肉体。

再次是创生性技术。福柯在这里首先提到了戈布兰工厂和学校的做法,认为它代表了古典时期形成的一种新技术,即把每个人

① 福柯. 规训与惩罚[M]. 刘北成,杨远婴,译. 北京:三联书店,2003:173.
② 福柯. 规训与惩罚[M]. 刘北成,杨远婴,译. 北京:三联书店,2003:174.

的有用的时间都组织起来,充分地利用每个人的时间和发挥每个人的效率。第一,要把时间分成连续的或独立的片段,并在规定的时间内结束每一个片段。这样做的目的是不要把所有的训练都一下子展示给人们,而是要把时间分成各自独立的、细微的过程,再由浅入深地逐级训练。第二,把各种分解拆散的因素,按照一定的原则由简到繁地组合起来,使之构成序列。第三,确定这些片段应持续的时间,并以考核来作为每一个片段的结束。第四,根据每一个人的水平、资历、级别等不同情况来规定适合于他的训练。这种时间的规训技术逐渐被引入到教育和训练机制之中,就形成了一种完整的、细致入微的分解式教育,把各种因素、各个训练的时间片段纳入到一个整体的时间序列之中,从而使权力能够控制和干预时间:一是使每个人能够在应有的时间之内充分发挥自己的能力并趋于极限;二是可以对每个人的能力及表现做出综合评估,从而较好地把握他的最终能力。在这种技术中,"操练变成了有关肉体和时间的政治技术中的一个因素。它不是以某种超度为终点,而是追求永无止境的征服"①。

　　最后是为了使力量很好地组合起来,达到最好的效果而应采取的战术。福柯认为要建构一种成效高于其基本构成力量总和的生产力和战斗力,就需要这种组合艺术,纪律就被要求通过"其各基本构成因素的协调组合而达到最大效果"。第一,单个肉体成为能被安置移动的和其他的肉体组合因素。前面所说的一切都是针对单个的肉体而言的,即通过规训要把一个肉体的潜力与效率发挥到极致,但现在是要把单个肉体放在整个集体中,甚至是整个社会中,使之成为这个整体组合中的一个部件,从而发挥整体优势。

---

　　①　福柯.规训与惩罚[M].刘北成,杨远婴,译.北京:三联书店,2003:182.

第二,作为整体机制的一个部件,个体肉体要区分年龄系列。第三,必须有一个精确的命令系统来保障这种精细的力量组合,使之能够发挥出自己应有的作用。①

战术被看成是规训技术的最高形式。福柯认为从对个体肉体的操练到把个体当作整体机制中的一个部件或一种元素,从而发挥整体组合的力量,这种规训实践既是一种权力技术也是一种知识载体。这种规训技术在军队中表现得最为明显,尤其是在 18 世纪及以前,"在这个时期,'军事'——军事制度,军事科学,军人——是有特定意义的,是两种形势汇合的产物。一方面是战争和战场喧嚣,另一方面是保障安定的秩序和寂静"。然而通过这种规训实践,可以"把它们的图式投射到社会共同体上",吉尔伯特说,"纪律应该成为全国性的"。这个图式就是 18 世纪哲学家和法学家创造的完美社会的理想,也是一个军事社会的理想,"其基本所指不是自然状态,而是一部机器中精心附设的齿轮,不是原初的社会契约,而是不断的强制,不是基本的权利,而是不断改进的训练方式,不是普遍意志,而是自动的驯顺"②。这里需要说明的是,福柯是把这两个社会理想分开来说的,也许那个哲学家和法学家所说的社会理想,指的是自由、平等、博爱和天赋人权的理性王国,这是就现代社会所基于的理念形态而言的,但是这只是现代社会的一个方面,因为没有现代社会的经济运行机制和社会政治制度等,现代性同样是不完整的。而在后者之中,大概这种军事社会的理想就起到了自身的作用,所以我们把这两种社会理想作为现代性的两个方面来看是有完全根据的。

---

① 福柯. 规训与惩罚[M]. 刘北成,杨远婴,译. 北京:三联书店,2003:184-187.
② 福柯. 规训与惩罚[M]. 刘北成,杨远婴,译. 北京:三联书店,2003:189-190.

　　3. 规训手段。规训权力是针对个人的,它造就了适合现代社会生产形式的个人,同时也使个人成为整个社会机制中的一个部件和齿轮,并进而融入到一种力量组合的整体之中。规训的权力不是自高自大无所不能的,而是"谦恭而多疑的权力,是一种精心计算的、持久的运作机制"①。这种运行机制所以能取得成功,与其所采用的"简单的手段"有直接关系,即层级监视、规范化裁决和它们在检查中的组合。福柯接下来在"规训的手段"一章中就来讨论这个问题。

　　要想使规训能够很好地发挥作用,就必须有一种借助于监视的强制机制,层级监视就是这样一种保障。层级监视是一种既能观察又不被发现的技术,是借助于光线和可见的建筑物的技术。按福柯的分析,这种形式最早和最典型的是在军营中发展出来的,后来这种军营模式,起码是它的原则被广泛地在社会的各个领域采用,如工厂、医院、学校、监狱和收容所等。这种技术是借助于建筑物而进行的,一个建筑物不仅只是能让人们观赏,或者说不光只是能让人看到它外部的造型,同时也应便于对内进行清晰而细致的控制,也就是说建筑"应该能改造人"。从军营的建筑到医院、学校乃至于监狱等的建筑本身,都是建筑师们煞费苦心经营设计的,使得这里既是一个训练的场所,同时也是一个监视的场所。这种监视的建筑应该使一切都一目了然,所以应该有一个中心,环形建筑在18世纪比较流行,但作者认为最好的监视机制应该是金字塔形状的,因为在这里能形成一个不间断的网络,并且把每一层级都散布在一个平面上来监视。这种层级监视的机制在不断地把人的行为对象化,并纳入到细密划分的过程中。而每一个人当意识到

---

　　①　福柯.规训与惩罚[M].刘北成,杨远婴,译.北京:三联书店,2003:193.

自己的行为时刻都处在监视之中时,就不能不自觉地遵守纪律。于是,通过这种监督制度,规训权力由某种外在的强迫形式变为每个人的一种内在的对自身的约束。但这里要说明的是,这种权力来自于整个规训机制,而不是来自于某个人,即使是监视别人的人也在被监视的范围之中。因此这种权力既是毫不掩饰的,也是绝对审慎的。因为它"无所不在,无时不警醒着","没有留下任何晦暗不明之处",所以是毫不掩饰的;而它又"始终基本上是在沉默中发挥作用",所以是绝对审慎的。①

所谓的规范化裁决,是指纪律本身有自己的一套奖惩制度,这是和违反法律与道德的惩罚不一样的。具体说来有五个方面:第一,在任何规训系统的内部都有一个小型的处罚中心,来执行纪律内部的惩罚。而这些惩罚的领域是法律所不染指的,或者说是法律根本不关心,可以随意抬手放过的领域。这样会使每一个人发现自己处于一个"动辄得咎的惩罚罗网中"。第二,纪律的特殊惩罚方式,针对的是不规范、不符合标准、偏离准则等。比如对学生来说,既惩罚他的轻微违纪行为,也惩罚他不按时完成作业等行为。这既是一种人为秩序,即由法律、计划、条例明文规定的,也是一种可观察到的自然进程所规定的秩序,所以说规训的惩罚有司法和自然的双重参照。第三,"规训惩罚具有缩小差距的功能,因此它实质上应该是矫正性的"。而为了实现这种矫正功能,唯一可以采用的方式就是加强操练。第四,纪律是一个既有惩罚也有奖励的二元体制,两者不能截然分开。首先在这里不是简单划分出善、恶的不同区域,而是比较注意这两极之间的分配。其次对这些领域进行量化,比如奖励的级别与次数和惩罚的级别与次数等,制

---

① 福柯.规训与惩罚[M].刘北成,杨远婴,译.北京:三联书店,2003:194-200.

定一种较为详细的计算方法,这样就可以比较准确地评估一个人,并"'实事求是'地裁决每个人",将实施的处罚"整合进对每个人的认识循环中"。第五,规训权力将按人的品质、技巧、能力等区分差距,划分等级,并按不同等级来进行奖惩。这种按等级奖惩有两个作用:一是根据每一个人的能力和表现来为人定位;二是给人以经常性的压力,使之学会服从、驯顺和专心致志,能够符合同一个模式。①

这种规训权力的运作,就是把每一个个体行为纳入到整体之中,这个整体"既是一个比较领域,又是一个区分空间,还是一个必须遵循的准则"②。这个整体,按照一定的规则来区分每一个人,根据人的能力、才干来排列等级,从而给每一个人一种整齐划一的压力。规训机构中的这种无时无处不在的惩戒形式,具有一种规范的功能。但这种规范处罚与司法刑罚是不同的,后者遵循一种二元对立的思维模式,按照法律条文这些普遍性的范畴在罪与非罪之间划出一道鸿沟,而这种规范惩罚则是考虑一系列可观察的现象,来区分每一个人,来排列等级。而且这种规范惩罚实践,正在不断地介入到司法惩罚体制之中,引起了司法惩罚体制的变化。"整个现代刑罚历史所显示的司法－人本主义功能并不是起源于人文科学对刑事司法的介入,不是起源于这种新的合理性所特有的或似乎与之俱来的人道主义所特有的要求。它起源于运用这些规范化裁决新机制的规训技术。"③

最后再来看检查手段。"检查把层级监视的技术与规范化裁决的技术结合起来。它是一种追求规范化的目光,一种能够导致

---

①　福柯.规训与惩罚[M].刘北成,杨远婴,译.北京:三联书店,2003:201－206.

②　福柯.规训与惩罚[M].刘北成,杨远婴,译.北京:三联书店,2003:206.

③　福柯.规训与惩罚[M].刘北成,杨远婴,译.北京:三联书店,2003:207.

定性、分类和惩罚的监视。"这里既有一种监视的目光,通过将被征服者对象化来为整体中的每一个人定性、分类,同时又在追求着一种规范化的裁决,使作为客体对象的人被征服。这种技术"把权力的仪式、试验的形式、力量的部署、真理的确立都融为一体",权力关系和认识关系都介入其中,因而在这里可以发现"一个完整的知识领域"和"一种完整的权力类型"。① 这种技术被广泛地运用到了学校的考试、医院的巡视、军队的检阅之中,使得"医学认识解冻"标志着"科学的教育学的开端"和"庞大的战术知识的发展",因而这种技术已经成为现代社会一种普遍的、完整的知识类型和权力类型,发挥着规训的作用。

这种技术首先把可见状态转换成权力的行使。在检查这种技术之中,权力并不是以一种可见的形式出现,而是以一种不可见的形式出现,表现在对象的被征服的过程之中。这是一种凝视的权力,和过去君主权力的耀武扬威与符号化不同,而是以一种默默无闻的、不可见的形式,"在一种使对象客体化的机制中控制他们"。其次是检查将人置于书写网络之中,使人们陷入了一大堆文件的俘获和限定之中,一种书写权力在规训机制中建立起来。通过对个体的个性、能力等的书写记录,被规训对象符码化了,这标志着个人在规训权力中形式化的第一阶段,随之则可以将个人置于整体之中进行比较、分类,形成范畴、确定平均水准和规范。检查于是造成相互关联的两种可能性:其一是个人被当作一个可描述、可分析的对象;其二是建构起了一个比较体系。最后,由于各种文牍的包围,检查制度则把每一个人变成了一个个案,使其既是知识的对象,又是一个"可描述、判断、度量及与他人比较的具有个性的

---

① 福柯.规训与惩罚[M].刘北成,杨远婴,译.北京:三联书店,2003:208.

人。而且,它也是那个必须加以训练、教养、分类、规范化、排斥等等的个人"。检查处于权力－知识关系运作的中心位置,它通过对被规训对象的认识、分类和分配,从而可以最大限度地榨取力量和时间,并按照需要去制作具有单元性、有机性、创生性、组合性的个性的制作,于是,它使纪律仪式化了,并使之成为一种针对个人差异的权力运作方式。①

从以上福柯的论述之中我们似乎已经感觉到,监狱作为一种新的刑罚体制的出现,这是一种权力－知识关系运作图式的结果,即规训社会的图式,而监狱又成为这样一种图式的典型体现。在这种规训机制之中,"个人化的政治轴心被颠倒"②,过去只有君主和高层权势者才有被记录的个人化形式,而"一般民众是匿名的,他们处在书写之外,处于档案和典籍之外,这是一个目光所不及的混沌区域",但现在一切都颠倒过来了,"现在是民众而非君主被书写系统所包围和分类,并不停地被监视,被规范化,被检查,这一切表明,权力发生了变化"。③ 这种权力恰好是规训社会权力的特征,福柯称自己的权力理论为"权力的微观物理学","这与微观物理学对关系和结构的优先强调有关",他也是要强调权力的关系属性优于个人。④ 现代社会中的个人并不是独立自主的,而必然是这种权力的结果。所以说,这种规训权力在对个人加以监视、规范化裁决和检查中生产着关于个人的知识,而当我们忽视了这种规训社会特有的权力的存在时,则把这种关于个人的知识当作了所谓主体的规定性,并将之看成是产生于契约。"按照这种观点,商业社会

① 福柯. 规训与惩罚[M]. 刘北成,杨远婴,译. 北京:三联书店,2003:210－216.
② 福柯. 规训与惩罚[M]. 刘北成,杨远婴,译. 北京:三联书店,2003:216.
③ 汪民安. 福柯的界线[M]. 北京:中国社会科学出版社,2002:199.
④ 王治河. 福柯[M]. 长沙:湖南教育出版社,1999:195－196.

被说成是孤立的合法主体的契约结合。"但不能忽略的是,还存在着前面我们分析的将个体建构成与权力和知识相关的因素技术,"个人无疑是一种社会的'意识形态'表象中的虚构原子,但是他也是我称之为'规训'的特殊权力技术所制作的一种实体"。权力不是只能从消极方面来描述,也可以从积极方面看到权力的生产性,"它生产现实,生产对象的领域和真理的仪式"。①

第二节　全景敞视主义

　　如果说前面我们分析的是就积极的方面来看司法惩罚制度的变化的话,即我们是在权力－知识关系运作中来看司法惩罚制度逐渐地抛弃了过去的酷刑和公开处决的仪式化行为,逐渐转向一种禁闭犯人并改造犯人的规训行为。也就是说,司法惩罚制度的改变是随着社会时代的改变而改变的,是一种规训图式的产物。但现在似乎福柯掉过来,给我们讲述现代社会的这种规训技术的产生,是就消极的方面来阐述由古典时期对麻风病人的放逐,到后来出现瘟疫时的禁闭和监视形式,这样两种非正常时刻和非正常举动演化出了现代的规训技术。按照他的分析,麻风病人引起了放逐的风波,使得人们被迫把人分成了正常人与非正常人,并将二者隔离,将后者加以排斥、放逐到一片无须分解的混沌之中,等待着毁灭。而对待瘟疫则使用更为复杂、更为细致的分割战术,要对每一个人都做出个人化的解析和分配,要将整个社会(瘟疫区)置于一个严格的网络之中,在这里有完整的层级监视,有细致的观察和书写覆盖。这两种方案虽然有很大的差别,但并非是截然不同

---

　　① 福柯.规训与惩罚[M].刘北成,杨远婴,译.北京:三联书店,2003:217-218.

的。19 世纪的精神病院、妓女收容所、教养所、少年犯教养学校等
场所规训权力的运作,"一切实行对个人的控制的权力机构都按照
双重模式运作,即一方面是二元划分和打上标记(疯癫/心智健全;
有害/无害;正常/反常);另一方面是强制安排,有区别地分配(他
是谁,他应该在哪里,他应该如何被描述,他应该如何被辨认,一种
经常性监视应如何以个别方式来对待他,等等)。一方面,麻疯
(风)病人被当作瘟疫受害者,个人化规训战术被应用到被排斥者
身上;另一方面,规训控制的普遍化导致给'麻疯(风)病人'打上标
志,并调动起双重的排斥机制来对付他"①。两个时代、两种技术、
两种机制终于合流了。

这让我们着实不好理解,甚至不愿去理解,每当我们想到现代
社会的种种制度始终都是和那些启蒙思想家的华美约言联系在一
起,和那些启蒙时代开始流传的理性原则和理念形态联系在一起;
每当我们说起现代性时,总是喜欢将之和所谓的永远公正、永恒正
义的理性王国联系在一起;一个多世纪以来,人们一直是把现代性
当作启蒙理性的积极成果来考虑,而福柯一下子就把现代社会定
为一个规训社会,并把这种规训技术和现代监狱形式联系在一起,
看作是监狱中的规训原则的消极产物,不能不说是惊世骇俗,但我
们面对他的论证又不能不承认他说得有道理。

1. 全景敞视建筑与规训原则。福柯为了说明这点,提出了一
个"全景敞视主义"(Panopticism)的概念,这个概念来自于边沁的
"全景敞视建筑"或者叫"敞视式监狱"。按照边沁的理想,监狱应
该建成一个环形建筑,中间是一个瞭望塔;四周的环形建筑被分割
成一个一个的小囚室,每个小囚室都贯穿着建筑的横截面并有两

①　福柯. 规训与惩罚[M]. 刘北成,杨远婴,译. 北京:三联书店,2003:223 - 224.

个窗户,一个对着外面,可以透进光线,一个向着瞭望塔。瞭望塔上有一圈窗户对着各个小囚室,这样,只要在瞭望塔里安排一个观察者,就可以清清楚楚地看到各个小囚室的人的一举一动。每一个囚室里的人都随时处于被观察之中,他构成了一种向心的可见性,而每一个囚室的分割又使得人们在横向上不可见。但在此,福柯话锋一转,指出如果这囚室里是一个工人、一个学生、一个病人等,又会如何呢?按照他的分析,边沁设计的"敞视式监狱"的原则,已经成为整个现代社会的规训原则,或者更准确地说,现代社会的规训原则完全符合边沁所设计的"全景敞视建筑"的原则,所以他借用了"全景敞视主义"来概括现代社会的规训技术。用德勒兹的话说,全景敞视主义理论的公式就是"在任意一个人类多样性中强加任意一种教化",且这种教化的强加"借由空间的分布、时间的安排与编序,与时空的组合而完成"。①

这种符合主要表现在权力的运作形式上,按照这种全景敞视建筑的设计,"在被囚禁者身上造成一种有意识的和持续的可见状态,从而确保权力自动地发挥作用"②。这种建筑是一种分解观看和被观看的二元统一的机制,在四周的环形囚室中的人,彻底被观看,却不能观看,而且他也不知道何时正被观看着,所以一种无形的权力施加在他的身上,使他时刻戒惧。而处于中间瞭望塔上的人,能够观看一切,却不能被看到。不管瞭望塔上是否有人在观看,但对于环形囚室中的人来说却总好像被监视一样。于是,权力就变成自动化的和非个人化的了,它不再体现在某个人身上,而是体现在这种机制之中,体现在对于肉体、表面、光线、目光的统一分

---

① 德勒兹.一位新的地图绘制学者[A]. 德勒兹. 德勒兹论福柯[M]. 杨凯麟,译. 南京:江苏教育出版社,2006:35.

② 福柯. 规训与惩罚[M]. 刘北成,杨远婴,译. 北京:三联书店,2003:226.

配和安排上,体现在一种机制上。而这种机制,是一种确保不对称、不平衡和差异的机制,在这里,产生了制约着每一个人的关系,因而不管是谁来监视,也不管他是出于何种目的来监视,都会产生同样的权力效应。在这里不需要有铁栅栏,不需要有刑具,也不需要有大锁,只要实行鲜明的隔离和妥善地安排门窗出口,则不用任何暴力措施,甚至不需一种外在力量来强制犯人改邪归正,他们就会自动将那种规训权力施加于自己身上,于是,"一种虚构的关系自动地产生出一种真实的征服"①。而在现代规训社会之中,没有这个环形建筑,但每一个人似乎都被定位在这样一种权力关系之中,被定位在这样一种光线和目光的权力运行机制当中,因而每一个人都具有了双重的身份,他既是一个观察者,是一个施加这种规训权力的人,但同时又是一个被观察者,是一个把这种规训权力施加于自身的人。

全景敞视主义不仅带来了权力运作的发展,同时也带来了知识的发展。我们可以把边沁设计的"全景敞视建筑"看作是一个试验场,这是一个改造人的行为、规训人的机构,可以根据犯人的罪行和个性特点来试验不同的惩罚,寻找到最有效的方法;可以用来对病人试验各种不同的药品,监视其产生的效果;可以教不同的工人掌握不同的技术,从而确定最佳的技术;也可以进行各种教学试验;等等。这里也可以成为一个监督自身机制的结构,可以对这里的所有雇员进行监视,乃至于对这个结构的总管进行监视,对他们做出评判,改变他们的行为,使之运用最好的方法。于是,知识也获得了新的进展,并获得了一种新的认识对象。边沁设计这个"全景敞视建筑",是完全作为一种自我封闭的特殊制度提出来的,但

---

① 福柯.规训与惩罚[M].刘北成,杨远婴,译.北京:三联书店,2003:227.

福柯提出"全景敞视主义"理论,认为它不是一个自我封闭的乌托邦,而是一种"被还原到理想形态的权力机制的示意图",它应该"被视为一种普遍化的功能运作模式,一种从人们日常生活的角度确定权力关系的方式","它实际上是一种能够和应该独立于任何具体用途的政治技术的象征"。① 这样,"全景敞视建筑"就自然而然地过渡到"全景敞视主义",边沁为监狱设计的这种权力形式,就成为现代规训社会普遍运行的一种权力运作机制,从改造犯人适用到了医治病人、教育学生、禁闭疯人、监督工人、强制乞丐和游惰者劳动等不同的领域。

2. **规训权力的生产性**。这种规训技术通过几种途径可以使权力的行使变得完善起来,首先是减少行使权力的人数,同时增加受权力支配的人数;其次使权力可以在任何时刻都进行干预,甚至在没有发生过失、错误和罪行的时候就在不断地施加压力;再次是权力从不直接对人发生干预,而是自动干预、自动施展的;最后这种机制不使用任何物质手段作用于每一个个体,而是造成"精神对精神的权力"②。这也是一种具有生产性的权力形式,这种政治技术可以被运用到任一职能之中,并与某种特定的职能紧密联系在一起,通过对其中权力关系和知识关系进行细致入微的调整,来适应需要监督的各种过程,"在'过剩的权力'与'过剩的生产'之间建立一种正比关系"③,来增加后者的效果。这种机制也不排除一种外来的持久存在,它也要经常地接受外来的巡视,可以是正式的巡视员,也可以是普通公众。所以这种权力机制可以保证无论权力强化到什么程度都不会有蜕化为暴政的危险,因为它受到民主的

① 福柯. 规训与惩罚[M]. 刘北成,杨远婴,译. 北京:三联书店,2003:230-231.
② 福柯. 规训与惩罚[M]. 刘北成,杨远婴,译. 北京:三联书店,2003:231.
③ 福柯. 规训与惩罚[M]. 刘北成,杨远婴,译. 北京:三联书店,2003:232.

控制,这里的权力运作将受到全社会的监视。

这种权力机制注定要传遍整个社会机体,变成一种普遍的功能。而且它注定成为一种生产性权力,它的目的就是要"加强社会力量——增加生产、发展经济、传播教育,提高公共道德水准,使社会力量得到增强"。全景敞视主义既是一种权力增强器又是一种生产增益器,它能通过自身力量的增强来增加社会力量,这种生产性扩充是靠它的运作来保障的,一方面是"权力得以在社会的基础中以尽可能微妙的方式不停地运作,另一方面,权力是在那些与君权的行使相联系的突然、粗暴、不连贯的形式之外运作"。也就是说,全景敞视主义是在各种参差不齐的肉体的领域中运作,需要的是解析空间分配间隔、差距、序列、组合的机制,并使用能够揭示、记录、区分和比较的手段,总之这是一种在复杂的关系中运作的权力的微观物理学,或者是一种"政治解剖学",其目标"不是君权的各种关系,而是规训(纪律)的各种关系"。正是这种全景敞视主义原则的普遍化遍布了整个社会机体,所谓的规训社会就形成了。①

这种全景敞视主义模式向整个社会机体中的扩展,是在17—18世纪伴随着一系列更深刻的进程实现的:第一,纪律的功能转换。纪律本来只具有防范性的功能,用来防止出现危险,并束缚和限制那些无用的人。而现在则要起积极的作用,要去强化对每个人的利用,并逐渐转变为"造就有用人才的技术"②。第二,规训机制逐渐突破医院、监狱、学校、军营等封闭式建筑,开始在全社会中形成各种各样的观察中心,并对整个社会机体起到作用。第三,国家对规训机制的控制。国家机构为了维护其统治以及社会秩序,

① 福柯. 规训与惩罚[M]. 刘北成,杨远婴,译. 北京:三联书店,2003:233 - 235.
② 福柯. 规训与惩罚[M]. 刘北成,杨远婴,译. 北京:三联书店,2003:237.

就要了解社会全员的情况,要关注每时每刻发生的和任何微小的事情,因而就需要"具备一种持久的、洞察一切的、无所不在的监视手段"①。于是,一个巨大的监视网络和一个复杂的记录组织就遍及整个社会机体,也就使得这种规训技术进入了各个领域。但规训技术不能等同于这些国家机构或国家体制,它只是一种权力类型、一种权力的技术学,它可以被任何一个机构为了任何一种目的借过去使用,但它自身的一系列技术手段是不能被丢弃的,而且只能是这种权力技术学改变这些国家机构的权力运作方式。

规训社会的形成是社会历史发展的一系列进程的一部分,而不是孤立产生的。首先从社会经济发展的角度说,随着人口的愈益增多,社会生产规模的日益扩大,封建权力的残余和君主制的权力机构都不能适应这种较为复杂的组织形式,这个时候就需要这种规训权力来把握与加以应付了。纪律这种权力策略具有比较符合处理现代社会的复杂群体关系的三个特色:一是以最小的代价来行使权力;二是使社会权力达到最大效应并同时无失误、不间断地尽可能扩大这种效应;三是要同时增强系统内一切因素的驯顺性和实用性。于是纪律就以温和—生产—利润原则,取代了征用—暴力原则,用一种秘密地把自己对象客观化的权力取代了表现在权力行使者的显赫之中的权力,而形成了一种新的图式。其次,从法律–政治的角度来看,权力的全景敞视方式处于一种基础的、技术的纯物理层面,和 18 世纪建立的以平等为基本形式的法律体系不同,但又紧密相连。这种法律体系的运行,"保障原则上平等的权利体系的一般法律形式,是由这些细小的、日常的物理机制来维持的"。而且这种全景敞视主义权力形式,有时表现为一种

---

① 福柯.规训与惩罚[M].刘北成,杨远婴,译.北京:三联书店,2003:240.

不平等、不对称性,甚至被称作是一种反法律,但它持续在深层影响着法律结构,成为保持社会基础、社会平衡的一个因素。所以福柯说:"'启蒙运动'既发现了自由权利,也发明了纪律。"①再次,从知识与权力的关系来看,规训技术应该是知识积累、科学进步的必然产物。这些技术都不是突然一下子凭空产生的,都是有着一个长期的积累过程,而在 18 世纪,这种知识的积累和权力结合起来,二者相互促进并形成了一个良性循环,于是纪律跨过了技术的门槛,成为一种权力形式。作者在这里特别提到作为人文各学科基础的调查技术的发展,它来源于中世纪宗教法庭的审问技巧,那是与旧式的发誓、神裁法、法庭决斗、上帝审判等等联系在一起的,今天人们已经忘记了宗教法庭的发明了。"关于人的科学在过去一个多世纪里曾使我们'人类'感到欢欣鼓舞,但它们的技术母体乃是这些卑微、恶毒、繁(烦)琐的规训及其调查。"②这再一次向我们展示了权力和知识之间的密切关系,让我们看到了不同的权力产生不同的知识。

　　3. **规训与惩罚**。然而,这一规训社会把每一个人都置于这种全景敞视主义的权力监视之下,人人都在被观看着,都生活在一个书写和各种文档记录的网络之中,这个规训社会不就是一座巨大的监狱吗?而在这样一个巨大的象征性的监狱之中,还用得着真正的监狱的存在吗?或者说现实中真实存在的监狱又是一个什么样的地方?在这个规训社会中又起着怎样的特殊的作用呢?

　　上一节曾提出了一个问题:即在三种司法刑罚方式并存的时代,虽然监狱这种形式遭到了改革者的批判,可为什么最后它还是

①　福柯.规训与惩罚[M].刘北成,杨远婴,译.北京:三联书店,2003:248-250.
②　福柯.规训与惩罚[M].刘北成,杨远婴,译.北京:三联书店,2003:253.

取代了另外两种惩罚形式而被现代社会接受了呢？福柯认为监狱这种形式，与现代社会的职能之间具有紧密联系，于是就使得人们把那些改革家的一切设计都抛诸脑后，使监狱具有了不言而喻的性质而别无选择。监狱的自我证明表现在两个方面：一是它的惩罚功能。它采用了非常简单的剥夺自由的方式来进行惩罚，这对于将自由看得高于一切并以全部的幻想和期待向往着自由的现代社会的人们来说，是最典型的刑罚。监狱的惩罚还要用时间来量化，按照日、月、年来计算，确定罪行与时间之间的量化等式。二是监狱被设想为一个规训和改造人的机构。在这方面监狱与军营、学校和工厂没有什么本质上的差异，只是程度不同罢了。因为这里是一个彻底的规训机构，它必须对每个人的所有方面，包括身体素质、劳动能力、日常行为、道德态度、精神状态等全面负责；而且监狱的这种规训是持续的，不受任何外界的干扰；监狱的规训权力是一种强制性的和绝对的、专制的纪律，是强有力的使邪恶者洗心革面的机制。正是监狱这两方面的基础——法律－经济基础和技术－规训基础，使得它成为不证自明的刑罚形式并被现代社会接受。

　　监狱还有三个原则：隔离是监狱的首要的原则。"使犯人与外部世界、与促成犯罪的一切事物、与促成犯罪的集团隔离开，使犯人彼此隔离。"①这既可以消除将不同的犯人集中在同一个地方可能产生的有害的结果，也能让这些犯人便于自我反省并产生悔恨，使得犯人与施加在他们身上的规训权力能亲密地交流。如奥本监狱和费城监狱的制度，虽然它们的隔离方式略有差别，但它们都产生了一种对人的良心的作用，其效果是对犯人的深刻的征服而不

---

　　① 　福柯. 规训与惩罚［M］. 刘北成，杨远婴，译. 北京：三联书店，2003：265.

仅仅是一种表面的驯服,产生的是一种道德的转变而不仅仅是态度的转变。由此我们看到监狱制度的宗旨,是"通过中断所有不受权力当局监视的或不按等级排列的关系,强制地实行个人化"①。劳动是其第二个原则。在监狱之中犯人都要被强制参加劳动,而且每天劳动的时间是固定的,开始时犯人都拒绝和排斥,仅仅是被迫而已,但渐渐的,劳动就成了他们的一种习惯,并且这种习惯可以成为犯人的第二天性,使他们充分享受劳动的乐趣;而且在这里还可以按照工业社会的一般规范造就出机械化的工人,所以说监狱"是而且按其本性应该是一台机器,犯人—工人既是它的部件,又是它的产品";在这里犯人的劳动是为了要"建立一种权力关系,一种空洞的经济形式,一种使个人服从和适应某种生产机构的模式"。② 他们得到的工资只是对他们服从规训权力的一种奖励。第三个原则是监狱愈益变成了调节刑罚的工具。法庭的判决是根据犯人所犯罪行的性质,而根本不顾犯人在改造过程中的悔过程度,甚至是完全洗心革面也被置之不理。这样对改造犯人不利。所以很久以来监狱就在争得一种权力,即不仅有管理的自主权,而且也应该成为惩罚权力的一部分,能够根据犯人悔改的程度来对他的惩罚期限做出调节。

从以上所述的三个原则来看,监狱主要的形式是拘押,即剥夺罪犯自由。那么就有一个问题出现了,即拘押这种宏大权力与规训这种微型权力之间的关系是什么?"拘押作为监狱的外在形式固然是由宏观的刑罚权力所控制的,而充塞于这个外在形式之中的内在的规训技术能不能不受这个宏观权力的控制而相对独立地

---

① 福柯.规训与惩罚[M].刘北成,杨远婴,译.北京:三联书店,2003:268.

② 福柯.规训与惩罚[M].刘北成,杨远婴,译.北京:三联书店,2003:270-273.

运作呢?"①福柯认为监狱变成了超出单纯拘押作用的教养所之所以能够站住脚,是因为它把刑事司法引进了知识关系之中,"知识关系由此变成刑事司法的无尽头的迷宫"②。监狱的两大职能就是监视和认识。一方面,应该将犯人置于一种持续的观察之中,如前面所述,使之持续可见;另一方面,对每个犯人的表现、他的深层精神状况、他的逐渐进步等要有全面的了解并记录下来。于是,监狱变成了建立一套知识的场所,一种实现个人化和进行持续记录的体系,并用这套知识来调节教养活动。

规训权力战胜司法权力的关键,是"过失犯"(delinquent)成为监禁的对象。首先过失犯与罪犯的区别关键在于,确定过失犯的特征重要的是他的生活环境而不是他的犯罪行为,过失犯的生活应该受到彻头彻尾的检查。在这一点上,司法惩罚的宏大权力与规训的微型权力出现了差异:前者针对的是一种行为,后者针对的是一种生活。"用一种知识形式重构一种生活的所有悲惨的细节,用一种强制活动填补那种知识的空隙并对它施加影响",就是规训权力这种惩罚技术的任务了。"这是一种传记知识和矫正个人生活的技术",对这些过失犯的观察,既要回溯到他的环境,也要回溯到他犯罪的原因,要从心理学的角度来发现他危险的天性、从社会地位的角度来发现他有害的定式、从家庭教养角度来发现他恶劣的家风等。对他的观察和调查应从法庭到监狱一直追随着他,这就能使人根据一个完整的履历"描绘出一个因果关系网,有可能提出一个惩罚—矫正裁决"。③

① 吴猛,和新风.文化权力的终结:与福柯对话[M].成都:四川人民出版社,2003:274.
② 福柯.规训与惩罚[M].刘北成,杨远婴,译.北京:三联书店,2003:278.
③ 福柯.规训与惩罚[M].刘北成,杨远婴,译.北京:三联书店,2003:281–283.

　　其次,过失犯与罪犯的区别还体现在他是自己的犯罪行为的制造者,更重要的是有一系列的错综复杂的线索将他与他的犯罪行为联系在一起。因此我们不应该从法律的角度,而更应该从规范的角度去对待他,去对他加以界定和说明。这样,关于过失犯的一系列实证的知识就逐渐建立起来。福柯说:"新知识的任务则在于'科学地'界定犯罪行为,尤其是界定做(作)为过失犯的人。犯罪学因此而得以产生。"①不要认为是科学理性发现了过失犯才把教养技术引进了现代监狱,也不要以为是教养方法自我改进从而发现了这种过失性状而使得古老的监狱制度发生了改变,过失犯和教养技术是一对孪生姐妹,是相互衍生、共同出现的一种技术组合。监狱不是源于 18 世纪的司法改革家的呼吁,但有一点是我们应该看到的,那些改革家规定的刑事司法在使罪犯客体化时是沿着两条路线进行的:一是把罪犯确定为置身于社会契约之外的、道德的和政治的怪物;二是把罪犯确定为能够通过惩罚而获得新生的司法主体。现在,过失犯的概念可以把这两条路线结合起来。由于过失犯的新概念、新知识,监狱的宏观司法惩罚权力变得无能为力,它只能在"一个一般的'真理'范围内运作",于是,这种惩罚权力"不再敢公开显示自己,而是默默地组建一个客体现实领域,在这个领域中惩罚将做(作)为治疗而公开运作,判决将被纳入知识的话语中"。②

　　4. 监狱技术。"从公开处决到监狱刑罚的转变并不是向一种无差别的、抽象的、混合的刑罚的转变,而是从一种惩罚艺术向另一种毫不逊色的精巧的惩罚艺术的转变。这是一种技术变化。从

①　福柯. 规训与惩罚[M]. 刘北成,杨远婴,译. 北京:三联书店,2003:284.
②　福柯. 规训与惩罚[M]. 刘北成,杨远婴,译. 北京:三联书店,2003:286.

这种转变中产生了一种症状,一种象征。"①这是一种精心地改造人的行为的技术的刑事拘留,取代了暴力惩罚的过程。这种取代意味着一种精心组接的规训机制的诞生,监狱更是这种规训机制的典型代表。150 年来监狱就是在不断地强化教养技术,贯彻教养目标来对待自身的失败的。在过去 150 年间,形成了监狱完善而健全的教养条件的七个准则:第一是改造原则,刑事拘留应该以改造人的行为举止为基本职能;第二是分类原则,对犯人的空间安排和隔离,既要考虑其行为和所受刑罚,也要考虑他的年龄、性别、个性、思想和要采取的改造技术与改造阶段;第三是刑罚调节原则,根据犯人的特点、被改造的具体情形来调节刑罚;第四是工作义务权利原则,通过强制劳动来改造犯人并使犯人逐渐社会化;第五是教养教育原则,对囚犯进行一般教育和职业教育,这既有利于社会,又是囚犯的义务;第六是拘留的专业监管原则,应该有一支具备教育者应有的品德和技术的专业人员队伍来监督和管理监狱体制;第七是辅助制度原则,即在监禁结束之后应有必要的监督和帮助措施。

从以上的七个原则来看,监狱的体制有四种因素:一是纪律作为至上权力因素,二是理性原则作为辅助认识因素,三是相反效应因素,四是不断改进也不断经历改革失败的乌托邦复制因素。由此可见,监狱的发展就是不断失败、不断改革的过程,失败和改革是同一个进程,而不能看作是前后相继的过程。"'监狱体制'把话语和建筑,强制性规章和科学命题,实际社会效应和所向披靡的乌托邦,改造过失犯的计划和强化过失倾向的机制组合成一个形

---

① 福柯.规训与惩罚[M].刘北成,杨远婴,译.北京:三联书店,2003:290.

象。"①福柯认为我们必须看到所谓的失败提供了什么,这些形形色色的批评有什么作用。应该说,"监狱及其一般的惩罚并不旨在消灭违法行为,而是旨在区分它们,分配它们,利用它们","刑罚不是简单地'遏制'非法活动,而是'区分'它们,给它们提供一种普遍的'经济机制'"。②也就是说,把司法刑罚当作统治机制的一部分,这样才能理解监狱的失败。

福柯认为这是由 18—19 世纪各种民众革命运动的影响造成的,它有三个特殊进程:首先是政治层面非法活动的发展,如本来在某种意义上是局部性的活动,在大革命期间演化成了政治斗争;有一些政治斗争本身就是以各种非法活动为基础的。由此非法活动已不仅是一个法律刑罚的问题,而是成了一种政治斗争形式。其次,非法活动愈益被纳入到工人、农民等一系列反对法律本身和推行法律的阶级的自觉斗争中。最后,在 18 世纪末非法活动这些过去处于分散的、互不相干的各自独立现象愈益聚在一起,表现为一种重新组合并构成了一种新的危险。而到了 19 世纪初,民众的非法活动有三种扩散的趋势,它们进入了一般的政治视野,并且明显地与社会斗争相结合,不同形式和不同层次的斗争相互沟通。

从非法活动进入到政治的层面看,监狱虽然表面上失败了,但实际上它并没有偏离自觉的目标,并且能够实现自己的目标。"它促成了各种非法活动中的一种特殊形式的兴起,它能够把这种形式分离出来,暴露在光天化日之下,把后者组成一种相对封闭的但又能被渗透的环境",这就是监狱所造成的过失犯。福柯认为造成过失犯是刑罚的一个效应,而且从某种意义上来说还是一种积极

---

① 福柯.规训与惩罚[M].刘北成,杨远婴,译.北京:三联书店,2003:306.
② 福柯.规训与惩罚[M].刘北成,杨远婴,译.北京:三联书店,2003:307.

效应。作为一种特殊非法活动的过失犯,经过了监狱的规训,成了"'监狱体制'及其网络所确定、分割、离析、渗透、组织、封闭在一个确定的环境中的非法活动;它被'监狱体制'当做一个对付其他非法活动的工具"。①过失犯的威胁很小,几乎可以忽略不计,因为首先可以把过失犯置于直接的监督之下,其次能够把这种"自我吸收的过失犯罪转化为危害较小的非法活动"②。但他们的直接用途却是很大的,他们是统治集团非法活动的工具。首先,过失犯可以成为管理和利用非法活动的手段,如对社会中娼妓的管理和利用等。其次,在政治上,过失犯还可以成为情报员和进行蛊惑的内奸来和警方合作。而在对过失犯的利用上,警察、监狱是必不可少的。警察起到了监督作用,而监狱造就了那些易于监视的过失犯群体。于是形成了一种警察 – 监狱 – 过失罪犯这样一个三位一体的组合,"三者相辅相成,并构成了一个永不中断的循环。警察监视给监狱提供了罪犯,监狱把罪犯变成过失犯,后者成为警察监视的目标和助手"③。

福柯在这里特别分析了当时两个过失犯罪的典型:维克多和拉塞奈尔。前者既是警察打击的对象,又是警察机构合作的对象,使得过失犯罪完全从其他非法活动中被分离出来,转变了方向,和权力形成了一种制度性的结合。因而它会为人们提供一种空前的恐惧,即在执法者和违法者之间具有某种不可告人的默契。于是一种"警察权力的戏剧、犯罪与权力共谋的日常戏剧"开始了,而后者是在临死之前展示了过失犯罪对非法活动的胜利(他的一切表现都要把自己的同谋犯送上断头台),即一方面"非法活动被拖入

---

① 福柯. 规训与惩罚[M]. 刘北成,杨远婴,译. 北京:三联书店,2003:312.
② 福柯. 规训与惩罚[M]. 刘北成,杨远婴,译. 北京:三联书店,2003:314.
③ 福柯. 规训与惩罚[M]. 刘北成,杨远婴,译. 北京:三联书店,2003:318.

了过失犯罪,另一方面则转向了一种犯罪美学"。① 于是,非法活动在过失犯这里就成了一种象征性形象,并转变成了一种话语。福柯说这标志着一个新的时期(一个特权者某种非法活动的理论游戏时代)的到来,即资产阶级实际从事的政治与经济的非法活动将要在理论与美学观念中重现出来。

过失犯罪反对非法活动,以及与统治集团之间的合作,非常明显地表现在警察 - 监狱体制运作之中。为了很好地达到目的,就要将过失犯和社会底层那些非法活动的发源地区隔开来。如采用对贫苦阶级的道德教化,用各种更专门的方法造成下层居民对过失犯的敌意,等等。在这里扮演重要角色的就是将过失犯罪转变为话语的社会新闻及犯罪文学。社会新闻在不断地宣传那些过失犯"近在身边,到处出现,处处令人恐惧",这就容易使人们"接受那种分割社会、实行司法和警察监督的制度"。② 而作为一种通俗文学形式的犯罪小说,则在过失犯和日常生活之间划出界限,认为这种异己性首先出自社会底层,其次是疯癫,再次是上流社会的犯罪。这使得过失犯罪既贴近我们又疏远我们,在过失犯罪周围建立起一个隔栅。但我们不能忽视的是反社会新闻的工人报纸,它旨在颠倒那一成不变的关于犯罪的话语体系,要给予犯罪一种积极的评价,他们认为犯罪是一种积极的抗议和反抗行为:反抗饥饿、反抗贫困、反对阶级压迫等等。作者在这里援引了 1840 年《判决公报》中讲的一个事例,一个 13 岁的无家可归的孩子,被指控犯有流浪罪,被判了 2 年徒刑。在这个事例中做出判决的与其说是法律,不如说是纪律,即一种规范:每个人都要被强迫生活在一个

---

① 福柯. 规训与惩罚[M]. 刘北成,杨远婴,译. 北京:三联书店,2003:319 - 321.
② 福柯. 规训与惩罚[M]. 刘北成,杨远婴,译. 北京:三联书店,2003:323.

巢穴之中;每个人都必须有一个可辨认的身份;每个人都必须被安排在一个等级体系中。这就是一个维护秩序的问题,而与之敌对并冲突的是一种无纪律,并不是犯罪。于是,烦琐的纪律导致了文明被抵制,一种无纪律的话语产生了。

福柯选择了1840年1月22日作为监狱体制形成的日期,这是梅特莱农场正式使用的日子,这一天也被人文学者定为是科学心理学诞生的日子。好像是一个巧合,但其中也有某种必然关系。梅特莱农场是一个极端的规训机构,也是对行为进行各种强制技术的集大成者,这里可以发现修道院、监狱、学校、兵团等不同形式,实行家庭模式、军队模式、工厂模式、学校模式、司法模式等五种不同的规训模式。在这里训练和观察是同时进行的,每一个囚犯都将有系统的记录。这里的训练是与其他的监督方式,如医疗、教育和宗教联系在一起,并以它们为基础的。这里的班组长与工头都必须和囚犯亲密地生活在一起,日夜观察他们,因而在囚犯中形成了一个严密的监视网络。"在实施规范化的权力被规范化的过程中,在对一种凌驾于个人的权力—知识的部属中,梅特莱及其学校标志着一个新时代。"①

梅特莱既是监狱,因为这里收容被法庭定罪的少年犯,但又不是监狱,因为它还收容那些被宣判无罪的未成年人。这是一个刑罚范围的边界,而这个边界正是当时法律之外形成的一系列机构构成的"监狱群岛"中著名的一个。监狱群岛构成了一个巨大的网络,它以监狱为中心和中介,把司法惩罚和各种规训机构联系起来,构成了一个巨大的"监狱连续统一体"。它把教养技术扩散到各种纪律之中,把纪律规范渗入到刑法体制的核心,这样就形成了

_____

① 福柯.规训与惩罚[M].刘北成,杨远婴,译.北京:三联书店,2003:341.

一个微妙的、区分等级的监狱网络。这个网络则首先是在监狱的外围,然后逐渐向全社会扩散,最终使得这种规训技术扩散到了整个社会机体。由此就产生了几个重要的后果:第一,是这个宏大的机制建立了一种对各种行为的认定,从不守规范到犯罪,规训与惩罚机构以及规训与惩罚标准的渐进性、连续性与等级差异。第二,正是这样一个严密的监狱网络产生了过失犯,并招募过失犯。所以说过失犯是一种制度的产物,即整个社会进入了规训社会后的产物,而并不是单纯的监狱自身的产物。第三,这个巨大的监狱连续统一体造成了规训权力与法律惩罚权力之间的有效沟通,使得刑罚能够从最轻微的强制不间断地延续扩展到时间最长的刑事拘留,建构起了具有直接物质性的规训技术现实。第四,由于新的权力经济和巨大的监狱网络的出现,才使得一种新的法律出现,这种法律就叫"规范"。于是,规范就成了整个社会的一种新的统治形式和手段。第五,这个巨大的全景敞视运作的体系,通过检查、记录、讯问等将人客体化的方式,把对人的认识运用到权力的运作之中,同时也在权力的运作中形成了关于人的知识。第六,监狱网络是深深植根于权力的机制和战略之中的,因而它能够应付任何改造它的尝试,所以监狱虽屡遭批判和指责,却最终发展起来。这个发展有两个进程:一是减少了过失犯罪的效用;二是随着规训网络的发展与扩大,监狱的司法刑罚权力愈益转让自己的部分权力给这些规训机构。于是我们生活在一个教师-法官、医生-法官、教育家-法官、社会工作者-法官共处的世界,一个规范性无所不在、时时处处监视和规范着我们的时代,生活在一个由高墙、空间、机构、规章、话语构成的复杂网络的"监狱之城"中,这里的所有机构都致力于一种规范化的权力,它们不是被用于对付违反法律的行为,而是用于生产机构。

"追根究底,统辖着所有这些机制的不是某种机构的统一运作,而是进行战斗的必要性与战略准则。因此,把这些机构说成是压制、排斥、制造边缘状态的种种观念,不足以描述出处于'监狱之城'核心的居心叵测的怜悯、不可公开的残酷伎俩、鸡零狗碎的小花招、精心计算的方法以及技术与'科学'等等的形成。所有这一切都是为了制造出受规训的个人。这种处于中心位置的并被统一起来的人性是复杂的权力关系的效果和工具,是受制于多种'监禁'机制的肉体和力量,是本身就包含着这种战略的诸种因素的话语的对象。在这种人性中,我们应该能听到隐约传来的战斗的厮杀声。"①

---

① 福柯.规训与惩罚[M].刘北成,杨远婴,译.北京:三联书店,2003:353-354.

第七章　权力展布与现代性

福柯的全部研究都是对启蒙和现代性的一种批判。但福柯着眼的角度却让人匪夷所思,如疯癫史、人文科学史、临床医学史、监狱史、性经验史等等,涉的几乎都是处于边缘的、非中心的现象,或者说是非正常现象。当然这里所谓的"非正常"是按照我们在传统社会理论的框架之内来讨论和认定的,福柯却绝没有这样提过,也许对于他来说,在正常与非正常之间本来就没有明确的界限,见仁见智而已。他不像其他讨论启蒙与现代性的学者和思想家那样按着一种惯常的做法去讨论那些宏大叙事,诸如自由、平等、博爱、人权等理念的实质和在现代社会中的作用,以及人们在这些宏大叙事的鼓舞下所进行的前赴后继的斗争,而是去讨论那些所谓的非正常现象,在现代社会中是怎样被划分成非正常的,又是怎样被放逐的。这个过程既是一个权力的过程,同时又是一个认知的过程,这是一个权力 – 知识的体系。福柯认为权力与知识是相互紧密结合在一起、同谋共生的一对孪生兄弟,这是他的谱系学的核心,也是他研究启蒙与现代性问题的出发点。

"科学史主要置于一个大致是认知—真理的轴上,或至少从认知结构到真理要求的轴上。与科学史相反,知识谱系学置于另一条轴上,话语—权力的轴,如果你们同意,或者说是权力的话语—冲突活动的轴。然而我觉得,当人们在 18 世纪这个特殊时期出于各种原因从事知识谱系学,当人们在这个领域、这个地方从事知识谱系学的时候,它首先必须挫败启蒙的提问方式。它必须挫败在那时(再加上19和20世纪)被描述为启蒙、进步的东西:认识对无知的斗争,理性对幻想的斗争,经验对偏见的斗争,推理对乖谬的斗争,等等。这一切被描述和象征化为阳光驱散黑夜的步伐,我认为这是必须摆脱的:〔相反,必须〕不是把18世纪的进程理解为阳光和黑夜、认识和无知的关系,而是某种非常不同的东西:巨大的复杂的战斗,不是在认识和无知之间,而是一些知识对另一些知识的战斗——知识通过自身的形态,通过相互敌对的掌握者和通过它们内在权力的后果相互对立。"①

福柯就是要颠覆自启蒙以来关于现代性正统的探讨方式和领域,这就是他在《何为启蒙》一文中提到的,"人们是否能把现代性看作为一种态度而不是历史的一个时期。我说的态度是指对于现时性的一种关系方式"②。从个体的态度与现时性的关系方式入手,就彻底绕开了关于现代性那些宏大叙事的表述,而进入到了一个微观层次、一些具体领域来讨论现代性的展开过程,并能在这种讨论之中引入权力这一属于福柯思想的核心概念。

第一节 福柯的权力理论

1. **微型权力或权力的微观物理学。**有人说福柯提出了一个"微观权力"的概念,来与所谓的"宏观权力"相抗衡。将权力做这

---

① 福柯.必须保卫社会[M].钱翰,译.上海:上海人民出版社,1999:169.

② 福柯.何为启蒙[A].顾嘉琛,译.杜小真.福柯集[M].上海:上海远东出版社,2003:534.

样的一个划分,倒是很方便适用,而且这个概念似乎也比较适合福柯对权力所做的分析。福柯著作的一些中文译本也是这样用的,如在《规训与惩罚》一书中,他说,"这些'微观权力'的颠覆并不是遵循着'要么全部,要么全不'的法则"①,笔者在本书中为了说明问题有时也这样使用。但综合考察福柯的用意,这个概念似乎并不妥当,因为第一,我们翻译成"微观权力"一词的英文有两个:一个是 Micro – power(法文 Micro pouvoir),一个是 Bio – power。后一个词,更多的人译作生命权力或生物权力,而不是微观权力;前一个词,虽有微观之意,但也有微小、微型、微不足道之意。第二,所谓的宏观权力与微观权力,只能在一种理想状态下做理论区分,而在现实社会里,二者纠结在一起,相互结合、相互促动、相互渗透。第三,当福柯强调18、19世纪监狱的诞生时,就意味着一种新的权力形式取代了旧的权力形式,它们是前后相继的,从绝对君权到规训权力的发展是一个历史的过程,但这种取代主要指权力的性质和运行机制。在这个意义上我们说规训权力已经战胜了法律权力,成为主要的权力形式。第四,这种规训权力构成了一个复杂的权力网络,并深入到社会的方方面面以及各个领域,主宰着现代社会的一切,小到每个人的一举一动,大到社会的政治、经济、文化的发展,都受这种权力的制约。所以不应该用一个"微观权力"的名称来概括福柯提出的权力观念,并将之与所谓的宏观权力彻底区分开。笔者倒是更欣赏福柯的定位:"权力的微观物理学"或称作"权力的技术学"。

如前文所述,王治河指出,福柯所以把自己的权力观称作是"权力的微观物理学",与微观物理学中对关系和结构的优先强调

---

① 福柯. 规训与惩罚[M]. 刘北成,杨远婴,译. 北京:三联书店,2003:29.

有关,在这里元素、力量等之间的关系永远都比其自身重要。福柯的权力观确实注重关系,或者应该说权力就存在于各种关系之中,就是各种元素和力量之间的关系,这种关系构成了一个网络。这种对传统权力观的颠覆有两个深刻的意义:其一是反对把权力理解为一种外在于受体的、强加的暴力;其二是颠覆了作为施动者的主体。权力在这个网络之中自动运作着,每一个人既是权力的主体,因为你必然参与其中,同时也是这个权力的客体,因为你必定要受这种权力的规范。所以说权力是既没有主体,又作用于所有人的。

2. **福柯权力思想的特征**。福柯在多处都谈到了他的权力思想,在《规训与惩罚》中,福柯具体分析了当代社会的规训权力形式和运作;在《性经验史》的第一卷《认知的意志》中讨论了权力的概念;在《必须保卫社会》中他提出了分析和讨论现实权力的几种方法论原则;而在《主体与权力》中他又为权力及权力的运作方式做了许多具体的界定。概括起来,福柯在以下几点上已经超越了传统的权力理论:

第一,权力不是一种可以获得的、可以被占有的和可以被取得的物,而是一种关系。过去我们理解权力,总会提出问题:"谁拥有权力","谁在行使权力","哪一个人或哪一个机构获得了这种权力"? 我们也总是把权力理解为统治者和被统治者之间的二元对立,前者对后者的统治。这种对权力的理解按照福柯的理论有三大弊端:首先,这是一种自上而下的权力观,是有鲜明的主观意图和目的性的。这种权力观念适合于去分析绝对君权和传统社会的权力状态。但在现代社会里,权力已经成为延伸到社会最底层、最微小领域中的一种关系,因而我们只能做自下而上的权力分析,即要在权力的现实运作之中去把握的东西。其次,这种权力观体现为一种暴力,一种发生在施动者与受动者之间的强权,一种权力主体施加到权力客体或对象上的力量,一种统治者对被统治者蔑视自己权威的报复。而按照福柯的理解,如他在《规训与惩罚》一书中分析的那样,现代社会中的权力虽然也有确定的对象,但很难完全区分出权力的主体与权力的客体,因为每一个人都既是主体又是客体,他既是维护社会的正常秩序和契约的一分子,同时又是受这种规训权力约束和塑造的一个个体。即使是罪犯,当他受到惩罚时,他也是参与这种惩罚的一部分。最后,这种权力观念会形成一个从上到下的金字塔形状的权力结构,但会在塔尖上留下权力的真空。就像福柯分析绝对君权时所指出的那样,无论是立法权还是司法权,都是和君主的利益联系在一起的,君主具有的绝对权威是不容置疑的,而法官、警察、行刑的刽子手等都是君权的工具而已。同时在这个金字塔中,从上到下不同层级所拥有的权力是不能等同的,越往上拥有的权力越大。

　　福柯强调权力是一种关系,一种内在的关系。他认为不应该到经济、政治等关系之外去寻找权力,权力就内在地存在于这些关系之内,是由其中各种因素、各种力量相互交织的网络形成的。权力就是这样一个无所不在的网络,它伸入到社会的各个领域、各个角落。但福柯说权力无所不在,其一不是因为它有着把一切都整合到自己万能的统一体之中的特权,而是说它可以在一切地点或不同地点的相互关系中产生出来;其二不是说它可以囊括一切,而是指它来自于各处。他认为,"权力不是一种制度,不是一个结构,也不是某些人天生就有的某种力量,它是大家在既定社会中给予一个复杂的策略性处境的名称"①。权力不是行使者或受动者所

---

　　①　福柯.性经验史[M].余碧平,译.上海:上海人民出版社,2000:67-68.

拥有和行使的东西或力量,而是一种复杂的机制的自动运作,并自动发挥效力。① 在现代社会中,权力就构成了一张巨大的无所不在的罗网,任何人都不能超脱于这个网络之外,这个网就是现实中各种政治、经济、文化等诸多因素之间的复杂的关系以及这种关系的运作。

第二,权力具有生产性。福柯的这一论断可以说是石破天惊,以前还没有人这样来讨论过权力问题。在传统的权力观念中,权力一直被看作是否定性的、压制和禁止的一种力量。比如禁止人们做这个,禁止人们做那个,如果有人敢于违反,就要受到应有的惩罚。但福柯却强调,我们不能总是从消极的一面来讨论权力问题,而应该更多从积极的方面来看待权力问题,权力是具有生产性和创造性的。福柯在《性经验史》一书的第一卷《认知的意志》中,分析自 17 世纪以来被人们看作性压抑的时代,同时也是使得有关性的话语膨胀的时代,而就是在这种话语的膨胀中诞生了性医学。这就是权力的生产性功能。福柯所说的权力具有生产性,最集中地体现在规训权力之中。规训权力从监狱中对犯人的改造、军营中对一个合格的士兵的塑造,到工厂里对一个技术工人的培养、学校里对学生的规范等等,普遍地表现着权力具有的这种生产性的、创造性的功能。"全景敞视主义"已不仅仅是一种监狱的规则,而是成了现代规训社会的普遍的权力原则。在这一原则之下,监视和分类是两种具体的权力运行机制,而这一切,无非就是要按照现代社会机械生产的标准,塑造出适合的建设者。

自笛卡儿以来,现代理性主义传统的一个最大的成果就是主体性原则的建立,从笛卡儿到康德、黑格尔、马克思,一个与客体相

---

① 福柯.规训与惩罚[M].刘北成,杨远婴,译.北京:三联书店,2003:227.

分裂的、完整统一的体现着人的本质力量的主体被建立起来。他们每个人的主体思想是千差万别的，但有一点是共同的，即这个主体是人的实践的产物（虽然对实践的看法不一，有人将之限定在精神生产和精神实践，有人则更强调物质生产和物质实践），是人之为人，从动物界中分化出来自然生成的，是人的本性使然。但福柯却认为，主体是权力创造出来的。他认为权力关系是人的本质关系，正是这种权力关系的运作，使得人成为其所是，所以，如果离开了熔铸我们的权力关系，离开了评价和分析我们在权力关系中所扮角色的能力，人就无法给自己定位，我们也无法界定我们自己，也就不知道我们自己是谁了。① 福柯在《何为启蒙》中就强调，所谓启蒙和现代性，关键就是使我们的所思、所说、所做区别于以前的任何一个时代，也不同于以后的任何一个时代，然而人们的所思、所说、所做又是被一个无所不在的权力网络所决定的，所以说主体本身就是这种权力关系中的产物。

第三，权力呈现毛细血管状。"现代权力是'毛细血管状的'，它在日常的社会实践中作用于社会机体的每一末端。这又足以使国家中心论者和经济至上的政治实践也应废弃不用，因为这些实践假定权力在本质上定位于国家或经济中。"②这种毛细血管状是由前两个特征决定的，权力是一种关系，是一个网络，于是它就会伸入到社会的任何一个最微小的部位、微小的领域。"他所理解的权力，并非一定分量的物质力，而毋宁是某种在每个活机体和每个人类社会中流动的能量流。这种能量流的无定形的流动受着许多条条框框的扼制，这些条条框框，除了一些不同类型的政治、社会

---

① 王治河.福柯[M].长沙：湖南教育出版社,1999：195.
② 南希·弗雷泽.福柯论现代权力[A].汪民安,等.福柯的面孔[M].北京：文化艺术出版社,2001：123.

和军事组织之外,还包括各种各样的行为方式、内省习惯和知识体系。"①而且现代权力主要表现为监视和分门别类这两种形式,这也是微型实践活动。和传统的君权相比,现代权力已经没有了那种令人震撼的暴力,也没有了那种仪式化的行为,而完全变成了一种自动运作的体现为纪律和规范的形式,并表现在一切领域,于是对福柯来说,性、家庭、学校、军营、精神病院、监狱甚至人文科学的形成,无不体现着这种权力的运作。因而也都成为一种政治的领域,或者称为权力的政治技术学的领域。福柯的工作也被看成是"日常生活的政治学"②。

承认了这种权力的微细特征,也就等于排斥了那些关于权力运作的宏大叙事,排斥了有关权力的粗糙的意识形态化、国家主义和经济至上主义。在福柯的分析之中,对具体的权力实践的分析始终优于对意识形态的分析,他认为,"至少是因某种相当拙劣的意识形态批评方案,不足以说明现代权力的社会现实性而将其排斥在外。也就是说,它排斥了以下观点,给予适当的客观物质条件,社会变革的惟一任务或最重要的任务,就是改变人们对自身需要和利益的扭曲理解",现代权力也不是国家或君主对个人实行的自上而下的统治方式,它深入到社会有机体最细微的末端,并在人们的生活方式中随处运作着。所以说权力无所不在,无处不在。而且这种权力主要体现在人们的日常实践之中,而不是体现在人们的信仰之中。无论是规训的权力,还是生物权力,对于福柯来说,都在我们的身体之中,而不在我们的头脑之中,所以"在理解权

---

① 詹姆斯·米勒. 福柯的生死爱欲[M]. 高毅,译. 上海:上海人民出版社,2003:13.

② 南希·弗雷泽. 福柯论现代权力[A]. 汪民安,等. 福柯的面孔[M]. 北京:文化艺术出版社,2001:133.

力对我们的影响时,实践比信仰更为基本"。①

　　第四,权力与知识共生同谋。有人认为,在福柯那里,权力与知识是等同的,这是一个误解。因为福柯一直是以研究它们之间的关系作为自己的目标,但却从来没有说过他认为这两者是同一的东西。按照福柯的分析,权力与知识的关系主要有三个方面:权力产生知识、知识促进权力、知识本身成为一种权力。首先,无论是在疯癫的历史、人文学科的历史还是监狱及性经验史中,权力和知识都是紧密联系在一起的。精神病院的诞生、医院的诞生、监狱的诞生本身都是一个权力运作的结果,而这个结果无疑为人们认识精神病、认识病人、认识罪犯,其实同时也是认识人自身提供了条件和需要。"我惊讶地发现,在人文科学里,所有门类的知识的发展都与权力的实施密不可分。当然,你总是能发现独立于权力之外的心理学和社会学理论。但是,总的来说,当社会变成科学研究的对象,人类行为变成供人分析和解决的问题时,我相信这一切都与权力的机制有关——这种权力的机制分析对象(社会、人及其他),把它作为一个待解决的问题提出来。所以人文科学是伴随着权力的机制一道产生的。"②不仅人文科学与权力紧密相关,自然科学同样离不开权力机制的运行。王治河在《福柯》一书中谈到从福柯的分析中可见知识与权力之间的六种关系,以下摘录几条:第二条,科学话语是完全通过排斥和命令来建构自身的;第三条,知识的生产和证明,是必须要依靠作为社会权力网络的知识团体来实现的;第六条,社会权力造就了我们的知识型,而知识型决定了我

---

　　①　南希·弗雷泽.福柯论现代权力[A].汪民安,等.福柯的面孔[M].北京:文化艺术出版社,2001:132.

　　②　包亚明.权力的眼睛——福柯访谈录[M].严锋,译.上海:上海人民出版社,1997:31.

们对哪些问题产生兴趣,并从哪些角度去分析和解决问题;等。上述几点都证明了知识的产生与权力之间的密切关系。①

权力的运作要靠知识来维系。可以说,没有知识的参与,有些权力就无法运作。比如现代权力的两种形式:监视和分类。分类就依靠对每一个人的认识,以及对他形成的完整的档案。在医院对每一个病人要有一套完整的病历档案,在监狱对每一个犯人要有一套关于他的性格、品行、表现的完整档案,离开了这一套东西,我们就无法对其分门别类来进行管理,也就不能行之有效地对他治疗或行使规训的权力,还有任何对性的禁忌和规范都是依赖于性科学的知识做出的。知识在促进权力运作完善的同时,另一个作用是为权力提出限度。詹姆斯·米勒在分析权力的无限膨胀带来的后果时说:"怎样才能有效地实现对权力的限制呢? 应当建立哪种结构和秩序呢?""对于任何一个立志探索人的'不受拘束的生理机能'的人来说,识别和根除'我们所有人身上的法西斯主义'的努力就不能不是毫不留情的和不屈不挠的。"②现代社会的新政治在建立一种崭新的、史无前例的"权利",即重新认清人是什么和人能成为什么的权利。这里我们可以看到,对权利的限制是建立在对人自身的认识的基础上的。

知识本身就是一种权力。福柯说:"我更感兴趣的是分析科学在欧洲怎样被制度化为权力……科学同样也施行权力,这种权力迫使你说某些话,如果你不想被人认为持有谬见,甚至被人认作骗子的话。科学之被制度化为权力,是通过大学制度,通过实验室、

---

① 王治河.福柯[M].长沙:湖南教育出版社,1999:201 – 202.
② 詹姆斯·米勒.福柯的生死爱欲[M].高毅,译.上海:上海人民出版社,2003:320.

234

科学试验这类抑制性的设施。"①弗兰西斯·培根说:"知识就是力量。"他使用的力量一词是 power,这个词同时也有权力的意思。按照福柯的意思,知识就是权力,掌握知识的人其实也就是掌握权力的人。在现代社会中这点表现得尤其明显。我们的专家制度,在各行各业都需要专家级的权威人物来制定规范,来管理事务,来维持权力的运行。工厂的管理要靠专家、生产的操作要靠专业工人,医院、学校要有专家来管理和运行,监狱中对犯人的改造要有专家指导,政府机构的日常工作要有专家来干,出现了各种意想不到的问题要成立专家委员会或专家组来研究处理措施,连国家领导人都要由专家来担任。之所以成为专家就是因为他们掌握了专门性的知识,掌握了一技之长。福柯在《权力的眼睛》中还特别强调了知识分子的工作就是进行批判,不是毁灭性的批判,"不是要去摒弃或是拒绝,而是一种审查性的工作"②,也就是对权力的运行机制和运作效果进行评判与评估。

第二节 权力合法性的悬置

1.**颠覆本质主义的权力观**。福柯从三个方面颠覆了传统的本质主义权力观念:第一是权力的压抑说,主要是批判了"以弗洛伊德、马尔库塞和赖希等人为代表的认为权力起禁止、束缚、限制和排除等作用的'性压抑假说'"③。福柯在《性经验史》第一卷的第

---

① 包亚明.权力的眼睛——福柯访谈录[M].严锋,译.上海:上海人民出版社,1997:32.
② 包亚明.权力的眼睛——福柯访谈录[M].严锋,译.上海:上海人民出版社,1997:33.
③ 莫伟民.莫伟民讲福柯[M].北京:北京大学出版社,2005:223.

一章里,对 17 世纪到维多利亚时代是一个性压抑的时代的假说提出质疑,首先,"性压抑真的是一种历史事实吗"? 其次,"权力机器,特别是在我们社会中起作用的权力机器真的在本质上是维护压抑秩序的吗"? 最后,"有关压抑的批判话语为了阻止压抑是否已经与一直未受到质疑的权力机制交织在一起了呢"?① 福柯解答这几点质疑:压抑的假说本身就是不成立的,因为即使在这个所谓的压抑时代,有关性的话语不仅没有减少,相反倒是迅速泛滥,在权力运作的范围内不断增殖。"权力机构煽动人们去谈性,并且谈得愈多愈好,权力当局还坚持要听到人们谈性,并且让性现身说法,发音准确,事无巨细。"②福柯认为这种权力观只会说"不",它所揭示的权力机制是压抑 – 服从,没有创造性和生产性。

第二是权力的法律形式。这种权力形式源于西方社会长期君主制中的绝对君权。直到 17、18 世纪,一种新的权力机制渗透进了法律的范围,即契约的思想和民主的体制。但对于福柯来说,这两者的理论基础和运用的话语是相同的,都是围绕着王权和王权的利益。前者是强调王权的合理性,后者则是批判王权以及对王权乃至于权力的运用加以必要的限制。但它们也有共同点:首先是有中心的,都是由一些人、一些机构或者是一个阶级施加于另一些人和另一个阶级;其次,这种权力多以暴力和强力的形式出现,甚至是带有一定的血腥和残暴。他将这种权力观念称为"统治权的法律—政治理论",并指出这一理论扮演了四种角色:首先,它被用来指涉一种权力机制,这种机制在封建君主制度下有效;其次,它为大规模的君主统治的建立提供工具,甚至提供合法性证明;再

---

①　福柯.性经验史[M].佘碧平,译.上海:上海人民出版社,2000:8 – 9.
②　福柯.性经验史[M].佘碧平,译.上海:上海人民出版社,2000:13.

次,统治权的理论一直是一种武器,从这个阵营传到那个阵营,以这种或那种方式被利用,要么限制、要么强化王权,到处都有它的踪影;最后,到 18 世纪以后关心的则是建造另一种模型,即议会制度,来对抗独裁、专制的君主体制。他认为 18 世纪前后出现了一种新的权力形式,这种"权力机制拥有高度特殊的技术程序、全新的工具,完全不同的机器,而且我认为与统治权的关系是绝对不相容的"。① 这即是他提出的规训权力,这个时候我们的社会就进入了规训社会。

　　第三种本质主义的权力观,是经济主义的权力观或者称作权力的经济主义形式。这里福柯所指的是自由主义的权力观和马克思主义的权力观,它们的共同点都是强调权力的经济主义影响。首先是前者如在《规训与惩罚》中福柯认为监禁形式的根本原因在于经济的因素,比如把犯人集中在监狱里,强制性地要求他们每天从事一定量的工作,必须取得一定的经济效益;其次是在《性经验史》中谈到性压抑问题时提到的对于一切有碍经济劳动的事情一概禁止,或是为了劳动力的再生产而把夫妻性活动纳入到一定的高度等等,把权力和产品的交换联系在一起。马克思主义虽然反对这种简单的经济决定论,但同样把经济的再生产当作权力的根本原因,把所有的权力关系都归结为经济上占统治地位的统治阶级的利益。福柯对此提出了三点批评:首先,他虽然承认权力关系也受制于经济关系,但他否认权力关系在所有的领域都是相似的,都受制于一个事先给定的中心原则;其次,他认为马克思主义把权力关系都归结为国家关系,因而忽视了非国家关系和亚国家关系

---

　　① 包亚明.权力的眼睛——福柯访谈录[M].严锋,译.上海:上海人民出版社,1997:237－238.

的权力,或者说忽视了政治学以外的权力;最后,他认为马克思主义过分夸大了意识形态的作用,把虚假意识也当作了权力关系的工具。①

2.悬置权力合法性问题。传统的本质主义权力理论,在构筑其权力主体和客体以及它的运行机制时,首先提出质疑的就是权力的合法性问题。谁使用权力? 他的权力是谁赋予的? 他是怎样运用自己手中的权力的? 这种权力是代表多数人还是代表少数人的? 这种权力应该得到尊重还是反抗? 等等。他们提出的一系列的问题,都与权力的合法性有关,关于社会的进步、人的解放等一系列宏大叙事也都由此产生,启蒙与现代性的设计也因此而建构起来。但同时,对启蒙与现代性的一系列怀疑和批判性反思,也同样是遵循这样一条路线来提出的。启蒙的辩证法、大众文化的批判、争夺文化领导权的假设、姓社还是姓资的问题等等不一而足,在根本上都是质疑权力的合法性。于是,在对待启蒙与现代性问题上形成了一种简单的二元对立,要么赞同启蒙,鼓吹现代性,要么反对启蒙,批判现代性,而核心的问题就是谁掌握权力,以及这个权力的运用是否合理。

福柯就是要颠覆这种传统的权力理论,他认为,"不应该从合法性的角度来看待权利,而应该从它促成的压制方式来把握它"②。这里所说的"权利",是指对权力加以适当的限定。福柯颠覆了权力的主体和客体,颠覆了权力的施动者和受动者,颠覆了权力机制的契约——压迫模式或阶级压迫的模式,也颠覆了权力的意识形态品质和国家中心性,把权力看成是一种关系、一种在网络系统中

---

① 莫伟民.莫伟民讲福柯[M].北京:北京大学出版社,2005:226.
② 包亚明.权力的眼睛——福柯访谈录[M].严锋,译.上海:上海人民出版社,1997:230.

自动运作的东西,从而将权力的合法性问题悬置起来。"福柯主张在他的权力/知识政体研究中悬置这一合法性。他声称他并不关心他研究的充斥着压制的各种实践、制度、程序和机构是否合法。他将避开专题化权力/知识政体规范性的有效性。"①不管你认为它合法也好,不合法也好,权力已经遍及现代社会的方方面面、各个领域和各个层面,现实地发挥着作用,并对现代人和现代社会起一种铸造的作用。所以每一个人,你质疑也好,赞同也好,都生活在一个现实的权力的网络之中,都是这个权力网络中的一分子,既参与了权力的运作,同时也被权力所支配和控制。

　　福柯在提出权力分析的方法论问题时,强调了以下几点:其一,"我们的分析不应该关心权力的自觉的意向和决策的层面",不要问一些令人迷惑不解的难以回答的问题,如谁拥有权力,拥有权力的人的目标是什么? 等等。而要从外部,从权力与其对象、目标、应用领域的关系,以及权力的效应等方面去研究权力。即在权力不断开展的压制活动中来看它对我们身体的征服,看我们的姿势、我们的行为甚至我们的语言和思想是怎么被权力构成的。其二,"权力并不在独占权力的人和无权而顺从的人之间制造差异。权力可以看成是在循环的过程中,具有一种链状的结构"。权力不是固定在某一个地方,由某人或某机构来实施的,"权力是通过网状的组织运作和实施的"。每个个体既是权力的载体,也是权力的对象。"事实上,权力的主要效应之一,就在于某些身体、某些姿态、某些话语、某些欲望被确认和构成为个体。"其三,权力是从许多无限小的机制开始,并不断升级的。这些不同的权力机制都有

---

　　① 南希·弗雷泽.福柯论现代权力[A].汪民安,等.福柯的面孔[M].北京:文化艺术出版社,2001:127.

"自己的历史,自己的轨道,自己的技术和战略",这些机制在运作的过程中不断被一般化的机制和普遍化的支配"所投入、殖民化、利用、卷入、改变、转移、扩展,等等"。最后,权力是一种有效的生产工具,"为的是生成和积累知识——观察的方法、登记的技术、调查研究的程序、控制的机器"。①

福柯的分析表明,第一,权力的根源是历史,是在历史的过程中产生和形成的,但同时它又参与了历史的创造。关于权力产生于历史的论述,在福柯的一系列著作中论述得非常清楚了,如《古典时代疯狂史》、《临床医学的诞生》、《词与物》、《知识考古学》、《规训与惩罚》、《性经验史》等等。第二,"现代权力主要是通过由个人的社会实践构成的各种形式的限制,而不是通过扭曲个人信仰施加对于个人的影响"。这说明在理解现代权力问题时,人们的社会实践是最重要的,处于首位的,要远远超过意识形态的影响,所以福柯戏谑地称之为"权力在我们的身体中,而不在我们的头脑中"。②第三,以上各种著作同时也向我们展示了权力对主体和人文科学知识的生产。如规训权力要创造驯顺的肉体,这种权力-知识的网络将人还原为肉体的存在,并将之拆散为各种不同的部件与人的行为的不同要素,然后对之进行分配重组,按一定的规范来制造出驯服的个体——现代主体。所以在福柯看来,"从启蒙人性论、人体解剖学,直到精神分析、教育制度,这一系列针对人的权力知识运作,使得西方人像机器那样,从里到外被化验、组装、调试、充分利用。'正是从这些琐碎知识中,诞生了人文主义概念下

---

① 包亚明.权力的眼睛——福柯访谈录[M].严锋,译.上海:上海人民出版社,1997:231-236.

② 南希·弗雷泽.福柯论现代权力[A].汪民安,等.福柯的面孔[M].北京:文化艺术出版社,2001:132.

的个人'，及其心理、主体、个性、意识，还有人道的要求"①。

由此可见，启蒙运动就是权力在历史过程中的一种运作形式而已，现代性即是权力运作的一种结果而已。因而不是启蒙与现代性来规范权力，来为权力设置其界限并提供合法性，恰恰相反，是权力的运作决定了启蒙的性质和现代性的范围与规定性。在这里福柯把权力合法性问题一下子放进了括号而悬置起来。

3. **宏大权力与微型权力的融合与冲突。**福柯批判传统的主权思想，但统治权的形式在现实中依然存在着。他提出了微型权力观，但那些他所反对的宏大权力形式诸如国家权力、政府机构权力等等并没有立即退出历史舞台，相反，还在现实中起着重要的作用。我们今天处于一个经济全球化的时代，虽然我们也能体会和感受到福柯所说的那些关系、利益的角逐，看到经济的因素、文化的因素、种族的因素、心理的因素作为一双看不见的手，对国家关系、世界格局等所产生的作用，但政治权力、意识形态在现实中依然是一种重要的权力形式。所以，规训社会，并不仅仅只有作为塑造驯服的肉体的规训权力的存在。中国的抗震救灾的伟大实践、成功举办奥运会等，都让我们看到了国家权力形式起到的作用。还有美国对南联盟、阿富汗、伊拉克的经济政治乃至于军事的制裁，西方国家对所谓全球一体化进程的积极推进，莫不体现着国家权力的运作。实际上，这是一个统治权的宏大体系和微型规训权力并存的时代。

福柯也已经意识到了这个问题，他认为统治权理论作为意识形态继续存在着，并且从拿破仑法典开始，"它继续组织法律规则

---

① 赵一凡.从胡塞尔到德里达：西方文论讲稿[M].北京：三联书店,2007:99.

并提供给欧洲"①,也就是说它是作为意识形态和重大的法律规则而存在的。福柯指出,这种权力理论继续存在的根源有两条:一是这种权力理论曾经是对封建王权、君主政体和一切酷刑社会进行批判的有力武器,今天依然承担着这一使命;二是这种法律体系,无论是作为权力理论还是法典,都在向人们保证,只有通过国家的至高无上的权力,每一个人才能获得自己至高无上的权利,也即保证了政治的民主化和公共权利的实现。同时,规训权力的机制早已经深刻地进入了这种统治权的民主化,二者在现实中相辅相成,成为现代社会中不可或缺的权力运作。"从19世纪一直到今天,现代社会的特征一方面在于立法,这是建立在公共权利基础上的话语和组织,其表现原则是社会身体和每一公民的代表身份;另一方面,又在于紧密相连的监禁的网络,其目的是为了保障同一社会的凝聚。尽管权利的理论是这一网络的必要附属品,它却不能提供必要的认可条件。于是就有了两种限制,统治权的权利和监禁的机制,它们界定了权力实施的战场。"②

福柯认为现代社会权力的实施,就是建立在这两种异质性限制的基础之上,并通过它们来进行的。一方面是明确的、理论性的统治权的宏大权力体系,另一方面则是展布在生活的各个领域、各个方面和各个角落的微细血管状的监狱式的规训权力体系在运作,并成为这一宏大权力体系的基础。"一方面是对支持统治权的权利的重新组织,另一方面则是以监禁形式来实施的强制性的势力。我相信,在我们的时代,权力是通过这一权利和这些技术同时实现的,而监禁带来的这些话语和技术侵占了权利的领域,使规范

---

① 福柯. 必须保卫社会[M]. 钱翰,译. 上海:上海人民出版社,1999:34.
② 包亚明. 权力的眼睛——福柯访谈录[M]. 严锋,译. 上海:上海人民出版社,1997:239.

化的程序更经常地从事于对这些法律的归化。"①他认为从这种权力的机制和运作形式上，就可以看出"规训社会"的普遍功能。然而第一，无论规训权力怎样侵占、侵蚀、归化统治权的权力，都不能彻底取代后者。所以福柯在1976年法兰西学院的讲座《必须保卫社会》中，就专门谈论了政府的统治权的问题，福柯称之为"政府统管术"（Gouvernementalité）。② 在这里福柯强调了现代政治制度的三大重点，即主权、规训权力和管理的统一，他认为现代政府统治已不同于古代君权社会，一切权力都归于国王，权力就是由国王施加于其统治的臣民，而是在法律面前人人平等的民主化框架之内的一种统治技术或艺术。按高宣扬的说法，政府统管术一词是由"政府"和"心态"两个词组合而成，所以这个词也可以翻译成"统治心态"，所强调的"是统治和权力争夺过程中所实行的心术，即统治过程中的权术和权谋游戏"③。

第二，这两者之间也处于一种矛盾和冲突之中。"监禁的规范化与统治权的法律系统发生越来越大的冲突：它们之间的不相容性越来越尖锐和明显；越来越需要某些居间仲裁的话语，一种被神圣的科学中立化的权力和知识。"④但目前对于监禁机制的篡位，对规训权力不断侵占、侵蚀、归化统治权的法律体系，我们还没有有效的克服办法，"这就是我们的处境"。他认为现在人们寻找和采取的反抗监禁以及与之相关的权力与知识效应的途径，多是求助于反对监禁的统治权，即要回到一种围绕着统治权组织起来并通

---

① 包亚明. 权力的眼睛——福柯访谈录［M］. 严锋，译. 上海：上海人民出版社，1997：240.

② 高宣扬. 福柯的生存美学［M］. 北京：中国人民大学出版社，2005：187.

③ 高宣扬. 福柯的生存美学［M］. 北京：中国人民大学出版社，2005：187.

④ 包亚明. 权力的眼睛——福柯访谈录［M］. 严锋，译. 上海：上海人民出版社，1997：240.

过古代的原则得到表达的权利理论,这是行不通的。我们不能转向古老的统治权,而应转向新形式的权利,"这种权利应该是确实反对监禁的,同时又能把自己从统治权的原则中解放出来"①。这大概是福柯在为自己提出的"生命权力"辩护。

福柯意图超越传统的权力理论,颠覆了权力的主体、客体,颠覆了权力的实施机构,颠覆了权力的中心,从现实的关系之中,把权力和现实的政治、经济、文化联系起来,并从最底层的权力关系网络谈起,悬置了权力的合法性,对本质主义和基础主义进行了一次解构。但是福柯的权力理论本身,却成了他考察和研究人类历史的切入点和基石,也成了他的社会理论的基础。就像马克思主义从经济主义的视角去解读人类历史一样,把劳动看成了社会历史发展的基础和动力,并以阶级斗争的学说为社会发展确定了不同的阶段,福柯则是以权力的机制与形式来作为解读人类历史的基点,来划分所谓的君权社会和规训社会等。所以他"通过惩罚和权力来描述某种一般社会形态的缘起、发展和成形⋯⋯可以看作是一般性和普遍性的社会理论,在这种社会理论中,可以折射出福柯在其他著作中分别考证的独特的历史维度"②。也就是说,福柯虽然反对本质主义和基础主义,尤其是我们在前文提到的关于权力的压抑说、法律的权力理论和经济主义的权力理论这些传统的权力观,但并没有彻底颠覆和解构有关权力的本质主义和基础主义信念本身。

这就不能不让人们表示质疑,福柯是不是真的要把合法性问题置于括号之中,从而彻底废除。南希·弗雷泽在《福柯论现代权

---

① 包亚明.权力的眼睛——福柯访谈录[M].严锋,译.上海:上海人民出版社,1997:241.

② 汪民安.福柯的界线[M].北京:中国社会科学出版社,2002:212.

力》一文中也指出：一方面福柯提出了一系列的概念，诸如"生物权力时代"、"规训社会"、"古拉格群岛"等等；另一方面他又肆无忌惮地频繁使用"暴政"、"镇压"、"征服"等词来描画现代权力。由此可见，他的权力理论并不是完全悬置了"合法性"问题的中性表述。① 许多研究者都发现，福柯其实在内心深处对古代的酷刑和血腥带有一种向往，而对现代规训社会则是深恶痛绝的，因为那个时代的惩罚虽然残酷，但其对象却是一个活生生的躯体和人的痛苦；而现代规训权力，其对象却是规范化的人和驯顺的肉体。

"规训就是造就形式和推行形式，漫游的人群被监狱关闭起来，游牧思维被内心忏悔所取代，本能冲动被权力所反复地揉捏和驯服……规训社会是毫无破绽的，它太紧凑，太严密，太规范，太完善，人们不太可能摆脱它的魔咒，他只能完全被动地陷入铁板一块的统治性中。……在规训社会的监狱群岛中，听不到任何的叛逆声音，这里没有屠刀，没有血腥，甚至没有蛮横的镣铐，但却有冰冷冷的机器，有无形的制约，有无处不在的制度和规范。这里没有暴力而血腥的报复，但却有持久、连续、自动的监禁；这里没有恐怖能量的巅峰迸发，但却有一种耐心，麻木，从不放松的无情控制，总之，这里既没有噪音，也没有美学，只有刻板和机器，只有无声的控制和驯服。在生产人性的厮杀中，权力的征服也悄无声息。"②

规训权力的核心就是规范和纪律，并通过这个核心去生产符合规范和纪律的产品，即人——驯顺的肉体。无论是现代社会的工厂、学校、军营、医院，还是监狱，莫不如此。一种全景敞视主义

---

① 汪民安. 福柯的界线［M］. 北京：中国社会科学出版社,2002:135.
② 汪民安. 福柯的界线［M］. 北京：中国社会科学出版社,2002:210 - 211.

权力形式,以层级监视、规范化裁决和检查等手段去塑造整齐划一的产品,这种权力已经展布于整个现代社会。由此我们不能不依据福柯对权力的分析,认真地检验一下启蒙和现代性设计,检验那些有关自由解放的宏大叙事,究竟在多大程度上是真实的话语;同时,我们也不能不对福柯的权力理论进行检讨。

第三节 权力、知识和体验

福柯谈到权力在 17 世纪发生了巨大的变化,此时发展出两种新的形式,"它们之间不是正反题的关系,相反,它们构成了权力发展的两极,并且通过一种中介的关系来相互联结起来。其中第一极是以作为机器的肉体为中心而形成的:如对肉体的矫正、它的能力的提高、它的各种力量的敲诈勒索、它的功用和温驯的平行增长、它被整合进有效的经济的控制系统之中,所有这些都得到了显示出'规训'特征的权力程序的保证。在此,'规训'就是'人体的解剖政治'。第二极是在较晚之后才形成的,大约在 18 世纪中叶,它是以物种的肉体、渗透着生命力学并且作为生命过程的载体的肉体为中心的,如繁殖、出生和死亡、健康水平、寿命和长寿,以及一切能够使得这些要素发生变化的条件;它们是通过一连串的介入和'调整控制'来完成的。这种'调整控制'就是'一种人口的生命政治'"①。前者我们习惯称之为规训权力,也是人们常说的微观权力,它的运作是对作为个体的人身体的规训;后者则是生命权力,它的运作则是对作为群体的人的出生、死亡、生产、疾病等的调节。

---

① 福柯. 性经验史[M]. 佘碧平,译. 上海:上海人民出版社,2000:100.

　　这两种权力在不同时期以不同的形式出现并起着不同的作用,共同构成了现代社会的统治形式,并对主体的建构发挥着生产作用。在一定意义上说,福柯的系谱学思想就是要研究各种权力的关系,以及在这种种权力关系的作用下建构起的现代主体究竟是什么样的。据此,有人割裂了福柯早期的考古学思想和后期的系谱学思想,认为福柯在20世纪70年代的思想发生了一次巨大的变化,过去他所关注的是话语和知识的问题,是人文学科话语内部的建构与发展规律的问题,而直到70年代之后才开始转向对权力的关注,并据以对福柯的著作做出区分:《疯癫与文明》、《临床医学的诞生》、《词与物》、《知识考古学》等著作是属于考古学时期;《规训与惩罚》、《性经验史》,以及他当选为法兰西学院院士后进行的一系列讲演,属于福柯的系谱学时期。

　　许多人因为福柯在《尼采、谱系学、历史》①一文中,以评介尼采的方式讨论了系谱学理论,据此认为福柯的思想变了,进而将他的系谱学理论和以前的考古学理论对立起来。有些人即使没有将福柯的系谱学和考古学思想完全对立起来,也看到了这两者之间的联系,但还是认为这其中有一个很大的变化,即福柯从对话语和知识的考察转到了对权力的考察上来。"谱系学和考古学都是对历史形式的探讨,而且都是对总体历史和同一性历史的摈弃,都是对连续性的摈弃,都是要激发历史中的差异性,都要将异质性保存下来。……但是,二者的对象不同,决定了它们的一系列重大差异。""考古学和谱系学都强调历史的断裂特征。但是,对于话语史(考古学)而言,这种断裂的原因并不明朗,因为话语是自治的,它不受外来环境的干预,这种断裂是突然的,莫名其妙的,因而带有神秘

---

①　此文中文版见杜小真编选《福柯集》(上海远东出版社1998年版)。

主义色彩。而谱系学则强调了断裂的某个动因,这是因为它将权力和身体引入对历史的探讨中,如果谱系学不仅仅是考古学的补充和深化,而且在福柯那里最终是对考古学的取代的话,那就是因为它关注到了身体和权力在历史中的动因功能。"①

　　福柯的考古学和系谱学都否定了历史的连续性和同一性,而更加关注其断裂性、偶然性,因而与传统的历史学研究,以及意识论哲学分道扬镳,这是人们都充分认识到的,认为考古学的对象主要集中在话语和知识自身的内在规律上,而系谱学则是把话语和知识放在一个更为广阔的社会历史背景之中去考察,笔者也是赞同的。但如果说权力这个主题只是从福柯的系谱学开始的,而在福柯的考古学研究阶段还没有引起他的重视,这是笔者所不能赞同的。以福柯的《疯癫与文明》为例,在这部著作中作者讨论的是有关精神病的话语是如何建构起来的,或如前文所说,讨论人们是怎样通过对疯癫的隔离建立起理性的一统天下的。但第一,话语、知识和权力三者之间本来就是无法完全分割开来的,按照福柯的说法,这三者构成了一个复杂的网络,成为现代社会的统治形式,因而是缺一不可的。第二,任何话语,一旦我们可以称其为话语,它就必然带有某种权力的印记。如果没有某种权力的运作,它也根本不可能成为话语。第三,知识发展的历史,如果我们不再把它看成是一个连续的过程,否定了其逐渐累积的预设,那么,任何一种知识的形成都注定是由种种语境决定的,而这个语境在一定程度上就表现为某种权力关系。因而疯癫的话语建构,从福柯分析的愚人船到精神病院的建立,从来都不单纯是知识的历史,也不仅仅是话语自身的发展演变,而注定是一个社会事件,因而那也是一

　　①　汪民安. 福柯的界线[M]. 北京:中国社会科学出版社,2002:169 – 170.

个权力的运作过程。福柯讨论的临床医学的诞生和对人文科学的考古等,也同样可以看作是对这种权力运作过程与机制的探讨。

1. **权力与主体**。"其实,福柯毕生都在探寻主体与真理游戏之间的关系问题,即主体是如何进入到真理游戏中去的。福柯只是在两个层面上来剖析这个进入的过程的,一个就是科学或理论的层面,另一个就是强制实践的层面。"①按照莫伟民的说法,福柯的全部研究的核心,其实就是主体问题,无论是关于疯癫的研究、关于临床医学的研究、关于人文社会科学的研究,还是关于监禁制度以及性行为的研究,最后的落脚点都是主体问题。他最关注的就是现代主体是如何被建构起来的。这点是笔者非常赞同的,因为从主体的建构出发,我们就能把福柯的全部研究完全串联起来,找到其中联系的纽带。理性成功地把疯癫看作一种谵妄并禁闭了它,从而也是对非理性取得了决定性的胜利而独步天下;文艺复兴时期认识型、古典时期认识型和现代认识型三种不同的认识型,构成了人文学科的不同语境与不同的知识框架,从而建构起不同的认识对象和不同的认识主体;而监禁制度的诞生,在某种意义上代表了现代规训权力的确立,以及全景敞视主义社会的形成,从而为建构其驯顺的身体奠定了基础。

按照福柯的思想,现代主体是一种建构,也即是一种生产形式,他认为有三种不同的主体形式:"权力生产的主体;知识生产的主体;自我生产的主体。权力外在于主体,主体被权力所规训和造就,这样的主体完全是被动而屈从的。知识生产的主体则是由学科想象和配置的,这样的概念化的主体是虚构的。那么,自我生产的主体呢? 显然,它既非被动生产出来的,也非想象出来的,这种

---

① 莫伟民.莫伟民讲福柯[M].北京:北京大学出版社,2005:25.

主体是自我主动选择的结果,是个体自我的有意造型。"①如此说来,福柯在考古学时期所研究的不正是主体在知识和话语中的建构吗?而系谱学时期关于监禁问题的研究,则是主体在外在权力中被建构的事实。后来关于性经验的研究、权力问题的直接研究,以及自我技术的研究,关注的则是主体的自我生产或者说是自我建构。而在这三种不同的主体形式的建构中,权力的运作是贯穿始终的,只是表现的形式不同,所起的作用不同罢了。而这其中,不管是来自纠结于知识和话语之中的权力,还是来自社会实践中的权力,都是某种外在力量,表现为对主体的规训、归化和规范。而只有自我实践中的权力,这是一种来自于主体自身的力量,带有一种自我解放的意味,是福柯晚年所最看重的。

前文开头引述福柯的话说的两种不同的权力形式,规训权力和生命权力的区别,也只有在对待如何建构主体的问题上才是有意义的。这种规训权力,不管是来自于知识和话语的内在规律的限定,还是来自于社会实践的限定,都构成对主体的生命形式的一种限制作用,或者用福柯的话说都是一种否定的力量,而生命权力不管出于对人口的调节,对社会生产力的再生产,还是与之相关的对种族、领土等的维护与调节,都表现出一种对生命的肯定力量,与前一种权力相对立。这两种权力形式的复杂运作,才是现代主体建构的秘密所在,也是我们理解现代主体的根源。于是,现代主体既不是像一些人以为的完全是被动地被某些外在力量规范和制约而建构起来的,只能驯顺和服从的群体中的个体,更不是伴随着历史的发展和社会的进步,从而充分解放出来的个性主体,而是建构于这二者之间的、在禁锢和束缚的力量中求得自由和解放的、指

---

① 汪民安.福柯的界线[M].北京:中国社会科学出版社,2002:305.

向未来的一种力量主体。

知识生产的主体形式与权力生产的主体形式,我们前面分析其背后都有一种权力的运作在其中,而这种权力的运作起到了对主体建构的规范作用,也就是说各种权力关系在规范着主体建构的方向,这是福柯最关心的。福柯的研究如果说在早期还没有表现出这种意义的话,到了后期开始关心自我技术、快乐原则、生存美学思想等就已经表现得非常明显了。在他看来,启蒙开启了现代性,而现代性意味着一种新的统治形式,从精神病院、监狱中我们已经看到了这种统治形式中权力的运作。对于福柯来说,他所直接探讨的这些地方只是这种权力运作表现最明显的地方,此外像军营、学校、医院等等地方,或者说现代社会中的任何一个角落,都体现着现代统治形式的本质,都是现代权力运作的集中地,都是全景敞视主义的场所,因而现代人也无时无刻不生活在各种权力关系之中,受各种权力关系的制约和支配。

福柯研究启蒙,从知识考古学到权力系谱学,目的就是要揭露现代性形成的这种新的统治形式。这种新的统治形式,依靠其权力的各种运作机制,如微观物理学、身体政治学等,决定了在不同时间和不同地点的每一个个体"可以说什么,想什么,做什么",决定了在具体的"社会历史环境里我们要怎样生活",也即建构起了所谓的现代主体。① 如此说来,现代主体岂不是现代统治形式的消极产物?有人因此批评福柯把人类仅仅看作是"顺从的身体"的观点,但对福柯来说,"自我并不单是话语、机构和权力关系发生作用的原材料——顺从的身体……尽管我们可能是权力关系产生作用的结果,我们并不是任由权力塑造和摆布的无助的对象,而是被政

---

① 丹纳赫,等. 理解福柯[M]. 刘瑾,译. 天津:百花文艺出版社,2002:142.

府的权力和规范性实践建构为主体的人。我们可以选择回应或者抵制这些实践",因为"个体是潜在的活跃介质,他们能够作用于自身",他们利用自我技术"通过规范自己的身体、思想和行为来作用于自身"。① 这就涉及福柯提出的自我生产的主体概念。

自我生产的主体即是人的自我塑造和自我修养,途径是自我的技术。福柯没有抽象地谈自我的技术问题,而是在对性经验的剖析之中来谈自我技术的问题。他总结了古希腊罗马和基督教社会不同时期,人们在对待性经验上所倡导的自我技术,以快感的享用为核心,提出了他的生存美学思想,借以来反叛现代统治形式的无处不在、无时不在。这也许可以看作是福柯研究启蒙与现代性问题的出发点和最终落脚点所在。

2. 福柯的极限体验。笔者开始接触福柯是十几年前的事,先是读了几篇研究和介绍福柯的文章,后来又买到了一本福柯的《知识考古学》。当时的感觉是福柯的思想很独特,尤其是《知识考古学》的引言部分谈到对传统思想史和观念史的连续性的突破,读后有点震撼的感觉。于是就开始广泛地搜罗有关福柯的书、他自己的著作以及研究他的专著,还有关于他的传记。多年以来搜集到的有关福柯的论著中英文两种版本竟也有几十种。福柯的思想让笔者进一步震撼的是他的《疯癫与文明》和《规训与惩罚》,这种震撼来自于两个方面:第一,是他彻底打破了我们过去对于疯癫问题和监狱问题所建立起来的相当可怜的知识,即在我们的心里总是基于某种价值判断来认识疯子,认识监狱中的罪犯。福柯的思想观念有点匪夷所思,却又很有说服力。第二,是他的文笔,清晰流畅,既有谨严的逻辑性,又隐含一种激情的东西。这不禁让我们产

---

① 丹纳赫,等.理解福柯[M].刘瑾,译.天津:百花文艺出版社,2002:146 - 147.

生了许多遐思,非常重要的一个印象是,可以从这样的角度去研究这些事物,以及学问可以做成这个样子。笔者对福柯思想的总体印象是:视角独特、方法新颖、领域偏狭、见解深刻、结论震撼。

笔者一直有一种期望,即希望可以理解一个什么样的人生才能有这样独特的思想。或者换句话说,笔者很久以来一直有这样一种想法,福柯能够选择这么独特的领域来研究,并以这样一种匪夷所思的角度切入,得出这样一些令人震撼的结论,那么这个人不是神就是魔鬼。而这一点在了解福柯的生平之后得到了验证,福柯绝不是一个在人们心中属于正常的人,或者换成另一种说法,直截了当地说福柯是一个疯子。如果用两个字来概括福柯的人生,那就是"体验",而且是一种极限体验。他并不是一个坐而论道的人,而是一个长于行动的思想家;他也并不是一个感情冲动、头脑发热的人,而是一个有思想的行动者。他的行为和思想都是他的一种体验。他曾经广泛参加社会活动,比如学生运动、左派运动及法国毛主义运动,他在1950年参加了法国共产党但三年以后又退出了;福柯曾组织了一个监狱报导小组(简称GIP)来调查法国监狱的状况;福柯服用过毒品,一生都是一个同性恋,并最终死于艾滋病。用德勒兹和其他研究福柯的人的话说,并不能因为福柯所做的这些就给他定位和归类,常常是他的行动恰好与某种思想或某个组织相遇,福柯只是在追求一种体验,而且是极限体验,这点尤其表现在他的GIP实践活动中。福柯自1975年以后,每年都要到美国旧金山附近一个男同性恋社区"死亡谷"休假,去体验那种使他脱胎换骨的激情生活。前一种体验,使他完成了《规训与惩罚》一书;后一种体验,使他把自己已经写完一部分的《性经验史》一书手稿弃置一旁,别起炉灶来重新写作此书。对于福柯来说,只有在一种激情体验的迷狂状态中,人才能从理性的束缚和禁锢中完全解放出来,才能真正正视自己,知道自己是怎样变成了现在的这一个自己的。①

　　笔者不想评价福柯人生的对错善恶,仁者智者各有所好,这点留给那些道德家或叛逆者去赞赏或批判吧。笔者这里只是要说,这是福柯整个人格中不可或缺的一部分,是他完整的生命形式中的一部分,他有这样的人生、这样的体验,才会有这样的思想,他的生命形式在追求一种极限体验,他的思想也同样在追求一种极限体验,他就是要在这种极度的迷狂中获得某种神秘的灵性。耸人听闻的思想与惊世骇俗的人生共同造就了福柯的人格,并形成了他独特的魅力,这是一种既诱人但又不可重复的魅力,我们都非福柯,不可能去学福柯的人生,只能静静地欣赏,并在艳羡中去理解、体会一种富有创造性的思想和一种富有创造性的人生。这让笔者想到与之形成鲜明对比的一些思想家,比如康德,同样是一种富有革命性的思想,他自己曾说他的哲学掀起一场哥白尼式的革命。但人却是那么古板,像机器一样每天严格按照规律行动,他的邻居们都以康德的散步来对表,什么时间经过哪里,像时钟一样准确。只有一次打破了这规律,因为看卢梭的书耽误了。据说他的学生想改变老师的古板,使之生活更有色彩,于是有一次雇了一个妓女送到康德的住处。过后询问老师怎么样,康德很无奈地摇摇头,感叹说"不过是一阵忙乱而已"! 这也是一种人生,而且这种人生和他的思想也同样构成了一种完整性,同样富有魅力,也同样不可重复,只是与福柯截然不同罢了。在康德与福柯这两种不同的人生中,除了体现着两个人不同的个性因素之外,大概也有法国和德国两种不同的文化和民族心理因素的影响吧。

---

　　① 参见詹姆斯·米勒《福柯的生死爱欲》第八章"求知意志"开头部分。

　　福柯的这种人生本身就是对现代性社会的一种反叛和抗议，并在反叛和抗议中蕴含深刻的思考。既然现代性给予人以充分的自由，给人以个性发展的充分的空间，那么任何一种人生似乎也都是应该允许和得到足够的宽容的。我们也从来没有看到或是听到现代性为人们规定了一种每一个人都必须遵循的正常的人生模式，但却在无形之中有着某种力量，在规范着人的行为和思想。这不正是福柯所提出的权力的微观物理学的作用吗？一个所谓自由的、民主的、有人权的社会，实际上只是改变了权力的运行机制而已，依然是一个权力－知识的统治网络，只是理性以跨出正常秩序的城堡来实现这种统治，即当理性获得统治权的时候，就已经把它认为是正常秩序之外的东西排除了，如疯癫被关进了疯人院。于是我们习惯于认为疯癫本来就应该关进疯人院，这是不容置疑的，于是我们就从来不去追究理性的这种做法是否合理。

　　而且当我们若顺着福柯的思路继续下去，很快我们就会发现，福柯的人生完全可以成为现代性社会的一个参照，成为我们这些所谓正常人的参照，在所谓正常与非正常之间如此矛盾冲突，到底是福柯出了问题，还是现代性出了问题？假若我们无法理解福柯，就势必会把福柯当作疯子，当作癫狂的典型；假若我们理解了福柯，理解了他的人生的完整统一性，理解了他在自己的人生经历和思想中都在进行着那种独特的体验，于是我们就必然对现代性的合法性发出追问，这种追问直逼一个主题：正像福柯在《疯癫与文明》一书开篇前言引用帕斯卡的话所说，"人类必然会疯癫到这种地步，即不疯癫也只是另一种形式的疯癫"。随后，福柯又引用陀思妥耶夫斯基的话："人们不能用禁闭自己的邻人来确认自己神志健全。"①

① 福柯.疯癫与文明[M]. 刘北成,杨远婴,译.北京:三联书店,2003:1.

第八章　作为话语的"启蒙"和"现代性"

　　1973 年在德意志联邦共和国的一家电视台里,福柯和乔姆斯基辩论有关人性的问题。乔姆斯基质问福柯:"人性究竟存在与否?"福柯避而不答,却提出了一个难题:"人性这概念是怎样形成的? 它又如何作用于我们的社会?"①表面上看福柯是提出了一个难题来反诘乔姆斯基,但实际上这表明福柯是在和乔姆斯基不同的理念基点上来看待这个问题。也就是说,乔姆斯基是在传统的人道主义和本质主义的基点上来对待这个问题,所以他预设了一种普遍的人性,以及这种人性的合理发展,这正是福柯在自己的一系列著作中所着力批判的东西;福柯则是站在他的话语理论的基点上来对待这个问题,所以他关心的是这个概念是怎样形成的,或者换句话说,人性的话语是怎样建构起来的,以及对我们的社会产生了哪些影响。

　　前面我们已经多次提到福柯的话语理论,指出这是福柯独特的方法论,而且在分析福柯关于人的诞生与死亡的思想时,已经对之做了简单的介绍。这里我们将进一步讨论一下福柯的话语理论,并在此基础上对福柯的启蒙批判思想进行深入研究。话语(discourse)一词并非福柯独创,而是由拉丁文而来,词头 dis 是穿

---

　　①　赵一凡. 福柯的话语理论[J]. 读书,1994(5):112.

越、分离、对称之意,词根 course 是线路、行走之意,合起来表达的意思就是对事物演绎、推理、叙说的过程。这个词在大陆被翻译成"话语",在港台或其他汉语地方则被翻译成"述说"、"叙述"、"说法"等,高宣扬在他的《当代法国思想五十年》中翻译成"论述"。话语和话语理论这两个概念的确立应该是和巴赫金提出超语言学观念和对话理论时确立的"意识形态符号"论有关,在此基础上派生出来"高低不等的两个话语研究分支",高层的是话语理论,低层的是话语分析。① 后来经阿尔都塞的意识形态研究的推进,特别是福柯的考古学和谱系学研究,使得这种理论成为西方后结构主义反本质主义批评的有力武器。

福柯提出话语理论,意在对传统意义上的真理、真实性、客观性、连续性等观念提出质疑,并进而解构和重新考察如前所述的那些由历史沿革下来的庞杂的话语群构成的各种人文学科。他的《词与物》一书,是对几百年来西方人文学科构建的一种质疑与还原。福柯在此书开头援引了博尔赫斯作品的段落(前文已经提到)之后指出,这个段落表明我们思想的限度,福柯所得出的结论是值得深思的,因为福柯在这里看到了知识的形成,在不同时代和不同地域会有不同的差别,在另一个时代和另一个地域,那些人可能以一种与我们截然不同的方式来理解事物,而且他们理解事物的方式是我们根本想象不到的,甚至是不可理解的,由此可见人的认知能力是有局限性的。所以他认为,任何真理的客观性、真实性,都只是在一个特定的框架、结构、系统内部形成的,没有所谓放之四海而皆准的普遍的客观真理。"真理不是被发现从而被传播开来的,它是由话语建构起来的。所有的真实都只是话语的真实。关

----

① 赵一凡.话语理论的诞生[J].读书,1993(8):116.

于人类和人类社会的一切知识都是话语生产出来的。"①

在这样一个认识基础上,福柯认为我们研究思想史,不是去接受那些现成的知识,或者去追问那些知识是真是假,是对是错,而是要回到这个知识产生的具体运作过程中去,看这种知识是怎样被建构起来的,于是他提出了一个"认识型"的概念。这个"认识型"概念指的就是在一个特定时代和特定的条件下,决定某种知识产生的那个复杂的网格系统及运作规则。"事实上,福柯提到了一种'事物的秩序'。这种'事物的秩序'把所有事物组织在一起,使一些事物可能出现,而另一些不可能;使我们能说出一些事物,而另一些则不可想象。"②福柯概括地划分了三类"认识型",即文艺复兴时期认识型、古典时期认识型和现代认识型。17世纪以前的文艺复兴时期认识型是以相似性为原则;17世纪到19世纪初的古典时期认识型是以同一与差异为原则;而19世纪初以来的现代认识型则是以有机结构为原则,也即人类学的原则。③ 由此可见,福柯提出的"认识型"的概念,是与任何理性价值无涉的,纯粹关乎某种知识如何产生的话语操作的复杂网格系统和运作规则。福柯关于"认识型"的论述与以此为基础对西方社会几百年来人文科学各学科的分析研究,已经是他话语理论的一种实践了。1969年福柯出版了《知识考古学》一书,在此他系统地阐述了自己的话语理论,并对传统的认知结构、理念进行批驳,全面质疑西方人文学术。20世纪70年代以后,福柯注意到话语与社会秩序之间的关系,因而其话语理论从早期的考古学研究转向了谱系学研究,即揭示话语的建构与历史、社会之间的关系,尤其揭示了话语建构与权力之间

① 张宽.语词梳理·话语[J].读书,1995(4):133.
② 丹纳赫,等.理解福柯[M].刘瑾,译.天津:百花文艺出版社,2002:19-20.
③ 莫伟民.莫伟民讲福柯[M].北京:北京大学出版社,2005:87.

的关系,这使得他的社会批判更为有力,也更加有的放矢。

第一节　话语和陈述

要弄明白福柯的话语理论,得从他的话语考古学实践开始,即20世纪70年代以前,以他的著作来划分,即《知识考古学》以前,在这个时期,福柯通过自己的一系列研究活动建立了话语理论的基础。70年代以后,福柯的话语谱系学研究则是对其话语理论的一种发展(这点我们在本章第二节中讨论)。在《知识考古学》中,福柯在表述话语理论的独特性时指出:传统思想史上的一些常用的概念,诸如个体、作品、概念、理论、发展、演进、心态、精神等等,"对这些现成的综合,这些人们在一般情况下不经任何验证就给予承认的归纳,这些我们一开始就已经承认了其有效性的关联,应重新提出质疑;应该挖掘人们通常借以连接人类话语的这些模糊形式和势力;应该将它们从它们在其中肆虐的阴影中驱逐出去"①。对他来说,话语是一种实践,也可以理解为一系列事件,因为某个话语在某个特定时期突然出现,就像一个事件的突然爆发,取决于话语场的作用。比如全球变暖的厄尔尼诺现象早已存在,但只有在20世纪90年代以后,它才频繁地出现,并成为一个重要的话语。话语的基本单位应该是"陈述",由那些彼此关联的陈述构成了话语。但陈述不能等同于话语,因为话语虽然包含了许多个陈述,但不是所有的陈述都能成为话语。而且陈述不能独立运作,它必须和那些与它关联的陈述共享一个空间,共同形成某种语境,这样才能形成话语。由此可见,福柯的话语不同于索绪尔语言学中的语

---

① 福柯.知识考古学[M].谢强,马月,译.北京:三联书店,1998:24 – 25.

言和言语概念,因为它不仅仅是一种静止的语言结构,而是由各种关系决定的一个有确定的定位的规则体系,对他来说,话语的形成要有三个条件:形成区域、分解权威和专业格栅。①

一、陈述是一种功能

1. **话语考古学**。福柯首先展开了对传统的思想史或观念史的批判。他认为起源、连续性和总体性构成了这种观念史的核心。"19 世纪以来,这个主题,尽管形式不同,却起着一个恒定不变的作用:反对一切偏移,拯救主体的主宰,挽救人类学与人文主义这对孪生学科的形象。……这种研究把合理性变成人类的目的,并把整个思想史同维护这种合理性联接(结)起来,同维持这种目的论以及必须始终回到起源的基础联系起来。"②按照这种观念史和思想史的研究,人们总是假定所发生的事情都是早已存在着的某个本质东西的展开和体现而已;而追溯了这个起源,也就等于宣告了历史的线性发展和不断进步的神话,历史变成了某个或者是某些神圣的、本质的东西的不断延续和展开,因而历史就成为一个连续性的过程。这种总体历史观就是要为历史建构一个总体形式,建构起一系列的物质与精神的原则和理念,来建构一种合目的性的历史。

福柯反对这种虚假的思想史和观念史,反对前面提到的起源、连续性、总体性这三个论题,他明确提出了一种对话语的历史做非起源的、非连续的、个体化的、具体的和实证的考古学描述,具体地说就是要回到话语实践的范围内去描述陈述和陈述群的特殊位

① 　赵一凡. 福柯的话语理论[J]. 读书,1994(5):113.
② 　福柯. 知识考古学[M]. 谢强,马月,译. 北京:三联书店,1998:15 – 16.

置、它们相互之间的某种特殊关系以及这些陈述在复杂的语境中形成某种话语的运作过程。它既不同于研究陈述形成规律的语言分析,也不同于研究某个陈述背后包含某种真理的思想史或观念史的探讨。福柯强调了话语考古学的分析和传统思想史分析的四个区别:第一,考古学确定的不是思维、描述、形象、主题等萦绕在话语中暗藏或明露的东西,不是要在符号的背后去寻找某种深度的东西,考古学不是一门阐释性学科,并不假定在每一个话语或符号的背后有什么本质的深度,它要确定的就是话语本身,即服从于某些规律的话语实践;第二,"考古学不试图发现连续的和不知不觉的过渡",它的问题是"确定话语的特殊性",并对话语做出差异分析;第三,考古学要"确定话语实践的类型和规则",而不再把作品和社会历史以及心理联系起来,更不想去构建一个创作主体,创作主体层次作为一部作品的存在理由和它的一致性原则与考古学是不相干的;第四,考古学并"不试图重建人们在说出话语的一瞬间的所思,所愿,所求,所感受,所欲的东西",即它并不试图"通过在已说出东西的同一性本身中重新找回这些东西的方法来重复它们",而"仅仅只是一种再创作",是对某话语——作为"对象的系统描述"。①

由此可见,福柯的考古学分析既不涉及时间,也不涉及历史,更不涉及社会的种种因素与知识之间的相互作用,而只关注话语自身,针对某一知识系统的内部层次,探讨各种话语形成的种种条件,以及话语自身的复杂性造成的知识的多样化和复杂化。在对待文献的态度上比较突出地表现了福柯话语考古的方法论观念:在历史学中,文献是一个有待我们阐述的对象,是一种人们可以从

---

① 福柯.知识考古学[M].谢强,马月,译.北京:三联书店,1998:177 – 179.

中了解过去、了解历史事件和历史真实的材料。所以我们要知道文献说了什么,还要知道它是否真实,总之是通过文献去了解它背后曾真实存在过的历史。但对于福柯来说,文献就是文献,它不再是一种阐释学的对象,我们不需要"透过和穿越文献的物质性去寻找文献的所指,而仅仅局限于文献的物质性本身,局限于它的内部,它的存在条件,它和其他文献的关系"①。这种话语理论将传统思想史、观念史的分析方法悬置起来,而形成了自己的一整套概念体系,作为这种话语理论基础的一个概念即是"陈述"。

2. **话语分析的单位是陈述。**福柯认为首先要摆脱"那些以各自的方式变换连续性主题的概念游戏",诸如前面我们提到的"传统"、"影响"、"发展和演进"、"心态"或者"精神";其次还要谨慎地对待那些对话语重要类型或形式的区分,诸如科学、文学、哲学、宗教、历史、想象等,这些分类,"永远是自反的种类,分类的原则,准则,制度化的类型"②;再次,不能将书、作品这些概念当作话语分析的单位;最后,要排除(exclusion)两个连续性的主题:一个是不承认事物的中断,设想任何事物都有一个秘密的起源;另一个是假定任何明显的话语都建立在一个已经说过的东西上。排除了这些传统学术中的话语单位,他选定了陈述作为他话语分析的单位,这是不带有任何先入之见的原始中性材料,是一种事件,是与所谓的外在历史事件等同的事件。第一,"系统地排除所有这些既定单位首先可以使陈述重建事件的特殊性",它一方面与书写姿势或言语表达相关联,又暂存于记忆的领域或手稿、书籍、任何其他记录形式之中;其次,它是独特的,可以重复、转换与恢复;再次,它与引起它的

---

① 汪民安.福柯的界线[M].北京:中国社会科学出版社,2002:129.
② 福柯.知识考古学[M].谢强,马月,译.北京:三联书店,1998:23-25.

处境及它自身的结果相连。第二,可以把陈述层面孤立出来,而使之远离纯粹的心理综合,从而建立起陈述之间的关系和陈述群之间的关系。第三,这样就可以在描述的基础上建构起话语整体,"这些话语整体可能不是专断的,但却可能始终是看不见的"。①

但陈述是什么呢? 福柯没有正面给出一个界定,而是从反面来告诉我们陈述不是什么。首先,陈述不是命题。福柯认为任何命题都是遵从一定的逻辑规则,或者说是按照一定的逻辑规则推理而来,而陈述是不遵守逻辑推理的。他举了一个例子,"没有人听见"和"确实没有人听见"这两句话,从逻辑上讲没有什么区别,都是表达同一个意思,但作为陈述则是截然不同的,是不可相互替代的。其次,陈述不同于句子。句子受语法规则的制约,并且必须遵从于语法规范。但陈述却是无法用语法规则来加以约束的,它有的时候可能是一个句子,表面上看起来也受语法的约束,但也有一些东西,如一张图表、一本账簿、一条曲线,它们都不受语法规则的制约,却可以是陈述。再次,陈述不同于言语行为,一种言语行为总是由一些独立的句子以及几个陈述构成,而且言语行为还要受分析学原则的制约,这些也不适合于陈述。从陈述不是什么来看,它既不受逻辑的约束,也不受语法的约束,与分析学的原则不相干,那么陈述应该是什么呢? 福柯认为,不应该把陈述当作一种实体,不应该把它当作一个独立而确定的语言单位。也就是说,不要在陈述的内部结构来做文章认识陈述,而应该把陈述看成是一种功能。"如果我们没有能够为陈述找到单位的某些结构的标准,我们不必大惊小怪;这是因为陈述本身不是一个单位,而是一种功能。这种功能把结构领域与可能单位的领域交叉起来,并以具体

---

① 福柯. 知识考古学[M]. 谢强,马月,译. 北京:三联书店,1998:33 - 35.

内容在时空中把它们揭示出来",这就意味着,陈述本身是什么根本无法确定,而要认识陈述,就必须确定它的功能,也就是要"描述它的实践、条件,制约它的规律和它在其中运作的场地"。①

福柯从四个方面来认识陈述的功能:

第一,陈述与其所表达的东西之间不是确定的对应关系。"一个符号的体系,只要它同'它物'有某种特殊的关联,它就可以成为陈述。这种特殊的关联只涉及它本身,——不涉及它的起因,也不涉及它的成分。"②这就是说,陈述与对应物之间的关系,绝不像句子与对应物之间是一种能指与所指的关系,也不像命题与它的参照之间遵循某种逻辑关系,一个陈述不管多么简单,都不能把某个个体或句子中词表达的对象作为对应物,也不能把事物的状态或能证实命题关系作为对应物,陈述的对应物是一个范围的总体,是可以使句子及命题的对象在其中显现,逻辑的和语法的关系可以在其中被确定的范围整体。陈述是一个参照系,在这里"构成了地点、条件、出现的范围,构成了个体或对象分化的要求,事物的状态和被陈述本身涉及的关系。它确定着赋予句子以意义,赋予命题以真实性价值的东西显现和规限的可能性……借助这些可能性的不同范围,陈述可以把一个语义段或者一个象征符号的体系转变为一个我们能够或不能够确定某种意义的句子、一个我们能够或不能够接受某个真实性的价值命题"③。

第二,陈述与主体的关系,既确定又不确定。陈述的主体不是句子的主语,不能归结为叙述者,也不是作品的作者。不能把陈述的主体理解成陈述的发出者,或是某个陈述的起点和根源。陈述

---

①　福柯.知识考古学[M].谢强,马月,译.北京:三联书店,1998:108-109.

②　福柯.知识考古学[M].谢强,马月,译.北京:三联书店,1998:110.

③　福柯.知识考古学[M].谢强,马月,译.北京:三联书店,1998:114-115.

的主体是一种功能,而且不同的陈述具有不同的功能,这种功能是一种空白的功能,随时由不同的个体来填充。这就意味着,陈述的主体是一个特定的和空白的位置,它要由不同的个体来填充。也就是说没有一个固定不变的、一劳永逸的陈述主体,陈述主体和陈述之间的关系不是说话者和他所说的话的关系,而是一种位置关系:在一种特定的情形下,某一个个体占据了这个位置就成了陈述的主体,但在另一种情形下,又会是另一个个体占据了这个位置。"这个位置不是只此一次地被确定并一成不变地始终保留在某个文本、书或作品的行文之中,而是在变化——或无宁说它具有相当可变性能够或使自己通过诸多句子保持同自身一致,也可以让自己随着每一个句子发生变化。""描述一个作为陈述的表述,不在于分析作者和他说出的东西之间的关系,而是要确定什么是每个个体为成为它的主体而能够和应该占据的位置。"①

第三,陈述存在于某一确定的关联域或陈述群中。陈述不能单独存在,必须在一个关联性的范围中运作,它不同于命题或句子,只要有自己的物质载体,并按一定的内部组织结构形成就可以判定是命题或句子,也就是说只分析它们自身就可以判定,而不需要去分析其他的命题或句子。然而陈述总是要有一个邻近的空间,需要确定一个陈述与其他陈述间的边界,它总是属于一个系列或整体。"没有一个陈述不是以其他陈述为前提的;没有一个陈述的周围没有一个共在的范围、体系和连续的效果、功能和作用的分配。如果说我们能够言及一个陈述,那因为一个句子(一个命题)在某一确定点上,以确定的位置出现在超出它的限度的陈述游戏中……陈述远不是能指总体的个体化原则,而是把这些意义的单

①　福柯.知识考古学[M].谢强,马月,译.北京:三联书店,1998:120.

位置于某个它们在其中不断增加和积累的空间的东西。"①

　　第四,陈述必须有一定的物质性。如果陈述不具备一定的物质性存在,比如声音、文字,如果没有一个符号或什么痕迹的话,我们怎么来谈陈述呢? 有时候这些物质性的东西也是句子和命题所必需的东西,并非陈述所特有。而我们这里所谈的陈述的物质存在不是指这些,而是把陈述的物质性看成是一种功能,指陈述在一个陈述游戏中的地位。陈述在一个使用空间中,与其他陈述之间的关系确定了它的地位,而这个地位又决定或影响了它的使用模式和规则。句子或命题可以重复,因为它们在不同的使用中内在的组织结构没变,意义也没变。但陈述是不能重复的,因为一个陈述再一次被使用时,它的地位改变了,所以也不能看作是同一个陈述了。

　　3. 陈述的功能与话语。 从福柯对陈述的四个功能的界定上看,福柯就是要彻底抛弃传统学术研究的范式,抛弃传统学术中通常使用的概念,从一个新的角度、以一种新的方式来看待问题,为自己的学术研究提供一种自由。而这种自由从根本上说是要摆脱语言学的、阐释学的种种束缚和羁绊,摆脱深度解释模式,摆脱语言的种种寓意性和象征性等假定,而只把它们当作是话语自身,并把学术的关注点只放到话语自身,放到话语的具体语境中,放到一种话语的联系和场域之中。福柯认为,不能把陈述当作是话语的一个单位来确定,陈述本来就不是一个语言单位,它只是一种功能,它可以调动起各种不同的语言单位。而且,"这种功能不但没有赋予这些单位以某种'意义',而是使它们同对象的范围建立关系;不但没有赋予它们某一主体,而是为它们提供某个可能的主观

----

①　福柯.知识考古学[M].谢强,马月,译.北京:三联书店,1998:126.

位置的整体;不但没有确定它们的界限,而是把它们置于某一协调的和并存的范围中;不但没有确定它们的同一性,而是把它们置于某个它们被投入、使用、重复的空间。简言之,表露出来的不是原子的陈述——连同它的意义的效果、它的起源、它的界限和它的个体性——而是陈述功能的实施的范围和这种功能借以产生各种单位的条件"①。

　　陈述这个概念是整个话语理论的基础,福柯指出:"话语是由符号序列的整体构成的,前提是这些符号序列是陈述,就是说,我们能够确定它们的特殊的存在方式。"陈述的规律就是话语的规律,话语的构成不是表达、句子和命题,"而是陈述的扩散和分配的原则","话语这个术语就可以被确定为:隶属于同一的形成系统的陈述整体"。② 所以要认识和描述话语,就必须描述陈述。福柯说陈述既不是隐藏的,也不是可见的。说它不是隐藏的这好理解,因为它被定义为一系列的符号的存在方式。我们分析陈述首先要依据这些已经存在的符号序列;其次是我们要依据一个陈述在整个陈述游戏中的功能和所处的地位。但不隐藏不等于就是可见的,陈述是不可见的,我们无法为一个陈述确定出固定的边界和特征。这是因为第一,一个陈述是不能脱离其他陈述而单独存在的,并且陈述本身在陈述群中也是变化的;第二,陈述不是一个单位,而是一种功能,因而我们无法确定一个陈述的所指,甚至不能确定陈述的能指;第三,对任何陈述的描述本身就是一个陈述,也是需要加以描述的,因而它的对应物也只能是整个陈述游戏中展示出来的符号序列的存在方式,没有什么深刻的秘密与根源。

① 福柯.知识考古学[M].谢强,马月,译.北京:三联书店,1998:135.
② 福柯.知识考古学[M].谢强,马月,译.北京:三联书店,1998:136 - 137.

二、话语考古学的基础

1. **陈述分析的原则**。关于陈述的分析,福柯注重三种效果,或是说三个原则,即稀少性原则、外在性原则和并合性原则。陈述分析和话语分析将不考虑整体性,而一反一般的语言分析,它要建立一种稀少性的法则,这个任务包括几项:"说出的东西永远不是全部",同自然语言相比,同语言的无限结合相比,"陈述总是欠缺的";我们要在使陈述与未说出的东西相隔离的界限上,去确定一个有限的在场的系统。陈述"是对空白、空缺、欠缺、局限和分割的分配";"陈述的范围完全在它的表层,其中每一个陈述都占据着只属于它自己的位置",陈述的分析不是要发现它的位置是属于哪个还没有说出的东西,或让它屈服于某个沉默的和共同的文本中,而是相反,"要发现陈述占据着什么样的特殊位置,什么样的分类在形成系统中能测定它的位置,它怎样在陈述的普遍的扩散中被区分出来"。①

这种稀少性的原则说明,话语分析不再是一种阐释性的。陈述所说出的东西永远都不是全部,它是欠缺的。阐释学的目的即是以有限的陈述为依据,并通过对这些有限的表述的分析,去发现那些没有说出的东西。在这个意义上,任何表述都是丰富的。但陈述的稀少性原则是说人们不再把种种表述看作是取之不尽、用之不竭的宝库,总想这里可以不断地汲取某种新颖性的东西,或可发现预料不到的财富。我们是在把陈述和它没有说出来的东西完全分隔开来的情形下,把陈述当作某个在场的系统中的一部分,去分析它在这个系统中的位置。也就是说,我们感兴趣的只是这个

---

① 福柯.知识考古学[M].谢强,马月,译.北京:三联书店,1998:152-154.

由陈述与陈述构成的语言系统,而不涉及任何其他的内容。

外在性法则是指陈述分析把它们放在外在性的系统形式中来研究。这项任务假定"人们根本不把它作为结果或者另外一种事物的痕迹来探讨,而是把它作为一个自律的和人们可以在它自身的层次上对其进行描述的实际的范围来探讨";假定陈述的范围不参照个别主体、集体意识或先验的主观性,"这个范围的外形确定说话的主体的可能的位置";假定陈述的范围并不服从于意识的时间性,而是"在它的转换中,在它的连续中,在它的派生中"。陈述的分析是不参照我思而进行的,它不再提出"谁在说话"这样的问题,它是处于"人们说"的层次。也就是说,它是已经说出的东西的整体,从这里可以观察到各种关系、规律性和转换及某些形态、交错现象的领域等。这就使得话语分析走向了平面化、表层化,而排除了一切深层的秘密和蕴含。这意思是说,陈述分析完全是一个外在于人的思想意识的表层系统,它只关心这个独立的系统本身的关系和形式规律,不涉及任何深层意蕴。

如果说陈述的稀少性针对着总体性,外在性针对的是它的先验基础的话,那么并合性就是针对着起源的。也就是说不要去探寻陈述的起源,它在诞生时的瞬间黎明,任何陈述都是偶然保存下来的,它们常常被遗忘,是以沉睡的形式存留于世的。所以,对陈述的分析只能"在它们特有的暂留中被考察";在陈述的累加中考察它;当然也要充分考虑陈述的循环现象,即"每个陈述都包含着一个同它所处位置相比先于它的成分的领域"。这是对思想史和观念史的一种解构,因为在这个层面上,我们总是会寻找一种表述的缘起。比如今天当人们说到人的问题时,我们会追溯其根源,古希腊时代就已经提出了这个问题,从那个时候起,我们对这个问题做过很多的探索,正是在这个探索的基础上,才有了我们今天的认识。但陈述分析却不这样看,它认为即使以前人们谈到过这个问题,那只是人们偶然使用了相同的陈述而已,这是一种偶然的循环,并不是一种连续的探讨。做出了这样的界定后,福柯称自己就是一个幸运的实证主义者,并"很乐于接受这个称呼"。①

话语是陈述的整体,陈述的规则就是话语的构成。这样来理解,话语"不是一种形式的或修辞的单位,它由有限数量的陈述构成,它有其可以获得界定的存在条件;话语不是理想的、无时间性的存在,它是历史的存在,是历史的一个片断,有它自己的限度、自己的分化、自己的转型,自己特有的时间模式。于是,不存在静态的作为表象的工具的话语,我们面对的是话语实践(Discursive Practice),而且,话语实践不应该被混同于表述观念和欲望的表达活动,进行推理的理性活动,或者混同于产生符合句法规则的句子的能力,而是应当把它看作是一组无个性特征的、历史的规则,它受制于某一具体社会、经济、地理或语言区域的给定时期的陈述功能的运作条件"②。要进一步了解话语,就必须了解话语的构成。

2. 话语的构成。在此,福柯首先为我们描述了传统的话语研究方式和方法,指出其话语构成基于四个假定:第一是以共同的话语对象为标准;第二是以共同的陈述方式为标准;第三是以共同的概念使用为标准;第四是以共同的策略选择为标准。福柯认为这些标准所注意的实际上都是话语的表象功能,着眼于话语的连续性、累积性、客观性等方面,无法解决话语的散布,因而要抛弃。他提出,要"把这种分配的成分(对象、陈述行为的方式、概念、主题的选择)所屈从的条件称为形成的规则"③。于是他从对象的形成、陈

---

① 福柯. 知识考古学[M]. 谢强,马月,译. 北京:三联书店,1998:151-162.

② 杨大春. 文本的世界[M]. 北京:中国社会科学出版社,1998:137.

③ 福柯. 知识考古学[M]. 谢强,马月,译. 北京:三联书店,1998:48.

述方式的形成、概念的形成、策略的形成等方面来谈话语的构成。作为话语的对象,它们存在的体系是什么呢?福柯指出,我们必须首先测定它们出现的表层,看这些个体的差异在什么地方,来加以确定和分析。这是构成对象的空间规则,而这个规则在不同的时代、不同的社会和不同的话语形式中呈现的是不同的。其次我们应该描述审定界限的权威。这种权威有很多种,比如医学的权威、法律的权威、文学作品的批评权威等等。再次应该分析规格的格局。Grids of Specification 被某些人译为"格栅",这是一个系统,即将某种话语对象进行分化、对比、关联、重组、归类、衍生的系统。确定话语对象的这三个规则并不是彼此独立、互不相干的,而是彼此相连、互相作用的。只有这三个规则所形成的条件整体,才能确定一种话语对象的构成。"如果能建立这样的整体;如果我们能够指出所涉及的话语的任何对象是如何在这个整体中找到自己出现的地点和规律;如果能够指出话语在本身无需发生变化的情况下,可以同时或者连续地产生出相互排斥的对象的话,那么,一种话语的形成得以确定了(至少对它的对象而言)。"①

由此产生了几个后果:第一,对象不是在未成形的状态中等待解救,对象不先于自己而存在,对象存在于某个复杂网络关系的积极条件中。第二,这些构成复杂网络的关系并不出现在对象中。只有当人们思考对象概念的真实性时,这些关系才会完整或部分地重新出现。第三,"由可能的描述连接起来的空间被打开了:原始的或真实的关系体系,间接的或自反的关系体系或人们可以干脆称作话语的关系体系"构成了互不相同的关系体系。第四,这些

---

① 福柯. 知识考古学[M]. 谢强,马月,译. 北京:三联书店,1998:55.

关系既不内在于话语,也不外在于话语,它们只是话语的极限。①这就意味着话语的对象既不取决于话语内部,也不取决于话语的外部,而是取决于话语间的实践,由话语实践的分析、分类和解释确定了话语的对象。"于是,话语就不再是一个由能指构成的符号体系了,相反,它的'对象'成了被'构建'的东西,话语本身成了系统地形成话语所言及的对象的'实践'。"②

　　福柯通过分析 19 世纪医学的话语来确定陈述形式的构成。首先要提出的一个问题即是"谁在说话"? 这就是说要确定谁有资格说话。表面上看起来是医生在说话,医生在对病人做出判断,但实际情况要远为复杂得多。因为医生在这里不是以一个人的身份出现的,而是一系列的因素综合作用的结果,如他的医学知识、他的医疗实践能力、他的从业业绩,还有体制、制度、法律等等为之提供的保障。所以医学的陈述不是来自于哪一个人,而是来自于形成医生某种权威的那个复杂的网络。其次是说话的场所和语境。这包括两个方面:一是医生说话的具体语境,比如这是一份正式的医学报告还是医生的某种猜测,是一个正式的诊断还是医生的一种私人忠告,是直接的观察报告还是摘自某个医学杂志,等;二是医生说话的具体场所,福柯区分了四种不同的场所,即医院、私人诊所、实验室、图书馆,在不同的场所出现的医学陈述具有不同的权威性。自 19 世纪以来,医学话语的场所中文献的地位在不断提升,医院越来越重要,实验室被整合为医学话语的场所。第三个问题即陈述主体是"由它相对于对象的各种不同范围或群体有可能

---

①　福柯. 知识考古学[M]. 谢强,马月,译. 北京:三联书店,1998:56 – 58.
②　吴猛,和新风. 文化权力的终结:与福柯对话[M]. 成都:四川人民出版社,2003:206.

占据的处境所确定"①。这就是说,在不同的情形下,陈述主体的地位和功能是不同的,可以是一个提问的主体,可以是观察的主体,可以是记录的主体,等等。福柯认为 19 世纪以来,医学话语主体的改变比较大,这主要是由于医学条件和设施的改进、诊疗手段的提高,及其与其他学科之间的影响及与政治、法律等制度的新关系决定的。由以上三点可见,陈述形式的构成依赖于一种话语网络,而不是借助于某种超验主体,也不借助于心理主观性,是话语网络构成了一个外在的空间,并在这个空间展开了陈述的不同位置的网络,这个网络才是陈述形式构成的条件。

福柯否定了概念是一个理想框架的想法,也否定了概念是由一砖一石逐渐累积并完善起来的想法,他认为在每一个时期各个学科会形成概念家族,但并不存在一个自古以来学科概念的连续性。概念构成的情况是比较复杂的,我们"与其要把这些概念重新置于潜在的演绎结构中,不如描述它们在其中出现和流动的陈述范围的组织"②。这里所说的组织,有点类似于福柯在《词与物》一书中所提出的"认识型"的概念,即是使各种材料、各种因素、各种意图、各种话语等组合成一个整体的某些规则。首先,这些规则规定了陈述的连续形式,如陈述序列的排列、陈述的相互依赖类型、各种陈述依凭组合的修辞手段等等。其次,这些规则决定了一些共存形式的在场,如在别处已经被提出和被公认为是真理的陈述,被重新置于话语中的陈述,那些被批评、争论和评判过或被否定的陈述都可能在场,它们在场的关系又是多种多样的,而且这种在场的形式和作用也是不同的。最后,这些规则决定了陈述的干预程

① 福柯.知识考古学[M].谢强,马月,译.北京:三联书店,1998:65.
② 福柯.知识考古学[M].谢强,马月,译.北京:三联书店,1998:70.

序。正是这些规则干预了陈述的重写技巧、自然语言与人工语言的转换、定量陈述与定性陈述的转换及陈述的精确化和有效性等等。就是这一系列复杂的关系限定了概念的使用和更替,构成了一个概念形成的系统。在这个分析中我们看到福柯并不关注概念本身,不对概念的结构、意义做过多的纠缠,而是更加关注概念间的推演、派生、连贯等形式及不相容、排斥和置换等形式。"其实,我们只是在话语本身的层次上提出问题,话语不再是外部的表现,而是概念出现的地点;我们没有把话语的常数同概念的理想结构联系起来,但是我们在话语内在的规律性的基础上描述概念的网络。"①

　　一些学科的话语会导致某些概念组织、对象的聚合、陈述类型的出现,而根据其自身的一致性、严密性和稳定性的程度构成了一些主题或理论,这些主题或理论就被称为"策略"。策略分析就是要探讨这些主题或理论是如何在历史中分布的,也即使得各个分化的理论和主题能并存的规则。首先要确定话语的分化处,用福柯的话说是"可能衍射点",这意味着两个对象或两种陈述模式的不相容点,或是它们在此分化;而且这些不相容的要素有共同的存在方式与相同的组合规律和出现条件;这些分化的陈述模式还可能存在着连接点。从这种分化点的分析可以发现,同一个话语构成中存在着二个或三个互不相容,但却同样被认可的陈述群,它们代表着同一话语的分叉,并从此可以导致不同的理论发展。② 其次这些可能的选择未必都能实现,因为有一些特殊的权威决定了人们的选择,于是有些话语的主题沉寂了,有些话语的主题得到了展

① 福柯.知识考古学[M].谢强,马月,译.北京:三联书店,1998:77.
② 杨大春.文本的世界[M].北京:中国社会科学出版社,1998:148.

开。最后还要考虑到做出理论选择的种种特殊要求以及话语与欲望的关系。这些决定了话语有自身的独立性和物质性,遵循自身的关系原则,而不是以社会历史因素为决定性因素。福柯在这个问题最后总结时说:"正像我们不能把对象的形成归结于词与物;把陈述的形成归结于认识的纯粹形式和心理主体;把概念的形成归结于理想性结构和思想的连续性一样,我们也不应该把理论选择的形成归结于某个基本计划,或意见的次要作用。"①

由以上这四个层次形成的话语实践体系有三个特点:首先,这四个层次不是相互独立的,一方面,前面的层次制约着后面的层次;另一方面,低级层次不能独立于比它们高的层次,如概念的确定就必然离不开策略的选择。其次,这些话语层次的形成,并非外界强加给话语的,也不是一劳永逸地确定了其特征和可能性的固定的东西,而是形成于话语本身之中,是话语实践所确定的不同的关系网络。最后,这些形成的体系不是固定不变的,而是具有活动性的。它们不可能位于时间之外,而必定是随着话语事件体系不断与其他事件或话语相联系而不断地发生转换和变化。当然,这些体系也可以反过来影响话语实践。

以上所说即是福柯关于话语理论的大要,这些规则体系也是他考古学研究的基础。从以上的分析来看,福柯是将意义、价值等问题悬置起来,而把话语和话语体系当作一个自足的、独立运作的形式系统来加以分析。福柯在这里所要探讨的是话语的运作规则,来看一种话语是如何经过了自身的网络运作而被提出来的。在这里福柯所考虑的只是话语和话语体系的内部运作机制,并将之与外在的社会历史因素分隔开来考察。但是后来福柯发现自己

---

① 福柯.知识考古学[M].谢强,马月,译.北京:三联书店,1998:88.

的考察是有问题的,因为话语的运作和形成不仅受其内在运作规则的影响,有时某种话语体系外在的因素(如权力等)也会对其产生重要的影响,于是他开始转向了谱系学的研究。

第二节 话语和秩序

20 世纪 70 年代以后,福柯转向了话语的谱系学的研究,并将话语和权力联系在一起,着重指出了某种权力结构对话语的压制和操控。当然,他这里说的权力是一种隐含的东西,是某种强加于话语生产的暴力,比如言语的禁忌、理性原则的约束、真理意志的压抑等等。应该说福柯的话语理论包括考古学和谱系学两大部分,这是缺一不可的两部分。福柯的《疯癫与文明》、《临床医学的诞生》、《词与物》等几本著作主要运用了考古学的方法来考察历史,而在《知识考古学》中,福柯全面地阐述了他的话语考古学的原理,那么到《话语的秩序》、《规训与惩罚》、《性经验史》等著作,他则更多地开始运用谱系学的方法来进行话语分析了。福柯的考古学研究主要注重的是话语自身的运作规则,即把话语看作是自律的,有自己的规律可循,他在话语的考古学研究中引入了三个重要的概念:陈述、话语、档案。也就是说考古学面对的就是档案,透过档案来看一种话语是如何建构起来的,如构成医学话语基础的深层结构、人文学科的产生与人的出现的基础——现代认识型等。

1. **话语谱系学**。然而 70 年代以后,福柯认识到话语不是自律的、自生自灭的东西,而是和社会秩序紧密相连。他说:"在每个社会,话语的制造是同时受一定数量程序的控制、选择、组织和重新分配的,这些程序的作用在于消除话语的力量和危险,控制其偶发事件,避开其沉重而可怕的物质性。"①这即是说福柯已经放弃了话语的自律性,看到了话语的运作与权力和道德的谱系之间的联系,看到了任何知识话语,无论它的创建、形成、建构还是扩散,都离不开权力和道德的制约。没有脱离权力运作的纯学术的知识话语体系,知识话语本身就是一种权力的表现。反过来说,社会权力的运作,也都离不开知识话语的参与和介入,所以权力和知识是不可能各自独立并单独存在的。这点我们在分析福柯关于监禁的论述与他的微型权力思想时已经分析过了。这就是福柯谱系学研究的根本,"所谓系谱学研究,根本不是把权力当成某种可以独立存在的实体,也不打算探究权力的终极基础和始因,而是要把知识当成权力运作的一个不可缺少的策略因素,深入揭示并解构各种科学话语或知识论述与权力之间的相互渗透和相互勾结的关系"②。

福柯在《尼采、谱系学、历史》一文中,通过阐述尼采的道德谱系学思想,来阐述自己的知识谱系学。他认为自己的思想与尼采有许多相通之处:第一,他们都不关心起源问题,而更关心散落的东西、偶然的事件和细微差别;第二,他们都抛弃了历史的连续性和累积的假设,要去记录其中的断层和裂缝;第三,他们都消解了认知主体这一概念,把自己的谱系学称为历史感性,从而否定了统治着历史的人类存在的同一性。他也谈到了自己与尼采的不同:尼采发现了历史的善恶,实际上是一种强者的力量的显示,但福柯

① 福柯.话语的秩序[A].许宝强,袁伟.语言与翻译的政治[M].北京:中央编译出版社,2000:3.
② 高宣扬.福柯的生存美学[M].北京:中国人民大学出版社,2005:147.这里需要注意两点:第一,福柯的话语谱系学,也有很多人称作系谱学;第二,高宣扬把discourse译成"论述"而不是"话语"。

在这里看到的却是一种权力对峙。① 福柯让我们认识到,在现象的背后是不存在本质的,历史的连续性之下充满了偶然,主体作为一个完整的自我统一体,实际上无非是一堆碎片的集合,我们自以为生活在一个平等、博爱、自由的现代文明之中,但实际上我们却是一直生活在权力的网络之中。福柯的谱系学研究就是要发现社会制度、社会体制和权力关系对话语的控制和制约。

2.**话语的外部控制原则**。福柯从三个方面来讨论话语的控制原则,首先是话语外部控制原则。话语受社会秩序制约最明显的就是排除原则,在现实中有许多排除程序在话语运作中起作用。排除原则最主要的形式是"禁止"(prohibition),在现实中,我们不是想说什么就说什么的,也不能在任何时候都随意地去说自己所喜欢的东西。什么该说,什么不该说,都取决于说话的场合和说话者的身份。或者换句话说,就是话语有许多禁忌,这些禁忌编织起了一个复杂而紧密的网络,使得一些特殊的对象、特殊的仪式、特殊的主体无法进入话语之中。在现实中,这些禁忌最严格控制的领域就是性和政治,因为性和政治的话语常常都不是中性的,多半与欲望和权力相关,所以禁忌最多。第二种排除原则的表现形式是区分与拒斥。任何一种社会形式,为了维持自己的秩序,总要区分所谓的正常和非正常,并将非正常的东西拒斥在社会正常秩序之外。就像福柯在《疯癫与文明》中区分了理性与疯癫一样,疯人的话语被从社会正常的话语中区分出去,并受到了拒斥。即使是到了现代,疯人的话语依然被视为无效的噪声,不被重视,甚至是遭到排拒。比如我们常常把口出狂言的人称为疯子,而给他这样

---

① 福柯.尼采、谱系学、历史[A].杜小真.福柯集[M].上海:上海远东出版社,2003:146–165.

一个称呼也就意味着他的话是不值得一听的。第三种排除原则的表现形式是真理与谬误的对立。过去人们一直以为只有前两个排除形式是强制性的暴力,而第三种排除形式关乎真理问题,即真理对"谬误"的排除。过去人们认为对真理的追求是完全取决于知识命题的,因为真理是普遍的、客观的。这是一种误解,真理意志同样受到体制的制约,受历史的制约,它也是在不断地发生变化并反复被修正的。当我们进一步追问,那种贯穿我们话语的求真意志是什么? 支配我们求真意志的基本区别又是什么? 尤其是我们发现这种真理意志在过去是什么,而现在又是什么时,我们才感觉到真理与谬误的排除同样是武断的。也就是说,真理并不内在于话语形式中,它也纯粹是一种话语构成,同社会体制、历史也就是同权力密切相关。

在这里福柯用了一个特殊的词"真理游戏"来说明真理的显示取决于制度和话语实践。他认为所谓的真理游戏,就是一组导致某个结果的程序,实际上就是指制造真理的一系列规则,这种规则是由社会体制支撑的。"教学法、书籍系统、图书馆、出版物在强化和支撑真理,社会运用知识的方式,挖掘、分配、划分知识的方式同样在支撑真理。"[①]真理既然不是绝对的永恒的,而只是某种制度和话语运作的结果,因而它的产生以及对所谓的荒谬的排除就同样是武断的,只是这种武断相对来说比较隐蔽而已。福柯说:"在我们这样的社会里,真理的'政治经济'有五个重要特征。'真理'以科学话语的形式和制造它们的制度为核心。它受制于经常性的经济和政治刺激(由于经济权利和政治权利对真理的需求)。它以各种形式成为无边无际的传播和消费的对象(通过教育和文化设

---

① 汪民安.福柯的界线[M].北京:中国社会科学出版社,2002:151.

备传播——这些设备尽管有其局限性,在社会体系中还是非常广泛地存在的)。它在一些强大的政治和经济设备(大学、军队、文章和媒体)的控制下被制造并传播——这种控制即使不是惟一一个,也是主要的。最后,这是整个政治争论和社会对抗的中心。"①这种在体制和话语实践中产生的求真意志,自然会对其他形式的话语构成一种影响,甚至是制约,也即这种真理是要在排除谬误的前提下来彰显自己的。

　　3. 话语的内部控制原则。话语的内部控制原则与前一个原则正好相反,不是从外部实施到话语上的,而是在话语内部起作用的。这种内部控制原则要控制的是话语中可能出现的不可预测的突然事件,即某种话语的偶然性。内部控制原则是从话语内部对话语进行分类、排序、分配,以此来控制话语,内部控制原则主要有三个方面:评论原则、作者原则和学科原则。评论原则说的是在社会中总是存在着一些主要的叙述话语,被其他的叙述话语不断地重述、重复或变换。这些话语包括宗教文本、法律文本、文学文本以及一些科学文本,它们在不断地引起新的言语活动,并被无限地谈论下去。这种重述或复述就是一种评论。主要文本与其评论文本之间的主次关系并不是固定不变的,而是可以相互转化的。有时这些主要文本开始变得模糊了,甚至消失了,而评论文本占据了前者的地位,但这些评论文本,必须说出文本中沉默的东西,它可以说出主要文本之外的东西,但必须是谈论主要文本。这就是说在评论中可以给偶然因素一定的自由,但在追求主要文本的同一性上排斥了这些偶然性的目的。也就是说,评论原则既然称之为评论,就要尊重原文本,尊重原文本意义的同一性,它"把说话内容

---

　　① 丹纳赫,等.理解福柯[M].刘瑾,译.天津:百花文艺出版社,2002:47－48.

可能的多样性,转变为说话形式和说话环境的多样性","把人们的注意力从说什么转移到怎样说",因而当把目光仅仅放在潜在的思想意义和主题上,"那么,这种讨论无论如何'多层次'、'多角度',无论怎样谈'多重性'、'多义性',实际上它还是心甘情愿地受着'评论原则'的控制,在形式多样性上翻翻花样而已"。①

所谓的作者原则,实际上就是以"作者"作为文本增生意义的局限和约简,也就是以作者来保持某种令人迷惑的虚构性语言,能具有统一性和某种连贯性。具体地说,也就是每一个话语文本都有作者,这个作者代表着话语意义的来源,代表着文本话语的统一性和连贯性,所有那些所谓的阐释、复述、重述,都必须尊重这个作者,都必须在作者这里得到证实,尤其是那些作品中隐含的意义。所以我们在文学文本中,要从作者那里去获得意义和意义的证实,我们要研究作者的思想、生平、生活的时代等等。当然我们这里所说的作者,并不是指写作文本的人,而是指一种组织话语的原则。关于这一点,在福柯回答罗兰·巴特"作者之死"的那篇著名的文章《作者是什么?》里有较为详细的论述。

前面所说的两个原则,都是为了限制话语中的偶然因素,限制话语意义的自由增生,因为它们都设定了一个中心,这是一个起统一和连贯作用的中心,有了这个中心的限制,话语的再生就受到了极大的限制。

内部控制的第三个原则是学科原则。这个原则比起前两个原则来,应该说相对要松散一些,没有评论原则和作者原则要求那么严格,因为学科本身就是一个相对宽泛的系统,"学科是由一个对象领域、一套方法、一组所谓的真实命题、一套规则、定义、技术和

---

① 王治河.福柯[M].长沙:湖南教育出版社,1999:168.

工具加以界定的"①,其中各种话语被运用,也能变迁、创造、置换等。而且学科的话语,并不是完全由纯粹的真理陈述组成,其中可能包含真理陈述和荒谬陈述,因为这些陈述能否进入到学科范围,要看它是否符合某些条件,这和是否是真理陈述没有关系。这些条件首先是"这个陈述必须是针对某个确定的对象面的";其次,"这个命题所使用的必须是某种特定类型的概念";再次,"这个命题若要成为学科的一部分,它还得顺应理论潮流"。② 前两者都好理解,比如我们以精神病学为例,要想进入这个学科,我们谈论的对象必须是与精神病有关的,如其遗传的影响或外界影响等;我们所使用的概念,应该是这个学科中常用的、具有被人们认同的意义的概念。第三个稍稍曲折了点,但说的事也是很好理解的,那就是在任何一个时代、一种特定的历史环境下,一种特定的地域文化和意识形态中,话语的构造原则都是不同的,就像福柯在《词与物》一书中探讨了不同时代具有不同的知识型一样,那么我们的陈述要进入学科话语,就得顺应这个理论发展的潮流。学科原则实际上就是限制话语的产生,但是它也限制了真理陈述或真理陈述的产生。因为常常会有一些陈述在学科之外,但却是真理陈述,可是因为无法进入到学科范围,因而就不能进入人们的视野。一种真理陈述要想成为真理,首先必须进入学科范畴。

　　4.**话语的主体控制原则**。话语的主体控制原则,也即对说话主体的控制。福柯说:"我认为还有第三组限制话语的原则。这次不是控制它们的力量或改变它们出现的不可预料性,而是决定话语的应用条件,对话语持有者给予一定的规范,这样便不是随便什

---

　　① 福柯. 话语的秩序[A]. 许宝强,袁伟. 语言与翻译的政治[M]. 北京:中央编译出版社,2000:11.

　　② 王治河. 福柯[M]. 长沙:湖南教育出版社,1999:171.

么人都能使用话语了。"①这也就是说,有些话语是对所有人开放的,而有些话语则不然,只对部分人开放,这要看那些说话主体是否符合某些条件。具体地说,有四种条件控制着说话主体:第一是礼仪原则,第二是话语社团原则,第三是学说原则,第四是社会占有原则。第一个原则是指说话人必须具备的某些素质,受过某种特殊的训练,或经受过比较好的教育,能够使用某种特殊形式的陈述,等等。比如医学、宗教、司法、政治等话语,都需要这种特殊的教育,说话者应能熟练地掌握其中的礼仪规则。第二个原则是要求说话者能够进入到一个特定的小圈子,其话语可以在这个小圈子中流行。比如某个特定的文学流派、某个批评派别等等。我们常说的西方文学发展经历了现实主义、现代主义、后现代主义,西方批评流派中出现了形式主义、解释学、后现代主义等,这些都是某个特定的小圈子,要想使自己的语言进入这个领域,就要受话语社团原则的控制。第三个原则是指接受某些相同的真理命题,或者是认同某些理论主张,如西方现代思想中出现了所谓的结构主义、后结构主义、存在主义、现象学、后现代主义、后殖民主义等等一些思潮,哪些人是属于这些思想流派之中的,哪些人是研究这些思想流派的,他们之间肯定要在某些基本的思想上得到认同。第四个原则主要体现为某种教育制度,人们通过受教育而成为某一种话语的占有者,从而进入到某一个话语领域之中。这四个原则不是彼此孤立的,而是相互联系的。

这就是福柯话语理论的大要,它包括考古学和谱系学两大部分。如果说前者主要在于批判的话,即摧毁了传统学术的基本范

---

① 福柯. 话语的秩序[A]. 许宝强,袁伟. 语言与翻译的政治[M]. 北京:中央编译出版社,2000:14.

式,摧毁了总体性、内在性、连续性等传统的学术维度,把话语看成是一种自足的有着自身特定结构和规律的东西的话,后者则把话语放在了一个广泛得多的范围,放在了历史和社会中来看它与权力之间的关系,建立起了话语受制于社会历史的种种规则,受制于权力的运作的种种条件,从而揭示了语言、文化、权力建立起来的一个巨大的话语运作网络。以此为指导进行话语分析,我们可以理解福柯不是要给我们确立某些真理陈述,而是在进行一种现代理性批判。高宣扬有一段话对福柯的话语理论的评价说得很好:

　　"(福柯)他所批判的重点和目的,不是关于现代人的主体自由,而是现代论述,特别是知识论述和各种关于'性'的论述对于人的自由的扭曲问题。他认为,这是西方社会和文化,特别是现代资本主义社会中各种社会制度、法制、道德规范以及知识体系,之所以能够有效地维持和操作现存社会秩序并为当代社会统治阶级服务的关键问题。……福柯则是从不满现代人的现状出发,集中思考现实的当代社会文化生活中有关各种知识论述与实际的人的生活密切相关的重大问题。譬如:第一,当代社会利用知识论述,将整个社会的人群划分为'正常'和'异常'的基本原因及社会文化条件;第二,知识如何成为整个社会运作的关键力量,成为法制建构、权力运作以及道德实践的精神支柱;第三,社会文化制度和组织中的权力分配与再分配的机制及其与知识、道德论述的关系;第四,现代社会究竟采用什么样的策略,使得'性'的论述成为如此泛滥的社会文化力量,控制着人们的衣食住行的所有领域,使'性'一方面成为统治者驾驭社会大众的宰制力量,另一方面又成为知识、权力和道德塑造人的'主体性'的有效中介因素;第五,现代社会究竟靠什么方法和策略,使得整个社会变成全方位敞开的监视和规训系统,各种论述是如何转化为统治和宰制的实践;第六,现代社会的人从什么时候开始,通过什么样的社会文化机制,一方面心甘情愿地进行自我规训,另一方面又遭受整个社会统治力量的强制性规训和宰制,如此等等。这一切,在福柯看来,最关键的是现代社会中的知识论述的制作、贯彻及其实践的策略。总之,福柯把现存一切社会文化问题的症结,全部地归结为'语言论述'以及各种论述实践。"①

第三节　话语和启蒙

福柯在晚年曾撰写了两篇关于"启蒙"的文章,在他的所有著作中具有非同一般的意义。福柯的文章是对康德关于启蒙文章的一个回应,他从自己的话语理论出发,结合自己多年来在一些微观具体问题上的研究,从某种程度上说,是他多年来思想探索的延续,并对前此所有著作做出总结,来直接审视启蒙和现代性问题,有许多新的表述和见地,对于我们反思启蒙和现代性问题提供了重要的启示,也是我们理解他的一系列著作的重要参照。

一、福柯拒绝对启蒙的敲诈

1.**启蒙理性与现代性的维度**。康德提出了启蒙运动的核心观念,并提出了这种观念是这个社会历史转型时期可资依赖的思想方式。"启蒙就是人类脱离自我招致的不成熟。不成熟就是不经别人的引导就不能运用自己的理智",并明确提出了"要有勇气运

---

① 高宣扬. 福柯的生存美学[M].北京:中国人民大学出版社,2005:141-142.高宣扬说的"论述",也即 discourse,就是我们说的"话语"。

用你自己的理智！这就是启蒙的座右铭".①

　　康德是把自由运用理性作为人类摆脱中世纪枷锁,特别是宗教加之于人自身的种种羁绊,追求自身解放的一个必要条件来谈启蒙的,是在历史进步的基本观念上来谈启蒙的。他把启蒙看成是人的一种权利和义务,也把启蒙看成是一个过程。康德把握了启蒙运动的基本理念和思想脉络,当启蒙思想家们主张一切事物都必须在理性的法庭中为自己辩护,寻求其存在的依据或者是放弃存在时,就是要以这种理性的批判力量来摆脱封建等级制度,摆脱教会强加给人的蒙昧主义的桎梏,人们不"把任何东西当做权威看待,如果说《圣经》是上帝的启示,那也必须加以证明"②。这就告诉我们,"启蒙"和人类追求自身解放的目标是一致的,是与自由这个人类的终极关怀相统一的;启蒙的核心就是理性,就是人们自由地运用自己的理性对现实进行批判,并在批判的基础上来设计构建未来的理想社会——理性王国。

　　康德无疑是在肯定的意义上来谈启蒙的,这种启蒙观念的进步意义也无须在此多言,没有启蒙就没有现代社会。但我们看到这种启蒙的观念从一开始就包含着一种无法消除的矛盾。第一是把人类的自由解放和理性的自由运用等同起来,抹杀了人作为一种丰富的生命形式所具有的多方面的欲求和需要。康德以他的三大批判建立起了一个庞大的理性哲学的体系,在某种意义上是继承了古希腊以来哲学的理性传统,但这个传统遭到了从浪漫主义到19世纪中期以来的唯意志论哲学和生命哲学的批判,最后在弗

---

① 康德.对这个问题的一个回答:什么是启蒙?［A］.詹姆斯·施密特.启蒙运动与现代性［M］.徐向东,卢华萍,译.上海:上海人民出版社,2005:61.
② 罗兰·斯特龙伯格.西方现代思想史［M］.刘北成,赵国新,译.北京:中央编译出版社,2005:128.

洛伊德那里遭到了颠覆性的毁灭。第二是没有解决理性的合法化的问题，理性何以具有对现实进行批判和反思的理由与权力呢？这个问题是启蒙必须解决的。而把理性绝对化，以理性取代了上帝的至高无上的权威，因而无法避免理性成为某种新的崇拜、新的神话和新的宗教。自由、平等、博爱，人权、民主、契约、法制，这些曾如何强烈地震撼着每一个人的心灵的词语，成为一种每个社会成员都必须严格恪守的理性原则，因而就与一种至高无上的权力结合在一起，就成了一种新的统治权力。这已由西方发达资本主义社会的现实所证实了，所以马尔库塞在《单面人》中说："我们再次面对发达工业文明最令人烦恼的一个方面：反理性的理性特征。"①他认为这是资本主义不可克服的内在矛盾。第三是笼统地谈理性，而没有对理性进行认真的、细致的梳理。启蒙理性在各个国家的发展是不平衡的，英国的科技理性、法国的政治理性、德国的思辨理性，它们在不同的方面表现着不同的特征。康德在自己的哲学体系中也强调了作为知识基础的理论理性和作为道德基础的实践理性的区别，但没有意识到理性的积极方面和消极方面的差别。而随着现代性的发展，理性这个概念在不断地分化，愈益走入不同的领域而获得了独特的规定性。马克斯·韦伯提出了价值理性和工具理性的对立，法兰克福学派提出了对技术理性的批判，我们还可以列举出许多冠以各种修饰的理性概念来表明理性绝不是可以不加区别就能拿来随便运用的概念。这种理性在不同领域和不同区域发展的不平衡性，造成了康德等启蒙思想家们始料不及的新的矛盾。

---

① 赫伯特·马尔库塞.单面人[M].左晓斯,等,译.长沙:湖南人民出版社,1988:15.

现代性被哈贝马斯称为一项设计,而且是一项尚未完成的设计。他认为这是由启蒙运动开启的,至今依然在继续的工程。他反对后现代主义者提出现在已经后现代了的说法,认为后现代性是根本不能成立的,因为现代性必将要继续下去。他所说的现代性,用他自己的话说:"由18世纪启蒙哲学家开创的现代派工程的任务是,分别依照它们自己的特性,坚定不移地推进客观化的科学、道德与法律的广泛基础以及独立的艺术的发展,但同时也要把如此积累的认知潜力从其深奥的阳春白雪形式中释放出来,将其运用到实践,也就是理性地塑造生活。"①也就是说,科学、道德和法律、文化各自被设计出了一个符合自身发展的合理性制度,应该按照这种制度和规律继续发展下去。至于现在我们的启蒙与现代性设计出现了一些问题,被哈贝马斯称为合法化危机,并不是现代性设计自身出现了问题,而只是在这种设计的实施过程中出现了一些偏差。他主张要通过交往行为理性,重建人与人之间的共识来解决这些问题。

如果把哈贝马斯对现代性的讨论和康德关于启蒙问题的论述结合起来看,我们就会发现这两者之间的天然联系。如果说启蒙是理性精神和理性主体确立的一个过程的话,那么现代性则是这种理性精神和主体性原则在现实中实现的结果;如果说启蒙提出了现代社会赖以存在的制度和意识形态的理念基础的话,现代性则是这些理念的具体展布过程。启蒙为现代性提供合法化的基础,现代性在实现着启蒙的理想。但启蒙的理念是如何建构起来的,现代性的理性化过程又是以一种什么样的运作方式实现的呢?

---

① 哈贝马斯.现代性——未完成的工程[A].汪民安,等.现代性基本读本[M].上.郑州:河南大学出版社,2005:112-113.

这是否表现为一种历史连续性和社会进步的目的性呢？

2. 福柯超越了理性与非理性的二元对立。 福柯在文中提到要拒绝他称之为对启蒙"敲诈"的东西。福柯说："这乃是意味着必须拒绝可能以简单化的或权威的形式表现出来的要求：或者你接受'启蒙'，那你就仍然留在理性主义的传统里（有人把这看成是必须肯定的，而另一些人则把这看成是应当指责的）；或者你批评'启蒙'，那你就会设法摆脱这些理性原则（这一点也同样可能被理解为好的或坏的）。"①福柯在这里强调的就是我们必须摆脱那种要么完全接受启蒙理性，并在这个立场上来思考问题，要么完全拒绝启蒙理性，站在反理性或非理性的立场上来思考的非此即彼的思维方式。这一点已经被那些研究福柯的人充分注意到了，大家都从这里受到了极大的启示，都赞同福柯的跳出理性与非理性的张力场来重新反思启蒙的主张。但当我们真的跳出了这个张力场，我们的立足点是什么？或者说，福柯跳出这个张力场后，他的立足点是什么？这是一个比如何跳出理性与非理性的张力场更重要的问题。

福柯在《何为启蒙》一文中明确提出，要把启蒙和现代性看作对我们是什么进行批判的一种态度、一种气质、一种哲学生活。②于是许多人抓住了这个批判性质疑的态度来大做文章，由此看到了启蒙的不断自我超越，启蒙对现在的改变，对我们之所说、所思、所做的一种改变，因而这才是真正的启蒙。这样一来，第一，启蒙观念被泛化了。这种不断的自我超越，这种对现实的改造和超越

---

① 福柯. 何为启蒙[A]. 顾嘉琛，译. 杜小真. 福柯集[M]. 上海：上海远东出版社，2003：537.

② 福柯. 何为启蒙[A]. 顾嘉琛，译. 杜小真. 福柯集[M]. 上海：上海远东出版社，2003：542.

精神,不仅仅存在于启蒙时代以来的历史,而是存在于整个人类的历史。正像霍克海默所说:"启蒙的纲领是要唤醒世界,祛除神话,并用知识替代幻想。"①霍克海默把启蒙问题纳入到整个人类文化史中考察,并指出从《荷马史诗》就开始了启蒙。这似乎与福柯的本意有一定的差距,因为福柯在文章中特别强调现代哲学经历了两个世纪,以不同的形式一直在重复康德提出的关于启蒙的问题,并说在现代,"很少有哲学不曾直接或间接地碰到这同一个问题:所谓'启蒙'的事件究竟是什么"②?虽然霍克海默把启蒙观念泛化有他的道理,但这肯定不是福柯的意思,因为福柯是针对康德的文章做出回应,并把启蒙看作一个事件来对待,把时间确定在康德发表《什么是启蒙运动?》以后的200年左右的时间里。第二,消解了启蒙。这种批判性质疑的态度并不能被证明是启蒙精神所独有的东西,但却可以被认定是哲学的基本精神。因而把启蒙界定为这种态度、气质和哲学生活,就已经把启蒙彻底消解了。但是福柯在谈启蒙问题时是和现代性的问题一起来讨论的,如果他认为启蒙仅仅是这种哲学的基本精神的话,那和现代性又有什么必然的联系呢?

　　以上这些问题的出现,归结根源都在于我们只注意到了福柯晚年关于启蒙的文章本身,而忽视了他的文章与他早年所做的工作之间的关系,也就是说忽视了文章表达的思想和他以前所写的《疯癫与文明》、《词与物》、《知识考古学》、《规训与惩罚》、《性经验史》等著作的一贯思想之间的关系,以及他在做这些工作时的立场

---

① 马克斯·霍克海默,西奥多·阿道尔诺.启蒙辩证法[M].渠敬东,曹卫东,译.上海:上海人民出版社,2003:1.

② 福柯.何为启蒙[A].顾嘉琛,译.杜小真.福柯集[M].上海:上海远东出版社,2003:528.

和方法。简单地说就是人们忽视了福柯是以一种特定的思想方法来做他的思想史研究,来考察启蒙问题的,这就是他的话语理论。福柯的话语理论带有一种极其强烈的解构性,他认为所谓的科学、哲学、宗教、法律等等,都是历史沿革下来的庞杂的话语群,经过了语言、知识、权力等复杂的网格筛选和积淀,才形成了不同系列的话语系统。"西方学术一向沉溺于抽象思辨,并以'理性至上'为光荣旗号。在福柯看来,这种冥顽不化的知识意志使得西方人脑昏昏,盲从理念,却对话语的隐秘活动视而不见。因此,重要的任务是'批判那些貌似中立而又独立的(学术)机构的运作方式'。"①

这种话语理论无疑是一种解构,但它所解构的是自启蒙运动以来形成的一整套的关于现代性的话语系统,也即那些人们耳熟能详的有关现代性的基本观念、原则、制度等等,而要把这一切都归到启蒙以来的话语运作过程中,去看看这些东西是怎样被运作的,是怎样在语言、知识、权力的网格中被确立起来的,这其中有多少必然性又有多少偶然性。这是一项浩大的工程,福柯虽然一直在做,但他的所做有限,正如他自己所说:"与20世纪中最糟的政治制度老调重弹什么新人的诺言相比,我宁愿选择20年来在有关我们的存在方式和思维方式、权力关系、两性关系以及我们观察精神病或疾病的方法等领域中所发生的那些十分确切的变化,我宁愿选择在历史分析和实践态度的互相关系中所发生的那些甚至只是部分的变化。"②然而福柯所做工作的意义却是巨大的,我们今天面临着现代性的合法化危机和重新建构,在对启蒙与现代性的话语运作分析之中也许能找到我们建构的支撑。

① 赵一凡.福柯的话语理论[J].读书,1994(5):112.
② 福柯.何为启蒙[A].顾嘉琛,译.杜小真.福柯集[M].上海:上海远东出版社,2003:540.

如前文分析,他的《古典时代疯狂史》、《临床医学的诞生》、《词与物》是进行一种考古学研究,即在寻找一种知识话语建构的内在规律,或者说是考察一种话语是怎样建立起来的。《古典时代疯狂史》通过历史考察,让我们明白了疯癫现象是怎样从愚人船最后进到了疯人院,也让人们看到疯癫话语是怎样一步步地从现实理性中被排除出去。福柯的考察彻底粉碎了医学进步和人道主义态度使然这种人们想当然的幻想,因为我们在这里看到的是赤裸裸的统治术的阴谋和运作,是某种所谓的社会正常秩序的压制策略。《词与物》彻底地粉碎了知识是连续、累积的,从无到有,从前科学到科学,逐渐发展起来的观念,粉碎了人们幻想的任何学科知识都可以无限追溯,寻找自己的起源的祈望,也粉碎了任何学科知识都可以追溯到古希腊时代,在远古思想中寻找根源的信念。尤其是在《词与物》中,福柯提出认识型的概念,并通过生物学、语言学和政治经济学三门学科来具体探讨知识的断裂性,更是对知识进步观念的沉重一击,在这里我们看到的是知识在一个复杂的话语运作体系中被偶然孕育出来。

《规训与惩罚》、《性经验史》和福柯后来的一系列讲演,则是从谱系学的角度来考察历史。如果考古学是把话语看作一个自足的系统,在话语的内部去寻找其组织建构的规律,那么谱系学就是更注意话语与其外部环境、历史、社会、制度等之间的关系。具体地说,就是与权力之间的关系。福柯提出了他的特殊的权力观念,那是一种"牧师式的权力",它不是从外部对现代社会中的每一个个体实施控制,不是对人施加的某种外在的物质力量,而是成为一种人的内在的束缚人的道德良心的力量,一种散布在社会各个领域、各个角落,在无形中起作用的微型权力,它控制了各种知识话语的产生。同时,各种知识话语也同样可以成为某种权力,渗透进人的生活的方方面面,对人起着某种规训的作用。如果说考古学揭示了各种知识话语的断裂性,揭示了各种知识话语是如何在某种特定的认识型的作用之下建构起来的话,谱系学就向我们揭示了各种知识话语是怎样在这种微型权力的作用下形成的。福柯的话语理论彻底打破了启蒙以来所形成的人类在发展、社会在进步的基本理念,为我们揭示了人类主体是怎样在知识、权力、语言的复杂网络中建构起来的,揭示了所谓的"人道主义态度"是怎样建立起来的,揭示了那些被人们信仰并奉为圭臬的诸多理念,如自由、平等、博爱、人权等,又是在一种怎样偶然的情形下建立起来的,而这些理念原则的背后又有着多少恐怖和悲惨的故事。

二、启蒙与启蒙运动

福柯的两篇关于启蒙的文章,都是针对康德关于启蒙文章的回应,一篇被译为《什么是启蒙运动?》,一篇被译为《何为启蒙》。这个在汉语语境中的翻译非常有意思,虽然启蒙和启蒙运动在西文里没有多大的差异,但福柯在他的两篇文章中的确是有意识地把它们区分开来。对于福柯来说,启蒙运动就如同法国大革命一样,成为一种回忆的标志,因为它们是足以造成历史的断裂的大事件,并为现代性政治、经济、体制、文化奠定了理念基础,从而使得人们以一种特殊的态度去"观看它,目击它,以最好或最坏的方式听从它驱动"①,同时这也成为某些人心中历史进步的标志性事件。但福柯对这场运动的看法是矛盾的,他说:"启蒙运动既作为开启欧洲现代性的特殊事件,又作为表现在理性史、合理与技术形式的发展和建立、知识的自由和权威中的持久过程,对我们而言,

---

① 福柯.什么是启蒙运动?〔J〕.于奇智,译.世界哲学,2005(1):31.

它不只是思想史上的插曲。它是自 18 世纪以来就载入我们思想的哲学问题。让我们虔诚地希望某些东西保持启蒙运动遗产的活力与完整。这种虔诚完全触及到最令人感动的不忠。重要的不是保护启蒙运动的遗留部分;而是这种事件及其意义的问题本身,作为应该被思考的东西,必须在精神上得到保存和保护。"①在此福柯首先是揭示了启蒙运动所具有的两面性,既开启了欧洲历史乃至于整个世界历史的新篇章,又种下了现代性合理化危机的根源;其次他也提出了启蒙运动不是只在那个特定的时代出现的一个历史事件,而是一直影响到今天,成为现代哲学的一个核心主题的反思过程;最后指出我们要保持的是启蒙运动留给我们的精神,而不是启蒙运动留给我们的遗产,也就是要不断对"现实性进行自我追问"②的精神。这里他所说的就已经不是启蒙运动,而是启蒙本身了。

福柯所理解的启蒙,正是在启蒙运动和法国大革命之中所表现出来的问题,而这也是康德所提出的"理性"问题,这个问题"以或多或少神秘的方式渗透于从康德到现在的整个哲学思想之中","'什么是启蒙运动?'与'把革命意愿变成什么?'这两个问题共同确定哲学问题领域,这个领域以我们在自己的现实性中所是为支撑"。③ 福柯是从他的话语理论出发来理解启蒙的,他所关注的并不是启蒙运动给我们留下了多少思想的成果,因为这些东西经过了一个漫长的理性化的过程,已经成为某种缺少合法性或在合法性上出现问题的教条。"能将我们以这种方式同'启蒙'联系起来

---

① 福柯. 什么是启蒙运动? [J]. 于奇智,译. 世界哲学,2005(1):32.
② 福柯. 什么是启蒙运动? [J]. 于奇智,译. 世界哲学,2005(1):30.
③ 福柯. 什么是启蒙运动? [J]. 于奇智,译. 世界哲学,2005(1):32.

的纽带并不是对一些教义的忠诚"①,他关注的是启蒙的问题是怎样提出来的,是在一个什么样的话语语境之中经过了复杂的运作而产生的,并以考古学和谱系学的方法来建立起关于这个问题的完整的档案。他关于疯癫史、人文科学史的考古学研究,关于监狱、性的问题的谱系学研究目的就在这里。"现代哲学,这正是试图对两个世纪以前如此冒失地提出的那个问题(康德提出的启蒙的问题)作出回答的哲学",更值得研究的不是现代性与前现代性和后现代性之间的区别,而是"现代性的态度自形成以来是怎样同'反现代性'的态度相对立的"。②

福柯对启蒙和启蒙运动做出的区分是非常有意义的,它带来的必然结果是:

1. 作为成果的思想和作为过程的思想的区分。思想一旦以成果的形式被固定下来,它的价值维度就会逐渐被工具的维度所取代,就会成为一种统治人、束缚和禁锢人的僵死的制度。启蒙思想一旦变成了某种理念形态的原则,同样也会如此。启蒙思想家们关于自由、平等、博爱和天赋人权的华美约言,体现在西方资本主义社会的政治、经济、文化制度之中,体现在西方大一统的资本主义意识形态之中,体现在西方科层社会的机械运作模式之中,已经失去了其使人获得解放的终极价值趋向,因而近百年遭到了不断的批判。霍克海默和阿道尔诺在《启蒙辩证法》里说的启蒙变成了神话,理性变成了一种新的统治形式就是这回事。这也正是福柯反对继承启蒙思想的遗产,而更关注其对现实性不断追问的精神

① 福柯. 何为启蒙[A]. 顾嘉琛,译. 杜小真. 福柯集[M]. 上海:上海远东出版社,2003:536.
② 福柯. 何为启蒙[A]. 顾嘉琛,译. 杜小真. 福柯集[M]. 上海:上海远东出版社,2003:528,534.

的原因。

　　而作为过程的思想则完全不同,那永远是一种鲜活的批判精神,一种富有创造性的气质、态度和哲学生活。思想总是某种特定的现实性的产物,在那种特定的现实性下,它所具有的力量、对它的价值判断、它所给人的信念和信心以及它在解决现实问题上表现出的有效性,在另一个特定的现实性上未必是完全一样的。这就是说,思想永远和某种特定的现实性相关,永远表现着一种对现实性的批判精神。如果我们追溯启蒙思想的形成和发展轨迹,就会发现它永远都是对当下的现实性的批判。福柯说,哲学的质疑根植于启蒙中,"'批判'在某种程度上是一本记载在'启蒙'中已成为举足轻重的理性的日记;反之,'启蒙'则表明'批判'的时代"①。这种批判并不是一种泛泛的、漫无边际和目的的批判,对于福柯来说,康德的文章最大的价值就在这里,即他提出的是一个现在的问题,是现实性的问题,是我们正在变成哲学自身的反思对象的问题。康德不是从总体上或从未来的终极角度来理解现在,他寻找差别:今天相对于昨天,带来了怎样的差别? 今天的人相对于昨天的人,他的所思、所说、所做有着怎样的差别? 福柯借分析波德莱尔的现代性思想说:"现代人并不是那种去发现自己、发现自己的秘密和他的隐藏的真理的人;他是那种设法创造他自己的人。这个现代性并不在人的自己的存在中解放人,它强制人完成制作自身的任务。"②

　　由此可见,福柯所理解的启蒙,并不是按照一种历史目的论的

---

　　① 福柯.何为启蒙[A].顾嘉琛,译.杜小真.福柯集[M].上海.上海远东出版社,2003:533.
　　② 福柯.何为启蒙[A].顾嘉琛,译.杜小真.福柯集[M].上海.上海远东出版社,2003:536.

既定目标,人类不断地超越自身的问题,而是要依据某种特定的现实性来创造自身的问题。前文提到许多人抓住了福柯把启蒙看作一种气质、一种态度、一种哲学生活来大做文章,就是陷进了这个历史目的论的圈套,因而只是把启蒙看作人类不断超越自身的一种努力,看作人类不断自我解放的一个进程。对于福柯来说,这也是一把双刃剑:一方面,启蒙永远和当下的现实性相连,永远与现代性相连,成为对现代性的批判的质疑。他要建立起关于启蒙的谱系来,弄清启蒙话语在不同时期是在什么样的网格系统中,又是如何运作而成的,就是为了更好地开展这种批判性质疑。但另一方面,这种理解本身也是福柯对现代性的一种批判,因为透过关于启蒙的谱系,福柯看到的是西方的一系列知识运作,使得人"有幸能像机器那样,从里到外地被分解、化验、组装、调试并充分利用"①,从而诞生了所谓现代的个人。因而人与历史、现时的关系出现了问题,自主的主体自身也同样出现了问题。这才是启蒙和现代性自身的合法化出现了危机的根源,也是福柯以话语理论去考察启蒙和现代性问题的出发点。

2. 避免了对启蒙做简单的价值判断。既然启蒙和现代性是重新确定人与现时的关系,确定人与历史的关系,确定人与自身的关系,这就不是一项能够完成的工作,而是永远未完成的。所以他在回应康德提出的启蒙即是人从未成年到成年的一个过程的说法时指出,"我们所经历的许多事情使我们确信,'启蒙'这一历史事件并没有使我们变成成年,而且,我们现在仍未成年"②。福柯从话语理论出发,认为康德提出的走出未成年的条件"要自由地运用你的

① 赵一凡. 福柯的话语理论[J]. 读书,1994(5):118.
② 福柯. 何为启蒙[A]. 顾嘉琛,译. 杜小真. 福柯集[M]. 上海. 上海远东出版社,2003:542.

理性"有几点疑问:一是这种走出未成年状态是由意愿、权威、理性之使用这三者的原有关系的变化所确定的,并非自由地运用理性就可以解决。二是启蒙既是裹挟每一个人积极参与的现实性力量,同时又是每一个人的责任和义务。人既是这同一过程的一分子也是施动者,这是一个互动过程。三是启蒙作为一个历史性变化,影响着构成人性的东西,而这个变化究竟是什么,康德语焉不详。最重要的是第四个方面,康德区分了服从和运用理性两种状态,区分了理性的私下运用和公共运用,认为后者才是启蒙。但怎么样保证理性的公共使用呢?①

　　基于以上四点疑问,福柯认为启蒙与现代性之对人性的改造,对人与现实性关系及与历史关系的确定,也即人对自身的创造,是在一个复杂的网格系统中的话语运作过程,是和特定的政治、经济、文化体制密切相关的,是权力或者说是权威实现的过程,他在自己的微观思想史研究中已经揭示了它的偶然因素,所以这也是一个未完成的状态,而且是永远都不能完成的状态。因为同样可以称作现代性的东西,18、19 世纪和今天的情形就完全不同,所以启蒙的任务也就不一样。因而现代性不是固定不变的,启蒙的思想成果不能代替我们今天依据当下的现实性对自身的定位和批判。福柯反复强调康德的文章提出一个关于现实性的问题,提出了一个现代的问题,即"把'今日'作为历史上的一种差异,作为完成特殊的哲学使命的契机来思考"②,并说启蒙激活了一种气质、一种态度、一种哲学生活就是这个意思。因此就不能对启蒙和现代

---

　　① 福柯.何为启蒙[A].顾嘉琛,译.杜小真.福柯集[M].上海.上海远东出版社,2003:530-532.

　　② 福柯.何为启蒙[A].顾嘉琛,译.杜小真.福柯集[M].上海:上海远东出版社,2003:533.

性做出简单的价值判断,说它是进步还是退步。前文所说福柯拒绝对启蒙的敲诈就是这个意思,福柯把启蒙和人文主义区别开来也是同一个意思。因为人文主义是一个目的论的主题,是一个内含历史进步观念的、带有浓厚的价值判断的提法。但启蒙和现代性观念则相反,是应该不断加以批判和质疑的。当然福柯认为当代的批判和 19 世纪以前的批判是不同的,以前的"整个现代哲学计划作为真理分析而出现和发展",而当代的批判传统则是要提出如下问题:"什么是我们的现实性? 什么是可能经验的现实领域? 这里关键不在于真理分析,而在于我们可以叫做现在本体论,我们自身本体论的东西","这是从黑格尔,经由尼采与马克斯·韦伯,到法兰克福学派的哲学形式,这种形式建立了一种反思形式,我力图研究这一反思形式"。①

3. **理性和理性化的区分**。理性化是一个过程,是某种思想和理论的现实化过程,也即它的制度化的过程。在启蒙和现代性这个问题上,这也就是哈贝马斯所说的政治、经济、文化合理性发展的现代化设计。而福柯看到的是"理性通过科学思想、技术设备和政治组织这三大形式而在现代世界实施的统治"②,以及主体理性把周围一切都当作客体,从而把自己提升到人类普遍理性地位。③ 为此,福柯以他独特的话语、知识、权力复杂的网络纠结说法和近代以来进行理性批判的思想家们保持着一致,对启蒙以来现代性维度进行着解构性的批判。但是福柯并不是一个反理性主义者,他批判的是那种借现代科技和社会发展而日益精密化的理性统治

---

① 福柯.什么是启蒙运动? [J].于奇智,译.世界哲学,2005(1):41.
② 莫伟民.莫伟民讲福柯[M].北京:北京大学出版社,2005:58.
③ 哈贝马斯.现代性的哲学话语[M].曹卫东,等,译.南京:译林出版社,2004:
288.

手段和工具——"统治术",批判的是西方资本主义日益理性化的社会制度和意识形态,福柯提出"自身的技术"来与之对立和抗衡。

而他所理解的理性,则是前面多次提到的批判精神,那种对我们所思、我们所说、我们所做,总之对我们所是进行批判的哲学气质和态度,那种根植于启蒙的哲学质疑精神。这也就是康德在他的文章中给我们启示的,对我们与现时、历史,以及与我们自身的关系进行批判性质疑和反思的自由理性。这是福柯所赞赏和提倡的。过去一直有人认为福柯是一个反理性主义者,尤其是给福柯定位为一个后现代主义哲学家,但这种理解是一个错误。福柯并不反理性,在某种意义上他是赞赏理性的。只不过福柯反对那种已经被制度化或物化了的成为一种新的统治形式的理性,而那种永远对现实进行反思和批判的、活的理性是福柯赞赏的。当然,理性与理性化两者之间是有关系的,理性是理性化的基础,没有这种自由理性的批判性反思,就没有成为制度和统治手段的理性化;而这种理性化也正体现着这种理性反思的成果。并且这种理性化也是一种必然的趋势,否则理性反思永远停留在思想层面,对现实就不会产生什么作用了。然而,一旦这种自由理性被制度化,成为某种统治形式,它的进步意义就会丧失殆尽。福柯通过对诞生在启蒙时代的精神病院的研究,证明了解放与奴役是一种双重运动。①所以他在两篇关于启蒙的文章中都一再倡导一种现在本体论,或者叫作我们自身的本体论的东西,来发挥理性的批判性质疑的态度,去反抗这种理性化的过程及后果。

---

① 哈贝马斯.现代性的哲学话语[M].曹卫东,等,译.南京:译林出版社,2004:291.

三、福柯的意义与局限

1. **现代化进程与其合法化**。现代性是一项未竟的事业,哈贝马斯针对所谓的后现代性提出的这一命题,今天看起来的确具有它的现实基础。第一,现代性作为一种文化模式和社会运行机制,依然在表现着它鲜活的生命力;以现代性维度为核心的资本主义制度还存在并继续发展和完善,不管我们对之有多少看法,它仍旧是这个世界最发达的标志。现代性远没有表现出终结的迹象,并且依然是整个人类社会向前发展的重要支撑和动力。① 所谓的后现代性、后殖民性、新历史主义等种种理论欲取而代之,但最终它们都要回到关于启蒙和现代性的问题上,并在现代性的问题域中来延伸和发展自己。第二,发展中国家纷纷走上了后发现代化道路,虽然各自都在寻找着适合自己的发展模式,但毕竟也都加入到这一未竟事业之中,为现代性的理论与实践增加新的内容。第三,全球化在某种意义上,就是现代性事业的一个具体推进过程。虽然这一进程在东西方国家和民族中产生了一些价值冲突,甚至是局部战争,但这已经成为一个不可逆转的历史趋势。而其运行机制,则是理性化的政治、经济和文化体制。

由此可见,现代性在今天,依然是一种"普世性的转置每一个体、每一民族、每种传统社会制度和理念形态之处身位置的现实性力量"②。无论是西方发达国家和民族也好,还是那些落后的发展中国家和民族也好,谁都不愿意置身事外,谁也不可能置身事外,大家都纷纷要在这一世界性的大合唱中寻找自身的位置和生存与

---

① 衣俊卿. 现代性的维度及其当代命运[J]. 中国社会科学,2004(4):13.
② 刘小枫. 现代学的问题意识[J]. 读书,1994(5):120.

发展的机遇。但另一方面,我们也不能不看到现代性这一未竟事业,在当代出现了合法化的危机。一是理性变成了神话,它摒弃了人的全部丰富性和生动性,而形成了一种理性独白状态;二是科学技术成为一种新的统治工具,既是对自然的统治,也是对人自身的统治;三是意识形态霸权化。自许多发展中国家走上了后发现代化道路以来,特别是东欧剧变和苏联的解体,西方世界就发出了一片欢呼,仿佛资本主义已经独步世界了,因而其将大一统的资本主义意识形态向全世界推进的步伐迈得更快、更坚定了。这就形成了一种话语霸权,其动辄以人权问题刁难发展中国家,对一些国家实行经济制裁,甚至是发动局部战争带来世界局势的紧张,都体现着这样一种霸权意识。

　　一方面是现代性的理性化进程不可逆转,另一方面是现代性的合法化危机,这些都与我们对启蒙及现代性的本质认识和理解有关。在此我们不能停留在那种简单的、表面化的价值判断,而必须深入到对启蒙的深层把握,深入到我们现在的处身位置中去把握这个问题。福柯从话语理论研究启蒙的做法,对我们反思现代性合法化以及重建现代性是有启示的:第一,无论是赞成启蒙还是反对启蒙,大多都局限在启蒙以来现代性维度的建立过程中形成的一系列理念原则、价值规范和政治制度、经济运行模式,也就是说他们都停留在对理性化的思想成果的争论之中,从现实中寻找自己支持与反对现代性的证据。这等于是戴着锁链跳舞,无法从根本上弄清楚这种理性化的本质。所以有必要将启蒙以来的思想成果悬置起来,跳出"敲诈启蒙"的非此即彼的思维模式,以话语分析的方法来建立起启蒙观念的谱系学系统,真正搞明白这些理念原则和价值规范是如何建立起来的,以及它在各个不同时期所起的作用。第二,抛开那种简单的、相信社会进步的历史目的论价值判断,以多元的视角来深入考察现代性之理性化的历史,去发现在这个过程中出现的问题。在此,我们必须打破西方的话语霸权,不能把西方社会的现代性当作唯一合法的现代性,不能把我们自己的现代化进程看成是西方社会现代化进程的简单翻版,而要寻求适合于不同国家和不同民族的现代化进程和现代性维度。第三,最重要的一点,我们对启蒙和现代性的研究和反思,不是一种纯粹历史学的研究,或者是思想史的研究,而是一种实践过程。我们要关注的不是过去而是现在,我们是为了要寻找现在之于过去的差别,或者说我们要创造一种与过去的差别,要探讨我们与现实、历史以及与我们自身的关系,要确定我们所思、所说和所做,或者说是要确定我们不能思、不能说以及不能做。所以,我们永远以现在作为批判性质疑的核心。

2. **中国现代化事业的独特性**。中国属于后发现代化国家,这也就是说我们并不是从自己的发展趋势中必然生成了一个现代化的目标,而是在西方社会已经进入了现代化的进程,甚至是高度现代化后被迫走上这一进程的。所以我们从一开始就是以西方为借鉴和向西方学习,并改造我们的固有传统的。同时也存在着一个追赶西方先进国家发展进度的问题。这从表面上看,问题似乎变得简单了,因为有了前车之鉴,外面一切多可以照做,一切都有本可依,但实际上是,问题变得更加复杂了。第一,我们的目标是非常明确也是非常现实的,西方社会的发展就现实地摆在我们面前,因而我们将现实的目标当作理想来追求,而没有西方社会自文艺复兴到启蒙运动几百年的理论准备,没有在学理上对现代性和现代化问题进行彻底的追问。第二,西方现代社会在不断发展变化,因而我们与其距离也是动态的。100多年来(到改革开放以前),我们和西方的距离不是大大缩小了,而是逐渐加大了,因而这种赶超英美的雄心壮志就成了我们的当务之急。如此明确的目标也使我们大大忽视了现代化的思想和理论探索，而更快地依样画葫芦，追求一种表面的相似，因而我们可以大大地学习和引进西方的技术，但在根本制度和文化精神上的改变却被逐渐忽视了。第三，从一开始，我们的思维框架就被确定在传统－现代、中国－西方这样的二元对立上。延续了一个世纪的中西之争，早期是体用之争，现在则是中国文化可否成为西方文化的补充，甚至取代西方文化成为 21 世纪世界文化主流，就是这种二元对立思维的产物。因而相当多的人曾认为中国的东西就是传统的东西，就是应该彻底抛弃和批判的东西，西方的东西就是现代的东西，就需要拿来。然而经过了百年的努力，西方社会建构的现代性逐渐暴露出它自身的问题，尤其是近年来西方的启蒙批判思想的传入，又使我们许多人从一个极端走到了另一个极端，有人幻想三十年河东，三十年河西，期待中国的传统文化可以解决西方启蒙理性自身存在的矛盾，而几乎没有或很少有真正意义上的中西文化交流、沟通与融合。

　　还有一点值得注意的是，李泽厚在《中国现代思想史论》中提出的启蒙与救亡的双重变奏问题。中国在 20 世纪有两次启蒙，一次是五四新文化运动，一次是改革开放以后的思想解放运动。"这两次启蒙运动有一个共同的特点，就是昙花一现。来势虽然凶猛，舆论也造得轰轰烈烈，但随着政治形势的转折，不久就消沉下来，甚至反过来遭到批判和清算。"①之所以如此，就是因为它们并不是单纯的启蒙，而是与民族救亡的大业紧密联系在一起。中国的启蒙是被西方船坚炮利逼迫开始的，从洋务运动到戊戌变法、从辛亥革命到中华人民共和国成立，让中国人民站起来不再受外敌侵略

---

　　① 　邓晓芒. 20 世纪中国启蒙的缺陷[J]. 史学月刊,2007(7):10.

和凌辱一直是我们最重要的目标,也是启蒙的目的所在。所以自康梁变法始,我们虽然偶尔会表现出一些超越于现实政治之外的纯粹的思想文化观念的讨论,如陈独秀创办《新青年》杂志,在《敬告青年》一文中提出新文化运动的宗旨时指出:"批评时政,非其旨也。"但每当民族生死存亡的关键时刻,知识群体不得不回到"天下兴亡,匹夫有责"上来,也即从抽象的思想文化观念转到现实的政治问题上来。所以说中国自近代以来一直是启蒙与救亡的双重主题变奏,开始时是二者相互扶持,相得益彰,"这种以启蒙为目标以批判旧传统为特色的新文化运动,在适当条件下遇上批判旧政权的政治运动时,两者便极易一拍即合,彼此支援,而造成浩大的声势。五四运动正是这样。启蒙性的新文化运动开展不久,就碰上了救亡性的反帝政治运动,二者很快合流在一起了","启蒙借救亡运动而声势大张,不胫而走。救亡把启蒙带到了各处,由北京、上海而中小城镇。其次,启蒙又反过来给救亡提供了思想、人才和队伍"。① 然而中华民族命运多舛,巴黎和会与东北沦陷便很快改变了五四新文化运动的方向,并把全民族的热情激发出来,全国人民同仇敌忾共御外寇,于是救亡完全压倒了启蒙。

改革开放后的思想解放运动也是如此。"文革"之后我们面临着经济行将崩溃的边缘和极"左"路线为我们设下的种种禁锢与束缚。"实践是检验真理的唯一标准"的讨论使我们解放了思想,把姓社还是姓资的问题放到一边,开始了现代化建设。这也是从促进中国强盛出发,当时在总结中国近代历史时得出的"落后就要挨打"的结论,是很能代表人们的认识的,所以国家必须强大,才能屹

---

① 李泽厚.启蒙与救亡的双重变奏[A].李泽厚.中国现代思想史论[M].北京:东方出版社,1987:13,15.

立于世界民族之林。要想国家强盛就要实现现代化。中国几十年的社会主义实践,虽然也曾提出建设农业、工业、科技和国防四个现代化的目标,然而实践证明走老路是不会有结果的。于是,对中国社会主义的反思、对中国传统的反思、对西方思想思潮的介绍与研究,关于异化和人道主义的讨论,关于主体性的讨论,一场轰轰烈烈的新启蒙运动拉开了序幕。但也仅仅过了十几年,到了20世纪90年代中期以后,这股新启蒙思潮则为新儒学和后现代主义两股新保守主义思潮消解掉了。

从某种意义上说,这也可以看作是面临民族危亡的关键时刻,但不是遭遇敌人的武装侵略,而是文化渗透,一旦打开国门,西方的各种思想思潮、生活方式一股脑地进入了我们的视野,并以其新奇和巨大的诱惑力自发地改变了我们的社会结构和民族心理。于是,一种危机感牵动了人们的神经,这种危机就是丧失了民族认同感的危机,也可以说是将失去自己安身立命之所的危机。中华民族文化能否在这个世界上继续生存和发展,能否加入到世界文化的合唱之中,并保有自己的一席之地,则成了当务之急。当然其中也有一些人曾幻想下一个世纪中华文化将会领导世界、扭转西方现代化以来出现的一系列弊端,因而要弘扬民族文化。

以上两个方面决定了中国近百年来的现代化建设不可能有一个相当长时期的思想理论准备阶段,而必然要以改变现实的实践活动为主要目的。所以这两次启蒙运动,虽然声势浩大,但主要关注现实,而缺乏一个终极目标,表面上是启蒙,而实际上却是救亡,表面上是思想解放运动,而实际上却是现实的政治运动。于是,思想文化观念的启蒙变成了实际改变现实的政治实践活动,如何摆脱几千年来禁锢国人的封建传统,如何塑造理性、自由、有独立个性和独立人格的天赋人权的现代人,等等,这一系列为西方现代化建设提供必要的理论准备和思想保障的问题,都没有展开,也不可能展开。这就是我们今天依然需要启蒙和必须以一种批判性反思的态度来对待西方启蒙与现代性的原因,也正是在这点上我们与福柯相遇。

　　3. **福柯思想的局限**。福柯的思想理论也是有其局限性的:第一,福柯通过对资本主义制度和资本主义的意识形态的考察,似乎对启蒙理性已经失去了信心。因为在启蒙运动时期的那种鲜活的理性,已经变成了资本主义制度下一种板结的理性形态,那些曾鼓舞着人们为之不懈努力、奋斗牺牲的理念形态,也已变成了一种僵死的教条。总之,理性从其作为一种批判形态的活的思想变成了一种新的统治形式。因而想凭理性来继续为人们提供某种解放的力量已经不可能了。但他在自己的著作中反复研究的种种非理性的东西,如疯癫、疾病、罪犯、反常的性行为等等,我们可以给予更多的期望吗?正像德里达批评福柯所说的,对理性的批判必须从理性内部去突破,仅靠恢复那些曾被理性排除的非理性的历史来反叛理性会有结果吗?第二,按照福柯所说,他的全部研究的题目应该是主体,而不是权力。福柯在自己的一系列研究中,都在批判近代理性主体概念,将之看作是现代认识型的一种必然产物,并将随着现代认识型的终结而消失。但他晚年提出的伦理主体,那个以自我的技术通过对抗现代社会理性统治而获得解放和自由的主体,依然是一个主体。这也就是说,福柯在批判近代主体概念的同时,又在建构着一种新的主体概念,这就是一种恶性循环,最终的结果很可能是旧的主体概念并不能完全颠覆,而新的主体却根本无法确立起来。第三,福柯是以一种反本质主义的面目出现的,他反对对社会分析采取任何本质主义的态度,即为这种社会分析设立一种理论基石。他的话语理论将历史看成是一种不连续性的片断本身,就是一种反本质主义的做法。但福柯并不能完全摆脱本质主义的影响,如他在对社会历史进行分析时提出的所谓的权力概念,或者说是那个权力—知识的网络,他把这个东西看作是他分析任何社会的一种工具,实际上依然是一个本质主义的概念。

而且从方法论的角度讲,福柯的思想也具有无法克服的矛盾:首先,他的历史探讨力求建立的是话语的谱系学,而不是问题的谱系学,因而其许多研究缺少现实的针对性,而只是为了完善他的话语理论。其次,他的话语理论完全消解了真理分析,以具体的话语游戏代替了真理体系的建构,以个别性取代了普遍性,以偶然性取代了必然性。这虽然在一定程度上符合今天我们强调文化的多元性,以及倡导不同文化之间的相互交流与沟通的文化立场,但完全没有是非则会导致文化相对主义的泛滥,正像费耶阿本德所说的,"怎么都行"。最后,福柯的话语理论在对待疯癫、临床医学、监禁、性等属于边缘的、非正常的、另类历史现象时,应该说是比较适合的分析工具,并已经取得了令人瞩目的成就,但他的话语理论在宏观上对启蒙和现代性做总体把握时,就显得有些力不从心。

后　记

　　本书是在我的博士论文基础上修改而成的,答辩之后本想再用一些时间修改,但因教学和科研的需要,我后来不得不改变了研究方向,这个心愿到现在也没能完成,一拖就是几年时间。其间有部分章节内容整理成文章发表在学术期刊上,被一些学界同人和好友看到,认为我对福柯的研究确实有一些新意,于是就催促我尽快把书出版,而我虽然这段时间不再从事对福柯的研究,但对他的兴趣却有增无减,总希望等我不再为生计做学问时,可以更深入地研究他的思想、他在当代学术思想史上的地位,以及他对当下人文学术的影响。于是就想先抛块砖,既算是对那些关心我的学术研究、关心这本书的学界同好的感谢,同时也可以获得学界师友们的批评指正,以利于我日后更好地开展对福柯的研究。于是不揣浅陋,匆忙付梓,不胜惶恐之至。

　　本书的撰写,曾得到我的导师张奎良教授的悉心指导,先生广阔的学术视野和对现实的敏锐,以及能用通俗的话语把问题阐述清楚的能力,都令我叹服;先生从不严厉地训斥学生,也从没有一本正经地说教,经常是在闲聊之中三言两语,点到为止,既解决了学生在认识上存在的问题,也照顾了我们这些大龄学生的颜面,使我们无论是在为学还是为人方面受益甚多。还要感谢衣俊卿教授,我所以选择这个问题来研究就是受了他的影响。在我从选题到撰写论文、最后到答辩的过程中,他都给了我很大的帮助。感谢丁立群教授、李楠明教授,他们和我是亦师亦友的关系,如果说过去我对哲学只是一种业余兴趣的话,正是在与他们的交往中,我逐渐开始养成了一种从哲学上思考问题的习惯,我能下定决心读哲学博士,和他们的影响是分不开的。面对着这即将付梓的书稿不禁浮想联翩,我既为自己有这样的老师和朋友感到幸运,但同时也为自己的愚钝和努力不够,没能写出一部高质量的学术著作而惭愧。

　　我还要感谢我的同学们,张正明、刘丽伟、李宝文、关艳春、孙芳、牟宏峰、姜淼、贺苗、王萍、管小其、袁红英、朱丹,我们把这个班级称为永远的马哲2005级。那是一段难忘的记忆,虽然现在大家都各奔东西,但彼此之间的那份牵挂、那份关注却依然未减。最后要感谢黑龙江大学出版社的任海天总编,他为本书能尽快出版给我提供了很多方便;感谢戚增媚编辑,她具体负责与我接洽本书出版事宜,他们的帮助,是本书顺利出版的必备条件。

马汉广

2014 年 3 月